产学知识转移中高校科技人员非商业化行为生成机理与政
工类高校为例．安徽高校人文社会科学研究项目（重点项

高校教师
学术参与行为
生成机理研究

朱永虹 ◎ 著

中国财经出版传媒集团
经济科学出版社
Economic Science Press

图书在版编目（CIP）数据

高校教师学术参与行为生成机理研究/朱永虹著.
--北京：经济科学出版社，2023.5
ISBN 978－7－5218－4753－6

Ⅰ.①高…　Ⅱ.①朱…　Ⅲ.①高等学校-教师-学术
工作-研究　Ⅳ.①G645.1

中国国家版本馆 CIP 数据核字（2023）第 081330 号

责任编辑：顾瑞兰
责任校对：刘　昕
责任印制：邱　天

高校教师学术参与行为生成机理研究

朱永虹　著

经济科学出版社出版、发行　新华书店经销
社址：北京市海淀区阜成路甲 28 号　邮编：100142
总编部电话：010-88191217　发行部电话：010-88191522
网址：www.esp.com.cn
电子邮箱：esp@ esp.com.cn
天猫网店：经济科学出版社旗舰店
网址：http://jjkxcbs.tmall.com
固安华明印业有限公司印装
710×1000　16 开　14 印张　230000 字
2023 年 5 月第 1 版　2023 年 5 月第 1 次印刷
ISBN 978－7－5218－4753－6　定价：75.00 元
（图书出现印装问题，本社负责调换。电话：010－88191545）
（版权所有　侵权必究　打击盗版　举报热线：010－88191661
QQ：2242791300　营销中心电话：010－88191537
电子邮箱：dbts@ esp.com.cn）

前　言

　　高校创新资源聚集、企业自主创新能力不足是我国长期存在的现象，造成创新资源浪费，阻碍经济顺利转型。产学合作在创新资源配置、企业创新能力提升方面战略意义突出，其中，学术参与模式具有独特优势和广泛应用前景。《国家中长期科学和技术发展规划纲要（2006—2020 年)》和《国家中长期科技人才发展规划（2010—2020 年)》积极鼓励高校教师到企业兼职、技术开发、提供技术指导和服务，《统筹推进世界一流大学和一流学科建设总体方案》将高校教师科技推广活动提升至建设世界一流大学的高度。然而，《2018 年高校科技统计资料汇编》显示，我国高校教师 R&D 成果应用与科技服务参与率仅为 4.40%，产学知识转移、学术参与面临困境。如何推进高校教师学术参与行为？本书以高校教师学术参与意向的形成为源起，以意向和行为缺口为切入点，探讨高校教师学术参与行为生成逻辑，据此提出管理建议。

　　本书在背景分析和文献述评的基础上提出研究议题；阐释理性行为理论、计划行为理论、社会认知理论、人际行为理论的基础上，分析意向和行为生成的一般逻辑，论证意向和行为背离的可能性；结合本书议题，借鉴产学合作和知识共享等相关研究，构建高校教师学术参与行为理论模型，分别从行为决策、行为执行两阶段诠释学术参与行为生成机理，并提出研究假设；据此设计量表，进行预调研、探索性因子分析、正式调研、验证性因子分析；在此基础上，利用自然科学学科 418 个有效样本和人文社会科学学科 357 个有效样本，采用 MPLUS7.4 软件分学科进行实证分析，通过多水平结构方程检验理论模型和研究假设；对比不同学科研究结果的基础上，分析学科环境对于学术参与意向和学术参与行为的作用机理，构建综合的学术参与行为生成机理模型；最后，在讨论分析研究结果的基础上提出管理建议。研究得出如下结论。

　　（1）人文社会科学学科高校教师学术参与意向普遍较高，学术参与意向主要由学术参与态度决定。然而，高校教师学术参与率较低，学术参与模式以知识传播型为主。学术参与行为主要是在学术参与知觉行为控制驱动下生成，学术参与意向对于学术参与行为影响不显著，二者之间存在较大差距，积极的评价制度和易用条件对于学术参与意向和学术参与行为缺口的弥合至关重要，强化了学术参与意向对于学术参与行为的影响力。

（2）自然科学学科高校教师学术参与意向较高，学术参与意向是在学术参与态度、学术参与规范信念、学术参与知觉行为控制共同作用下生成。高校教师学术参与率不高，学术参与只是部分教师行为。学术参与意向和学术参与知觉行为控制共同驱动学术参与行为，高校类型影响教师学术参与意向和学术参与行为。学术参与意向对于学术参与行为具有显著作用，但二者之间仍然存在一定差距，积极的评价制度和易用条件对于学术参与意向和学术参与行为的差距具有弥合作用，强化了学术参与意向对于学术参与行为的驱动作用。

（3）比较不同学科的实证结果发现，学科环境在学术参与意向生成阶段、意向→行为转化阶段具有调节作用，并且直接影响学术参与行为的模式和频度。

（4）高校教师学术参与行为的双轮驱动机制。本书建议学术参与行为的推进应以办学思想为指引，以学术参与意向、学术参与知觉行为控制为核心驱动力，以改善行为认知、营造组织氛围、培养学术参与能力为抓手，改革评价制度、创造易用条件以强化学术参与意向对学术参与行为的驱动作用。本书同时强调，不同学科、不同类型高校管理策略应存在差异。

目　录

第 1 章

绪　论

1.1　研究背景

高校创新资源聚集、创新成果丰硕，企业创新人才稀缺、自主创新能力不足，产学合作作为国家创新体系核心构件，是实现创新要素合理流通、充分利用高校创新资源、提升企业创新能力的核心机制，其中，以人为载体的学术参与模式在产学知识转移中功效显著，有效缓解了企业关键创新资源短缺问题，同时也彰显了高校在社会发展中的担当和使命。各级政府颁布实施多项政策鼓励高校教师学术参与行为，但是实践表明，高校教师学术参与率不高，学术参与只是部分教师的行为。学术参与意向和行为的影响因素、学术参与意向和行为关系的研究具有政策意义，研究结论对于推进高校教师学术参与活动具有指导作用。

1.1.1　高校创新资源聚集、企业自主创新能力不足

我国长期存在创新人才分布不均、科技成果转化困难的问题，成为中国科技腾飞、企业创新能力提升的瓶颈。

高校是人才聚集的高地，《中国科技年鉴（2019）》显示，高校拥有全国 68.82% 博士学历 R&D 人才，企业占比仅为 8.97%，与 2017 年相比，这种差距有进一步扩大的趋势；有政府做后盾、雄厚的财政资金做保证，高校实验室、研究中心配备尖端、先进的实验设备，2018 年政府投入高校研究与实验发展的经费达 972.26 亿元。在创新人才与资金设备的双重驱动下，

高校创新产出丰硕，《2018 年高校科技统计资料汇编》显示，我国高校申请专利达 266418 件。然而，专利出售数仅为 5899 项，占申请数的 2.21%。

我国企业自主创新能力不足，先进技术长期依赖进口，从而导致工业体系脆弱和潜在风险危机。2018 年中美贸易摩擦的爆发为国人敲响了警钟，暴露出我国企业长期以来存在的技术空心、缺乏核心竞争力问题。美国之所以可以一再打压中国高科技产品，关键在于其掌握芯片生产的核心技术。华为、中微、百度等一流创新企业只是中国 1800 多万企业法人中的少数，多数企业存在创新人才匮乏、技术设备落后的问题。仲伟俊、梅姝娥和黄超（2013）针对江苏 132 家创新型企业和南京 19 所高校的调查结果显示，创新人才不足是企业技术创新面临的首要难题，其中尤其紧缺高层次创新人才。为了弥补自身创新能力的短板，企业大量采购成熟技术，2018 年规模以上企业引进国外技术支出达 465.27 亿元、购买国内技术支出达 440.17 亿元，以上两项指标较 2017 年均出现大幅度攀升。如自身不能创新、过度依赖国外成熟技术，中国企业将始终受制于人。如何根除痛之已久的痼疾？提升自主创新能力是解决问题的唯一途径。

创新能力培养往往需要一个长期积累的过程，如何在短时间内提升企业创新能力？充分利用高校智慧资源、释放高校创新活力具有重要意义，构建协作机制疏导人才和知识的产学间流动是快速提升企业创新能力的有效路径。

1.1.2 建设国家创新体系、加强产学合作的战略意义

国家创新体系的主要功能在于知识的生产和配置，构建国家创新体系的最终目的是重塑市场在知识流动与配置中的作用，提升国家创新能力。国家创新体系主要由系统要素和要素联动构成。其中，系统要素即企业、高校、科研机构和中介机构，要素联动是系统要素之间的互动方式，是实现知识、人才等科技资源充分流动、高效配置的方式。日本的"官产学"和中国的"产学研"是系统要素联动的典型范式。

产学研合作过程中高校、科研机构与企业之间可以实现人才、设备等资源的共享，合作中不断创造、开发、利用和扩散知识，实现规模经济、范围经济，进而提高创新效率，带来更高的经济效益和社会效益。西伯特（Siebert H，1969）指出，基于竞争优势的考虑，企业更倾向于隐秘创新，

企业之间的创新合作存在一定困难，而高校、科研院所等公共研究机构与企业分别处于知识产业链的上下游，相互之间的这种供需关系决定高校、科研院所具有更强烈的知识传播与合作动机，企业可以与高校、科研院所开展更为广泛和深度的合作，通过人员互动、非正式联系获取更多创新信息。

基于当前我国创新人才分布不均、企业创新资源不足的国情，《国家中长期科学和技术发展规划纲要（2006—2020 年)》提出，应当把全面推进中国特色国家创新体系建设摆在特别重要的位置。仲伟俊、梅姝娥和黄超（2013）等不少学者认为，加快国家创新体系建设应该成为增强我国企业自主创新能力的核心举措，加强产学合作是建设创新型国家的实际抓手。

1.1.3 产学知识转移中学术参与模式的独特优势

产学知识转移模式有多种，既包括以专利、技术许可、版权税收入和大学衍生企业为主的商业化模式，又包括合作研究、合同研究、咨询服务、职业培训、联合发表学术论文、联络网络等学术参与行为。商业化模式主要通过知识产权的转让实现工艺配方、设计图纸、程序代码等显性知识的转移，学术参与模式则更强调在人员互动中传播知识，高校教师通过与产业技术人员交流传播专业知识、创新经验、技术诀窍，促进知识的充分传播和消化吸收，提升企业的创新能力。

创新型知识的复杂性、缄默性、嵌入性和黏性特征明显，转化成本较高，随同技术流动的人员流动、"带土移植方式"大大降低了创新技术的转化风险，提升了创新技术成功转移的可能性。野中郁次郎（Ikujiro Nonaka，1994）指出，知识的充分转移需要知识源与接受者的经常、大量地互动。清华大学"八五"科技攻关项目"大型集装箱监测系统"的成功转化，离不开康克军教授及主要学者专家随同科技成果的同步转移。大量事实证明，以人为载体的知识传播模式功效显著。科学家钱学森回国之前所有研究资料被没收，尹志荛离开美国时没有带回任何工艺配方、设计图纸，带领团队成员空手登机，研究资料的缺失并没有阻止中国"两弹一星"、7 纳米芯片刻蚀机的诞生。与书籍、资料、文件等显性知识相比，经验、诀窍、技能等缄默性知识更重要，人员互动在隐性知识转移中具有重要意义。

需要强调的是，产学互动中企业并不是唯一的受益者，高校教师在合作中可以获得多方面的收益。佩克曼、金和帕夫林（Perkmann M，King Z & Pavelin S，2011）的研究表明，高校科技人员在学术参与过程中往往能发现新的研究课题、获取市场反馈、为科学研究争取更多产业资助、安排学生实习等。

一直以来，商业化模式由于其创造了可以直接衡量的市场价值、更多就业机会、带来较高的个体收益，引起学术界和政策制定者的广泛关注，得到法律和政策的较多支持。然而，由于商业化过程的高风险性、教师素质特征、科研活动的连续性以及高校的使命定位，商业化模式遭受学术界越来越多的质疑。关建城等（Jian Cheng Guan et al.，2005）的调研结果表明，研究结果的不确定性、转化成本过高、技术的不成熟阻碍了科研成果商业化。吴卫萍和周宇（Weiping Wu & Yu Zhou，2012）的调查结果显示，部分私营企业主反映高校研发滞后、脱离市场需求（22.5%），技术不成熟、缺少市场前景（7.7%），而且双方对于最终的利润分成也很难达成一致意见（9%）。

比较而言，非商业化模式更能体现大学传播知识、贡献智慧的社会意义，科恩、奈尔森和沃尔什（Cohen W M，Nelson R R & Walsh J P，2002）的调查结果表明，商业化模式的重要性比不上各类咨询服务、论坛、非正式交流及出版物。我国学者陈劲（2009）、苏竣和何晋秋（2009）的研究结果也显示，校企联合研发、合同研究、技术转让、咨询服务是产学研合作的主要模式，学术参与的重要性高于其他类型。随着信息技术的快速发展、互联网的广泛运用，高校教师与产业互动更加便捷，学术参与模式将进一步彰显其社会意义。

1.1.4 相关政策的鼓励

为了推进产学互动、学术参与，中央与地方政府先后出台多项政策鼓励教师走进企业、传播知识、与企业合作创新。

《国家中长期科学和技术发展规划纲要（2006—2020年）》明确指出，高校教师可以进入企业兼职、技术创新。《国家中长期科技人才发展规划（2010—2020年)》提出，建立创新人才开发机制，提倡高等教师为企业提供技术指导与服务，接受企业委托定向培养人才。2015年11月5日，国务院印发的《统筹推进世界一流大学和一流学科建设总体方案》将高校教师科技推广活动提升到建设世界一流大学的高度，提出"要促进高校学科、人才、科研与产业互动""增强高校创新资源对经济社会发展的驱动力"。2016 年 11 月，中共中央办公厅、国务院办公厅联合发布《关于实行以增加知识价值为导向分配政策的若干意见》，进一步确立了高校教师企业兼职、多点教学的合法地位。

根据科技发展新形势、经济转型需求，各地也相继出台政策引导高校教师与产业界互动。其中，上海市和江苏省率先试点，于 1999 年、2010 年相继颁布《上海市鼓励专业技术人员兼职从事高新技术成果转化工作试行办法》《江苏省政府关于支持南京国家科技体制综合改革试点城市建设的若干政策意见》，鼓励高校教师到企业兼职、参与企业项目、人才双向流动。之后，北京市、武汉市、重庆市、深圳市等多地分别颁布实施《加快推进高等学校科技成果转化和科技协同创新若干意见》《关于促进东湖国家自主创新示范区科技成果转化机制创新的若干意见》《重庆市促进科技成果转化股权和分红激励的若干规定》《深圳经济特区技术转移条例》。

综观各项政策可以发现，对于学术参与各级政府仅仅停留于"鼓励"层面，与商业化模式相比，相关政策缺少制度抓手、具体支撑措施。《中华人民共和国促进科技成果转化法》（1996 版）及（2015 修订版）对高校科技成果转化中的产权归属、收入分配和各方责任的规定非常明确：高校职务发明的完成人和参与人可以根据协议转化成果、取得收益，高校应给予支持，并在相应的考核、奖励制度中给予鼓励。《国家中长期科技人才发展规划（2010—2020 年）》特别强调"重点扶持一批科技创新创业人才"，对于科技创业分别从投融资政策、推进措施、服务体系、激励保障措施方面给予政策支持。为推动学术创业、高校科技成果转化，多地政府和高校创办大学科技园、孵化基地、TTO 技术转移中心等组织，以推动高校教师商业化行为。至于学术参与，虽然在政策层面其合法地位得到确立，但由于缺少具体措施推进，政策鼓励效果存在较大不确定性。

1.1.5　大学办学思想的历史变迁

中世纪大学创办以来经历了两次学术革命，办学思想在历史变迁中不断丰富，先后生成纽曼的通才教育思想、洪堡精神和威斯康星理念，从而催生了高校教育、科学研究、服务社会三大使命。

英国大教主纽曼倡导通才教育思想，强调学生各方面知识的培养，造就有责任感的公民；洪堡精神源于洪堡领导的柏林大学改革，此次改革的目的是通过纯粹的知识培养心智自由、高贵的人，从而改变了神学在大学的中心地位，洪堡精神提倡"纯科学模式"，打开了大学"纯学术研究"的大门；威斯康星理念萌芽于威斯康星大学的办学思想，作为一所公立大学，1848 年威斯康星大学创办伊始就肩负着增进人民福祉、为州服务的重任，历任校长薪火相传服务社会思想，1904 年第八任校长范海斯在就职演说中将服务社会与教育、科研置于同等重要地位。1912 年《威斯康星理念》出版，"威斯康星理念"成为概括威斯康星大学办学特色的专属名词。

此外，美国的《莫雷尔法案》对于大学功能的扩展发挥了重要的促进作用。为了满足战后社会快速发展对人才的需求，1862 年美国颁布了《莫雷尔法案》，法案要求各州 5 年内至少建立一所"讲授与农业和机械相关知识"的学院，此后诞生了一批"赠地学院"，其中包括世界著名的康奈尔大学。

威斯康星大学、康奈尔大学、麻省理工学院、斯坦福大学服务社会使命的成功示范和快速发展，进一步证明了大学向社会贡献的智慧与创新，以及服务社会活动本身为大学注入的强大生命力。

1.1.6 高校教师产学知识转移参与率过低

国家创新体系的建立、市场的需求旺盛、宏观政策推进为高校教师学术参与及产学知识转移营造了宽松的外部环境。然而，实践表明，我国高校教师产学知识转移行为远远没有达到常态化。《2018 年高校科技统计资料汇编》显示，2017 年我国高校从事 R&D 成果应用与技术服务的教师为 48798 人，仅占研发人员的 11.31%，占教学科研人员的 4.40%，近十年的总体走势显示，参与人数波动幅度较大、回升乏力。图 1-1 显示，除经济原因之外，还存在其他多种影响因素。

学术参与行为的复杂性、多样性决定税收与金融等政策难以介入，针对学术参与行为的相关政策以鼓励为主，缺少具体措施落实。如何推进高校教师学术参与行为？组织与管理问题是关键（Siegel D S, Waldman D & Link A, 2003）。高校教师学术参与活动内嵌于组织环境当中，深受组织环境的影响，积极的管理制度、完善的服务体系可以激活高校教师学术参与

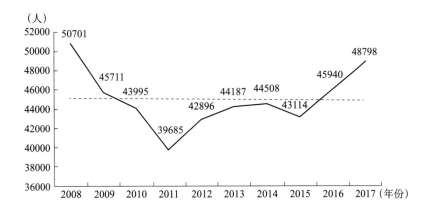

图 1 - 1　2008 ~ 2017 年全国高校 R&D 成果应用与技术服务人员变动趋势

资料来源：教育部科技司. 高等学校科技统计资料汇编［M］. 北京：高等教育出版社.

行为，学术参与活动的推进需要高校加强制度与基础设施建设、营造良好的组织氛围。

1.2　研究目的与意义

1.2.1　研究目的

本书基于理性行为理论、计划行为理论、社会认知理论和人际行为理论构建高校教师学术参与行为机理模型，目的在于揭示教师学术参与意向的影响因素，更好地理解学术参与行为的形成逻辑。期望本书在拓展计划行为理论、推进学术参与研究方面能够做出些许贡献，为推动高校教师学术参与实践提供有价值的参考建议。为此，本书着力解决以下问题。

（1）探讨高校教师学术参与意向和行为的近端决定因素。理性行为理论、计划行为理论认为，态度、主观规范、知觉行为控制影响行为意向，以上因素又通过意向间接影响行为，知觉行为控制作为非意志因素直接作用行为。本书基于以上理论，借鉴产学合作和知识共享研究，构建高校教师学术参与计划行为模型、开发量表，然后通过调研收集数据，利用多水平结构方程检验理论模型，识别学术参与意向和行为的近端决定因素，探明其作用路径。

（2）验证"学术参与意向和学术参与行为"的一致性。首先，比较学术参与意向和行为得分，根据意向和行为均值差距初步检验二者的一致性，当学术参与意向和行为的均值存在较大差异时，初步判断学术参与意向和学术参与行为存在缺口。其次根据学术参与计划行为模型检验结果，分析学术参与意向对行为的预测能力，当意向对行为的回归系数不显著时，进一步验证学术参与意向和学术参与行为存在差距。再次，以知觉行为控制变量、控制变量对学术参与行为作用的显著性，验证非意向因素对学术参与行为的干扰作用。最后，基于学术参与率分析结果，表明学术参与只是少部分教师行为。

（3）诠释高校管理制度、基础设施对于学术参与行为的作用路径。本阶段将评价制度和易用条件作为"意向→行为"关系的调节变量引入高校教师学术参与计划行为模型，当调节效应显著且为正时，说明评价制度和易用条件对于学术参与意向和行为的缺口具有弥合作用。

（4）揭示学科环境对于学术参与行为的影响机理。基于上述实证研究结果，分别梳理人文社会科学学科、自然科学学科学术参与行为生成机理，比较不同学科机理模型中的路径系数，如果路径系数存在差异，则表示学科环境对学术参与行为具有调节作用。

（5）为学术参与行为的推进提供参考建议。基于实证研究结果，依据相关行为理论，分析学术参与意向的形成机理，论证学术参与意向和学术参与行为的差距，分析组织环境、学科环境对于学术参与行为的影响机理，据此提出推进学术参与行为的管理建议。

1.2.2 研究意义

本书研究的理论意义主要体现在以下四个方面。

（1）依据相关行为理论，借鉴产学合作与知识共享重要文献，开发了学术参与态度、学术参与主观规范、学术参与知觉行为控制、学术参与意向、学术参与行为、评价制度和易用条件量表。量表锁定学术参与行为的形成机理，根植于我国高校产学合作背景，在研究领域和本土化方面力求一定独特性。开发的量表为学术参与的未来研究提供了系统、可靠的本土化测度工具。

（2）从个体、组织和学科层面识别了高校教师学术参与意向的关键影响因素，探明了态度、能力、社会影响、学科属性对于高校教师学术参与意向的作用机理。这一理论贡献不仅丰富了理性行为理论、计划行为理论的外延，也弥补了"学术参与决策过程"研究的不足。

（3）验证了学术参与中"意愿—行为"关系的缺口，并以此为切入点，进一步探明了高校评价制度、易用条件对于"意愿—行为"缺口的弥合作用。这一研究创新为理解高校教师学术参与行为提供了新的思路，揭示了组织环境在学术参与行为生成中的作用路径，拓展了传统计划行为理论模型，增强了计划行为理论在产学研合作研究中的解释力。

（4）构建了人文社会科学学科和自然科学学科学术参与行为生成机理模型，诠释了学科环境对于学术参与行为的作用机理。相应研究结果弥补了人文社会科学学科产学合作行为研究的不足，推进了学术参与活动中学科环境作用机理研究进程。

本书研究的实践意义主要体现在以下四个方面。

（1）学术参与意向影响因素的识别，为高校教师学术参与管理办法提供了理论支持，为提升教师学术参与意向指明了方向，据此提出的管理建议对于保证高校教师学术参与行为的持续性、充分释放高校创新能力具有指导意义。

（2）学术参与意向和学术参与行为缺口的识别与弥合，验证了高校制度与基础设施建设对于学术参与行为推进的关键作用。相应研究结论对于确立高校管理的重要地位、增强管理者信心具有重要意义。

（3）学术参与行为生成机理模型的构建，厘清了行为认知、个体能力、社会影响、学术参与意向、学术参与行为之间的关系，为研究人员和政策制定者全面把握学术参与行为逻辑提供了完整框架，从而增强政策制定的系统性、政策之间的协同性。

（4）不同学科实证研究结果的比较分析、学术参与行为综合模型的构建，强调高校制度制定和基础设施建设的针对性，明确了管理措施多元化的必要性，相应管理建议为高校改革现有管理体制、推进学术参与行为提供了新的思路。

此外，本书研究结论为高校响应《国家中长期科学和技术发展规划纲要（2006—2020 年)》和《国家中长期科技人才发展规划（2010—2020 年)》、践行服务社会第三使命提供了路径和方法论指导,在我国高校建设"世界一流大学和一流学科"实践活动中具有广泛应用前景,对于促进产学知识转移、提升企业创新能力、加快经济转型、建设创新型国家具有重要参考价值。

1.3 研究对象与内容

1.3.1 研究对象

产学合作方式种类繁多,如专利转让、技术许可、版权收入、学术创业、合作研究、合同研究、联合申请政府资助项目、技术服务、企业员工培训、企业兼职、提供非正式建议、参与产业界主办或产学联合承办的会议论坛、联合发表学术论文、联合申请专利、共建实验室、联合培养学生等多种,依据成果转化的直接性,产学合作活动分为商业化和学术参与两种类型。鉴于学术参与是产学合作中的重要模式,其内在动机、外部效应和商业化模式明显不同,且高校教师商业化行为研究已比较成熟、自成体系,本书仅研究高校教师产学合作中的学术参与行为。由于共建实验室、联合培养学生活动对于学校和企业决策的依赖性较强,教师个体行为特征不突出,所以本书的研究对象限于合同研究、合作研究、联合申请政府资助项目、技术服务、企业员工培训、企业兼职、提供非正式建议、参与产业界主办或产学联合承办的会议论坛、联合发表学术论文、联合申请专利。

依据《中国科技统计年鉴(2018)》,我国内地(不包括港澳台地区)经济区域划分为东部、东北部、西部、中部地区。比较而言,东部地区高校科研能力更强、科技成果转化更多、产学合作更活跃(见表1-1),具有较强的典型性和代表性。

表1-1 2017年各地高校科技成果

地区	国外发表科技论文(篇)	出版科技著作(部)	有效发明专利(件)	专利转让与许可数(件)	专利转让与许可收入(万元)	形成国家或行业标准数(项)
全国	390235	45591	303283	5942	196382	451

续表

地区	国外发表 科技论文 （篇）	出版科技 著作 （部）	有效发明 专利 （件）	专利转让 与许可数 （件）	专利转让 与许可收入 （万元）	形成国家或 行业标准数 （项）
东部	230546	20412	185155	4027	152832	241
中部	65506	11146	41191	717	15037	85
西部	60473	9564	47918	866	13777	101
东北部	33710	4469	29019	332	14737	24

资料来源：中国科技部. 中国科技统计年鉴（2018）［M］. 北京：中国统计出版社，2019：3.

高校创新势能的释放、经济发展的驱动作用并不仅仅局限于专利、发明的转让与许可，创新知识的充分传播更多需要在高校教师与产业界互动中完成。

图 1-2 显示，我国高校 R&D 成果应用与科技服务活动的分布多年来呈现不均衡性，东部地区高校教师 R&D 成果应用与科技服务活动最为活跃，东北、中部和西部地区与东部地区差距较大。

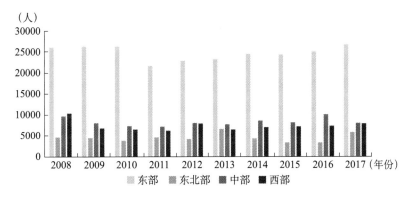

图 1-2 2008～2017 年各地高校 R&D 成果应用与技术服务人员的数量

资料来源：教育部科技司. 高等学校科技统计资料汇编［M］. 北京：高等教育出版社.

图 1-3 显示，31 个省区市之间差异也非常明显，北京、黑龙江、上海、江苏、山东、湖北、广东、陕西占比较大，其中，江苏省高校教师参与人数最多，在 31 个省区市中遥遥领先。北京、上海、江苏、浙江、山东、广东 6 省市集中于我国东部地区，政策环境与经济环境均较好。由于本书力图从高校管理视角探讨教师学术参与行为机理，为减少宏观政策与经济环

境差异对研究结论的影响、增强样本的可获得性和代表性，研究选取东部地区高校教师作为样本。

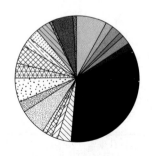

图1-3　2017年各省区市高校R&D成果应用与技术服务人员占比情况

资料来源：教育部科技司.高等学校科技统计资料汇编［M］.北京：高等教育出版社，2018.

1.3.2　研究内容

本书首先在背景分析、文献述评的基础上确定研究主题，基于理性行为理论、计划行为理论、社会认知理论、人际行为理论构建学术参与行为机理模型；其次，进行实证研究，验证理论假设、修正模型；最后，在结果讨论基础上提出管理建议。具体内容如下。

第1章为绪论。本章着力介绍研究背景、研究目的与意义、研究对象与内容、研究方法与技术路线。

第2章为文献回顾与评析。本章在厘定学术参与行为概念的基础上，总结评析学术参与行为影响因素、学术参与行为产出、学术参与社会认同等相关文献，发现现有研究的不足、未来研究方向，确定本书的研究主题。

第3章为理论模型构建。本章以理性行为理论、计划行为理论为基础，分析行为意向的生成逻辑、意向对行为的预测作用，然后借鉴社会认知理论、人际行为理论观点以及计划行为理论相关实证研究，论证意向—行为背离的可能性。最后，结合本书研究主题、产学合作和知识转移等相关研究，构建高校教师学术参与行为理论模型，提出研究假设。

第 4 章为实证研究设计。针对构建的学术参与行为理论模型，本章在借鉴计划行为理论、产学合作研究、知识共享研究的基础上设计问卷，通过焦点小组法、专家评审法对问卷题项进行讨论，邀请产学合作经历丰富的高校教师对问卷内容的完整性和语义精确性进行鉴定，形成初始问卷。首先在小范围群体中调研、采集数据，进行探索性因子分析，根据检验结果删除部分题项、形成正式问卷，然后在目标群体中大量投放问卷，并基于二次收集的数据进行验证性因子分析，验证因子结构并进行调整。

第 5 章为统计分析和假设检验。通过不同学科学术参与行为模式和频度比较分析，提出分学科进行理论模型检验；由于个体认知、行为和组织环境处于不同层面，为避免出现"生态谬误"问题，研究采用 Mplus 7.4 软件进行多水平分析；基于组内相关性分析、聚合检验进一步验证多水平分析的必要性和可行性；利用多水平结构方程检验理论假设，揭示学术参与意向的影响因素、检验学术参与意向和学术参与行为的一致性、验证评价制度和易用条件的调节效应；比较不同学科实证研究结果，探明学科环境对于学术参与意向和行为的作用路径。

第 6 章提出管理建议，展望未来研究。基于实证研究结果，本章建议学术参与行为的推进应以办学思想为指引，以学术参与意向、知觉行为控制为核心驱动力，以改善行为认知、营造组织氛围、培养学术参与能力为抓手，改革评价制度、创造易用条件以强化学术参与意向对学术参与行为的驱动作用，同时，强调不同学科、不同类型高校管理策略应存在差异。最后，总结研究进程与方法，提出现有研究的不足，并对后续研究进行展望。

1.4 研究方法与技术路线

1.4.1 研究方法

（1）文献研究法。在回顾学术参与行为影响因素、学术参与产出与社会认同相关研究基础上，发现现有研究的薄弱环节，确定本书研究主题和切入点；基于此，以理性行为理论、计划行为理论为核心，借鉴社会认知理论、人际行为理论，厘清变量之间因果关系，构建学术参与行为理论模型；同时，参考产学合作、知识共享等相关研究，结合本书研究议题，开发高校教师学术参与态度、规范信念、顺从动机、知觉行为控制、学术参与意向、学术参与行为、评价制度、易用条件量表。

（2）问卷调查法。由于理论模型的复杂性以及公共数据的不足，本书采用问卷调查的方法收集数据。考虑到部分教师对于调研主题比较敏感、担心泄露个人信息，从而影响调研效果和采集的样本总量，本书采用滚雪球方法和匿名填写方式，通过同事关系、朋友关系投放问卷。问卷的发放主要借助微信朋友圈、科研团队、虚拟社区，采用网络链接和现场投放的方式，首先在小范围内进行预调研、探索性因子分析，然后进行再调研、验证性因子分析。

（3）实证研究方法。现有产学合作及知识共享研究，主要采用单水平多元回归分析方法或结构方程模型，没有考虑变量之间的嵌套关系。本书预揭示学术参与意向、行为的影响因素以及意向→行为转化的阻隔因素，其中，学术参与意向和行为属于个体层面变量，管理制度和基础设施属于组织层面变量。如果采用单水平回归分析方法，会产生"生态谬误"问题。据此，本书采用多水平结构方程模型，以求改进研究方法，增强研究结论的可靠性。

（4）比较分析方法。相关研究表明，不同学科产学合作活动存在明显差异。本书按照学科属性将样本分为自然科学、人文社会科学两组，分别进行统计分析、假设检验，揭示不同学科学术参与行为生成机理，比较不同学科实证研究结果，探明学科属性作用路径。

1.4.2　技术路线

本书立足于"学术参与意向和行为差距"视角，运用理性行为理论、计划行为理论、社会认知理论、人际行为理论，遵循"实践→理论→实证分析→理论→实践"的逻辑（见图1-4）。本书综合运用文献研究、问卷调查、实证研究、比较分析的方法，背景分析的基础上提出研究议题，文献回顾与评析的基础上确定研究主题，借鉴以上行为理论分析一般行为逻辑、意向—行为背离的可能性、意向→行为转化的影响因素，构建学术参与行为理论模型，然后通过设计问卷、实际调研、开发量表、多水平结构方程进行实证分析，检验假设、修正理论模型，最后根据研究结论提出管理建议，指导管理实践。

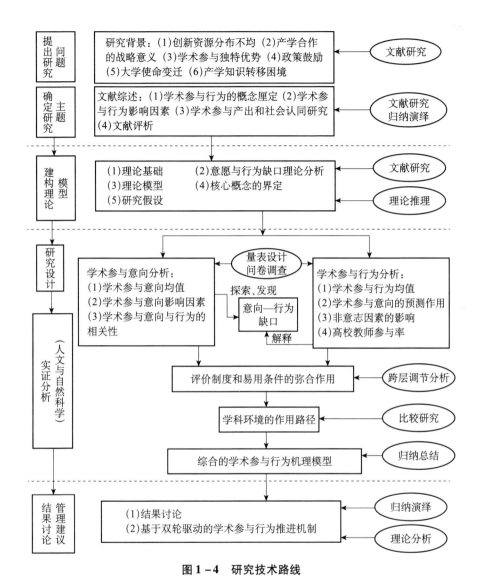

图 1-4 研究技术路线

1.5 本章小结

理论研究起源于现实需求及未解决问题，本章在背景分析的基础上提出研究议题，设定研究目标，阐明研究的理论贡献与实践意义，确定研究对象、构思研究内容、选取研究方法、设计技术路线。

第 2 章

文献回顾与评析

合同研究、合作研究、技术服务、企业兼职、非正式联系等高校教师非商业化知识传播行为是创新管理、知识管理、产学合作研究的重要内容，国内外学者以学术参与（academic engagement）、产业参与（engagement with industry）、人才流动（faculty mobility）为核心概念，对此类行为的影响因素、社会意义进行了分析和验证。

本章在梳理国内外学术参与相关研究的基础上，尝试回答如下问题：什么是学术参与？学术参与和商业化模式、人才流动概念有何区别与联系？哪些因素影响学术参与行为的发生？学术参与的社会认同度如何？学术参与对于经济发展、社会进步有何作用？最后总结学术参与现有研究的不足，确定未来的研究方向。

2.1　学术参与及相关概念的界定

产学知识转移可以通过多种路径发生，如论文、报告、会议、学生流动、合同研发、合作研发、面对面交流、咨询服务、培训、网络关系、专利、技术许可、大学衍生企业等（Cohen W M，Nelson R R & Walsh J P，2002；Jensen P，Palangkaraya A & Webster E A，2009）。针对以上路径，博纳科尔西和皮卡卢加（Bonaccorsi & Piccaluga，1994）、阿伯等（Abreu et al.，2012）、佩克曼等（Perkmann M et al.，2013）学者将其划分为商业化与学术参与两种类型；郝远（2004）、宋姝婷和吴绍棠（2013）、刘京、周丹和陈兴等（2018）将"人才流动"作为产学知识转移的第三种类型。

2.1.1　商业化的内涵

商业化（commercialization）是指学术研究成果的商业化，是科技成果转化的直接路径，主要包括专利转让与许可、研究型合资公司、高校教师单独创业（Salter A J & Martin B R，2001；Phan P H & Siegel D S，2006；Rothaermel F T，Agung S & Jiang L，2007）。因为商业化为科技研究成果创造了直接、可以度量的市场（Markman G，Siegel D & Wright M，2008），所以备受学术界和政策制定者的关注（O'Shea R，Chugh H & Allen T，2008；Phan P H & Siegel D S，2006）。为推进商业化，许多高校和地方政府建立了技术转移办公室、科技园、孵化基地（Clarysse B，Wright M，Lockett A et al.，2005；Siegel D S，Waldman D & Link A，2003），制定内部制度和推进程序（Thursby J G A，Jensen R A & Thursby M C A，2001）。

2.1.2　学术参与的内涵

学术参与（academic engagement），又称产业参与（engagement with industry），是指学术组织成员与非学术组织成员之间的与知识相关的合作、互动行为，最初的内涵主要包括合作研究、合同研究、咨询等正式合作行为，以及针对特定问题提供建议和建立网络联系等非正式合作行为（Bonaccorsi A & Piccaluga A，1994；Meyer-Krahmer F & Schmoch U，1998；D'Este P & Patel P，2007；Perkmann M，Walsh K，2008；Perkmann M，King Z & Pavelin S，2011；Perkmann M，2013）。随着产学合作形式的多样化，塔尔塔里、佩克曼和萨尔特（Tartari V，Perkman M & Salter A，2014）、赵志艳（2018，2019）等对原有内涵进行了补充，将"与企业联合申请研究政府资助项目、与企业联合申请专利、企业员工培训、联合培养研究生、出席产业界主办或校企联合承办的会议和论坛、企业兼职、在产业界资助下建立新的实体组织（如联合实验室、合作研究中心）"纳入学术参与范畴。

2.1.3　人才流动的内涵

人才流动（personnel mobility and employment），又称人力资本流动或人才转移，大量研究表明，人才流动是知识转移的必然选择，尤其是隐性知识（Galbraith C S，1990；孟庆伟，2006）。高校与企业之间科技人才的双向流动是科技成果转化、创新知识转移的直接路径（郝远，2004）。产学知识转移中的高校教师流动，是指高校教师以企业雇员身份参与企业创新活动。根据是否发生档案关系的转移，分为离职和兼职两种方式。离职是指教师与高校脱离组织关系，到企业专职从事创新活动，期间必然伴有运用原有专业知识进行企业创新、解决生产技术问题活动；兼职是指高校教师保留原有组织关系，基于援助与交流目的在企业担任技术顾问、合作代表、在企业研究机构工作等（Saxenien A，1994；宋姝婷、吴绍棠，2013；Ankrah S & Omar A T，2015；余荔、沈红，2016；刘京、周丹、陈兴，2018）。由于兼职模式的灵活性，现有研究强调其在人才流动、知识转移中的重要意义（赵曙明，2009）。

2.1.4 不同概念的比较分析

综合商业化模式、学术参与和人才流动的概念（见表2-1），不难发现，相对而言商业化概念边界更为清晰，内容主要涉及知识产权的转移和交易，属于创新过程结束之后的成果转化行为，参与者个体经济收益可观，但因为创新过程中没有企业的参与，所以市场风险较大，市场前景不确定。人才流动与学术参与概念既有联系又有区别，二者都强调"人才是知识传播的重要媒介"，高校教师到企业兼职是二者共同探讨的领域，相关研究表明，由于创新过程中企业的参与，创新技术市场化和产业化风险更小，但参与者经济收益相对较低（Cohen W M，Nelson R R & Walsh J P，2002）。

表2-1　　　　　　　　　　　高校教师产学合作行为类型

分类	具体表现形式
学术参与	合作研发、合同研究、联合申请研发政府资助项目、共建实验室、咨询服务、出席企业参与的会议和论坛、学生培养、员工培训、企业兼职、联合发表学术论文、联合申请专利、网络联系、非正式建议
商业化	专利技术转让与许可、版权税收入以及学术创业
人才流动	离职跳槽到企业、在企业兼职

资料来源：整理已有文献获得。

总体而言，商业化和学术参与、人才流动发生于知识创新和转移的不同阶段，知识转移路径、个体经济收益、市场风险存在明显差异。

2.2　学术参与行为的影响因素

产学联系受到多种因素的影响，如能力和资源、法律、政策、组织环境等。国内外学者分别从个体、组织、体制和区域环境层面验证和分析了以上因素对于学术参与行为的影响。

2.2.1　个体特征

个体特征在预测学术参与行为中发挥了重要作用，主要包括人口特征、特殊组织身份、科研能力、产学合作经验、资历。

人口特征。人口特征对于学术参与的影响得到较多学者的关注，大量研究表明，男性学者更有可能与产业界打交道，女性学者的参与频率稍低（Boardman P C，2008；Giuliani E et al.，2010；Goktepe-Hulten D，2010；Link A N，Siegel D S & Bozeman B，2007）。关于年龄对于学术参与的影响，相关研究结论并不一致，林克、西格尔和博兹曼（Link A N，Siegel D S & Bozeman B，2007）、博德曼和波诺马廖夫（Boardman P C & Ponomariov B L，2009）、霍伊斯勒和科利瓦斯（Haeussler C & Colyvas J A，2011）的研究结果显示，年龄与学术参与显著正相关，德斯特和帕特尔（D' Este P & Patel P，2007）、贝克尔斯和博达斯（Bekkers R & Bodas F I，2008）、朱利安尼等（Giuliani E et al.，2010）、德斯特和佩克曼等（D' Este P & Perkmann M et al.，2011）则发现，二者之间存在消极关系，而古尔布兰德森和斯米比（Gulbrandsen M & Smeby J C，2005）、博德曼和波诺马廖夫（Boardman P C & Ponomariov B L，2009）的研究却表明，年龄的影响不显著。关于年龄对学术参与行为的负面影响，贝尔科维茨和费尔德曼（Bercovitz J & Feldman M，2008）给出了较有说服力的解释：这种负面影响可能反映了一种训练效应，早期阶段大学与产业界联系很少，甚至不被鼓励，当时制度不允许大学与私营企业合作。

组织身份。部分学者发现，特殊组织身份可以带来更多学术参与机会，并在研究中进行了分析。博兹曼和高根（Bozeman B & Gaughan M，2007）指出，研究中心多建立于不同领域合作关系之上，有助于促进公共和私营部门之间的互动，学者在大学研究中心的成员身份，有助于教师参与到各种合作项目当中。我国学者刘继红和喻学佳（2016）的研究也表明，高校研究中心科研人员与产业互动的可能性更大，互动方式以非正式交流、派送研究生、合作发表论文等形式为主，较少采用专利转让、咨询服务和雇佣的方式。

科研成果。学者发表的学术论文、主持的纵向课题、申请专利等科研业绩是学者科研能力的代表，是企业选择合作伙伴的重要参考信息。古尔布兰德森和斯米比（Gulbrandsen M & Smeby J C，2005）、贝克尔斯和博达斯（Bekkers R & Bodas F I，2008）、霍伊斯勒和科利瓦斯（Haeussler C & Colyvas J A，2011）的研究表明，最优秀和最成功的科学家往往也是那些与产业伙伴联系最多的科学家。博兹曼和高根（Bozeman B & Gaughan M，2007），林克、西格尔和博兹曼（Link A N，Siegel D S & Bozeman B，2007），博德曼（Boardman P C，2008），博德曼和波诺马廖夫（Boardman P C & Ponomariov B L，2009）的研究显示，个人调动资源进行研究的能力与工业界的合作密切相关，学术界从产业界筹集的资金与政府资助具有互补性，这是因为政府资助基金主要基于同行评审，表明科学家在该领域取得的成功，科学家们的科技生产力以及获取公共科研资助的能力成为私营公司寻找合作伙伴的一种信号，从而为科学家带来更多的参与机会。

产学合作经验。产学合作经验主要通过改变学者认知、建立和强化社会网络影响学术参与行为。范·迪尔登克、德巴克和恩格伦（Van Dierdonck R，Debackere K & Engelen B，1990）的研究发现，常规的互动可以强化合作网络，与产业界以往的合作经验会积极影响学者对产业界的态度。贝尔科维茨和费尔德曼（Bercovitz J & Feldman M，2003）分析指出，研究人员过去参与知识转移的经历给他们留下深刻的印象，导致产生关于继续从事产学知识转移的预期。德斯特和帕特尔（D'Este P & Patel P，2007）的研究结果显示，过去大量的产学互动有助于形成、强化与产业界的联系网络。弗朗西斯·斯迈思（Francis-Smythe J，2008）在研究中指出，缺少产业经历和商业化经验阻碍了个体参与产学知识转移，产学合作网络是建立在相互信任与包容的基础上，有助于未来进一步合作的延续。学术参与根植于个人社会资本，有产学合作经验的研究人员往往拥有广泛的关系网络，从而拥有更多的社会资本，使他们能够在私营部门寻找到潜在合作伙伴（Giuliani E et al.，2010；Haeussler C & Colyvas J A，2011）。

资历。资历是指资格与阅历，是个体在长期工作中积累的社会资源、获取的社会地位，通常以科研业绩、经验（包括产学合作）为基础，多表现为社会声誉、网络关系、职业地位。佩克曼（Perkmann M et al.，2013）的研究表明，产业合作经验丰富的科学家往往在学术界有良好的声誉和广泛的网络关系。吉尔茨·拉茨科（Girts Racko，2018）基于英国 3 家 CLAHRC 的 2 次调研数据表明，职业地位、与更高级别专业人员的联系、与知识经纪人以及不熟悉专业人士的关系，有助于学者加入跨专业网络和共同决策系统，与临床医生之间进行知识交流。

学术参与动机。自我决定理论认为，人类行为源自内部动机、外部动机或无动机。内部动机是指基于兴趣的行为意向，外部动机是指源自行为结果的行为意向，无动机则是指行为的发生没有行为意向。针对学术参与动机，赛尔特和古德曼（Cyert R M & Goodman P S，1997）的研究表明，大学科学家们通常认为产学联系为发展和验证理论、打磨技能、训练和安置学生提供了肥沃的土地。李（Lee Y S，2000）的研究发现，美国研究型大学与私人企业的合作有两个主要原因：其一，是为了获得与研究活动有关的资源，如资金、设备；其二，是为获取实地测试研究结果的机会和新的观点。欧文·史密斯（Owen-Smith J，2003）、德斯特和佩克曼（D'Este P & Perkmann M，2011）调研发现，高校科技人员参与产业活动、合作研究与商业化（追求财务回报）不同，学术参与行为主要受技能知识互补性驱动，获得产业合作机会、推进研究是其主要目的。西格尔等（Siegel D S et al.，2004）调研中注意到，大学科学家与产业界建立联系的主要动机是获取产业科学界的认可、协助教师进行研究、取得卓越的学术成就。特别是，知识的不断更新给大学带来了巨大压力，这使得大学必须通过与产业建立联盟以保持其在研究区域的前沿地位，与此同时，获取个人经济利益可能是教职员工与工业建立联系的另外动因。针对学术参与的经济动因，李永壮（2006）和刘进（2015）指出，高校教师从事企业兼职、参与横向课题、提供咨询服务属于"对抗低收入的保护性流动"，是为了解决投资收益的不公平问题。综合以上研究发现，学者们更多强调外部动机在学术参与中的驱动作用，较少关注内部动机对于学术参与行为的影响作用。

以上研究结论也得到了国内学者相关研究的支持。范慧明（2014）针对我国高校教师的调研结果显示，获取资助、推动研究、提升荣誉是高校教师产学合作的主要动机，学术论文的数量对于高校教师产学互动具有显著影响。余荔、沈红（2016）研究发现，年龄、现有单位工作工龄显著影响高校教师兼职行为。刘京、周丹和陈兴（2018）的研究结果显示，性别、职称、科研能力（论文、纵向课题、横向课题）对高校科技人员学术参与活动作用显著。

2.2.2 组织因素

高校履行第三使命需要内部资源和环境条件的支持，如人才、资金、设备等资源要素，学术地位、网络关系、区位优势等能力要素，基础设施、创业教育、推进措施等正式机制，以及社区成员对创业的态度、榜样的作用、奖励体系等非正式机制（Wu W，2010；Guerrero M & Urbano D，2012）。

高校办学质量与学术地位的影响。对学术参与影响最突出的组织层面因素是高校办学质量，通常以高校规模和学术水平为代表。大量研究表明，高校办学质量对教师学术参与行为存在正反两方面的作用。首先，学术水平是企业选择合作伙伴时重要参考指标，科研能力强、科研产出丰硕的高校往往能够赢得较高的学术声誉，从而增强其在产业界的辨识度、与企业合作的机会。特恩奎斯特和卡尔森、曼斯菲尔德和李（Tornquist K M & Kallsen L A，1994；Mansfield E & Lee J Y，1996）以科研人员数量、资产规模和研究成果作为高校科研能力衡量指标，发现高校科研能力与产学互动积极正相关。欧文·史密斯（Owen-Smith J，2003）的研究表明，规模大、有声望的学校更有可能获取与产业合作的机会。由此可见，高校办学质量本身对于教师学术参与行为目标的实现具有正向、积极作用。然而，另有研究结果显示，学术水平和办学质量高的院校并不鼓励教师学术参与，在资源和政策上没有给予积极支持。曼斯菲尔德（Mansfield E，1995）在研究中指出，精英大学一般不愿为了推进产学合作而将专利发明等纳入职称评聘当中，因此，教师将更多精力投入到基础研究中。李（Lee Y S，1996）的研究结果显示，在美国排名靠前的精英大学，教师产学合作中得到的学校支持比排名靠后的大学教师少。阿扎格拉·卡罗等（Azagra-Caro J M et al.，2006）基于成立时间评价大学办学质量，指出办学质量对教员与产业的互动具有负面影响，并认为这可能是由于科研水平较低的研究机构公共资源不足，从而促使学者们积极与产业合作，获取科研资金。布兰科·波诺马廖夫（Branco Ponomariov，2008）研究中发现，发文量多、学术声誉靠前的高校更强调科学研究，教师为了增强自己在学术界的声誉更愿意进行基础研究，与产业界合作违背了学者们的学术追求，学者对于产学合作的态度不积极。行文至此可以判定，高校办学质量、学术声誉为教师创造了更多参与机会，促进了高校教师学术参与行为目标的实现；而高水平院校的办学宗旨不支持产学合作，从而负向影响了高校教师学术参与意向。

高校管理制度与基础设施的作用。高校旨在促进商业化和学术参与的政策和治理措施可归纳为三大主题：设置知识和技术转让基础设施、奖励教员、管理利益冲突（Alessandro Muscio，Davide Quaglione & Giovanna Vallantiy，2014）。已有研究对以上高校政策和措施的效力分别进行了验证。马克曼等（Markman G D et al.，2005）、马斯西奥（Muscio A，2010）调研发现，虽然 TTO（技术转移办公室）的主要职责是推进高校科技成果的商业化，大学如果更好地管理 TTO，更多地利用其服务，将增加产学合作的可能性。弗朗西斯·斯迈思（Francis-Smythe J，2008）的研究结果表明，缺乏奖励和官僚作风是高校教师产学合作中的体制障碍。布鲁内尔、德斯特和萨尔特（Bruneel J，D'Este P & Salter A，2010）、克里切利和格里马尔迪（Cricelli L & Grimaldi M，2010）的分析较为具体：技术转移机构和奖励制度是高校支持、引导科技人员产学知识转移的主要机制，高校在管理上形成的绩效评价体系、奖惩制度可以增强科研人员的产学知识转移内在动机，服务部门的建立促进了产学联系；反之，如果缺失或管理不当，就会阻碍教师产业参与。李（Lee Y S，1998）的研究表明，在美国学术参与根植于学者职业生涯当中，越来越多的学术参与对于高校教师具有激励作用，因为学术参与有助于高校教师从产业界获取更多资助、职称晋升、终身教授身份的获取。胡国平、陈卓和秦鑫（2016）针对我国高校的研究结果表明，过于繁重的教学与科研任务降低了产学知识转移的效果。据此可以认为，管理机构和服务部门是高校组织产学合作活动的功能性设施，可以促进高校教师与外界的联系，减少了知识技术转移过程中的潜在风险；奖惩措施对于学术参与行为具有内在激励作用；由于时间限制，教学、科研任务间接影响学术参与行为。

第三使命的作用。目前，高校面临来自政府、公众的越来越大压力，要求高校承担更多社会责任、具有创业精神、为经济发展做出贡献（Cohen W M et al.，1998）。社会压力促使高校与产业合作、传播知识和技术（Siegel D S，Waldman D & Link A，2003），以推动地方经济发展（Blumenthal D，2003；Hagen R，2002）。第三使命强调高校应当承担服务地方经济、满足产业需求的社会责任，第三使命导向高校的教师产学合作意愿鲜明、产学互动频繁。西格尔等（Siegel D S et al.，2004）注意到，第三使命敏感的高校教师与产业界合作动机较强，他们经常会与产业技术人员合著、出席产业论坛会议、争取产业资助，以获得产业科技研究领域认可，推进学术研究。其中，具有行业特色、技术背景的高校通常更加注重第三使命。德斯特和帕特尔（D' Este P & Patel P，2007）的研究表明，大学的"技术院校"背景显著增加了基础研究领域教师产学互动种类的多样性。农学专业世界一流的康奈尔大学，始终秉持"开展科学研究主动服务社会，注重与地方政府和社会联系"的办学思想，教师与产业互动积极（解水青、秦惠民，2016）。在我国，中国矿业大学、中国地质大学、河海大学等行业特色高校，建校之初即肩负着支持行业发展的使命（李枫、赵海伟，2012），在专业设置、科技研发、人才培养等方面行业特征鲜明（刘国瑜，2008），具备解决产业技术问题的先天优势（宁滨，2009），因此与产业联系更紧密、教师产学知识转移行为更常见（刘京、周丹、陈兴，2018）。赵志艳和蔡建峰（2018）对第三使命的作用机理做了进一步分析，研究结果表明，第三使命正向影响学术参与行为，自我效能对于第三使命和学术参与行为具有中介作用，第三使命正向调节个体因素和学术参与行为的关系。

产业资助的作用。产业资助代表社会对高校服务社会功能的需求，对于高校教师学术参与行为具有积极的推动作用。德斯特和帕特尔（D' Este P & Patel P，2007）指出，高校研究经费来源中产业资助所占比重与高校商业化文化密切相关，其研究结果显示，较高的产业资助比例显著增加了应用研究领域教师的产学互动频率。布兰科·波诺马廖夫（Branco Ponomariov，2008）研究发现，产业研发资助对于职务和学术参与的关系具有调节作用，产业研发资助越多的院校年轻学者与终身教授产业参与的差距越小；产业研发资助减少了高校研究中心身份在产学互动中的优势；产业研发资助积极影响了硕士研究生数量和科技人员学术参与的关系。

高校学术水平、制度规范、基础设施、第三使命和产业资助构成高校教师学术参与行为的组织环境，体现高校的价值取向和办学宗旨，对教师学术参与活动有重要影响和引导作用。现有研究诠释了高校硬性条件对于学术参与行为的影响，但领导及同事的影响、社会规范的作用还没有得到应有的关注；此外，现有组织环境研究仅仅停留于验证阶段，其内部作用机理有待进一步探析，相关研究结论对于理论体系的完善、实践活动的推进具有重要意义。

2.2.3 区域经济与邻近效应

地区经济社会发展水平决定产业的创新需求、影响创新要素的流动；地理位置的邻近可以降低校企合作成本、减少信息不对称问题，以上因素构成高校教师学术参与的区域环境，相关研究对其作用机理进行了较为深入的分析。

巴赫、科恩迪特和申克（Bach L，Cohendet P & Schenk E，2002）、阿伦德尔等（Arundel A et al.，2004）认为，经济发展水平意味着潜在的合作机会，经济发达地区高校及教师更容易获得与产业界合作的机会。查普尔等（Chapple W et al.，2005）的调查结果证明了地区 GDP 对高校技术转移活动的显著正向影响。我国学者原长弘、赵文红和周林海（2012）的研究结果显示，产学互动、知识转移中市场经济的调控作用越来越突出。然而，以上结论在我国部属院校中并没有得到验证，对此，胡国平、陈卓和秦鑫（2016）给出了较有说服力的解释：部属院校科研能力较强、社会声誉好、合作对象并不局限于地方企业。

空间邻近效应是高校教师与产业互动的重要驱动力。费尔韦瑟（Fairweather J S，1991）的研究显示，地理位置相近有利于产学合作。德斯特和佩克曼（D'Este P & Perkmann M，2011）指出，邻近效应使高校与产业合作更有可能，对于企业生产技术问题的解决至关重要。我国学者傅利平、周小明和罗月丰（2013）的研究结果也显示，高技术企业与高校邻近、联系密切，相互间人才流动频率更高。但是，邻近效应也会因产学互动形式、高校科研能力、企业特征和知识邻近性有所差异。韦多韦洛（Vedovello C，

1997）指出，地理上的接近度是驱动非正式联系的重要因素，正式合作关系的建立更多是以大学拥有的专业知识和技术能力等显性因素为依据。劳尔森、赖希施泰因和萨尔特（Laursen K，Reichstein T & Salter A，2011）的研究显示，具有高吸收能力的公司在选择合作高校时，地理邻近并不是他们关注的问题。赫尔墨斯和罗杰斯（Helmers C & Rogers M，2015）的研究进一步指出，邻近效应对于小公司有很好的激励作用，但对于大公司影响并不那么显著。针对知识特性的影响，郝尔斯、拉姆洛根和程（Howells J，Ramlogan R & Cheng S，2012）强调，定制化服务是产学合作中"知识接近"的典型代表，而非"地理邻近"。

由此可见，区域经济的驱动作用和地理空间的邻近效应是对区域环境作用的一般性总结，针对不同高校、不同企业、不同类型合作、不同类型知识，区域环境的作用存在明显差异性，未来研究中针对不同研究对象应谨慎选择区域环境变量。

2.2.4 相关政策法规

政府作为国家创新体系的组织者和协调者，往往采用政策引导与资金支持的方式干预产学合作活动。相对而言，高校科技成果的商业化得到较多政策支持（Mowery D C & Sampat B N，2005；Sampat B N，Mowery D C & Ziedonis A A，2003），政策制定者较少关注学术参与行为，因此，与商业化研究不同，学术参与研究较少强调国家政策的作用（Perkmann M et al.，2013），有限的政策研究主要集中于北美和欧洲国家，我国学者侧重于分析财政支持的作用。

一些学者将合作研究、参会、合著、咨询或非正式接触等学术参与活动归类为高校技术非正式转移机制，并分析相关法规对这种非正式转移机制的促进作用。1980年颁布的Bayh-Dole法案赋予美国高校选择保留教师发明所有权的权利，同时，负有申请专利、将收益分配给发明人的义务。然而，西格尔、沃尔德曼和林克等（Siegel D S，Waldman D & Link A，2003；Siegel D S et al.，2004）在研究中发现，高校TTO给教师的回报过少，以至于失去了很多技术商业化的机会。弗里德曼和西尔伯曼（Friedman J & Silberman J，2003）、索尔·拉赫和马克·尚克曼（Saul Lach & Mark Schankerman，2004）、林克和西格尔（Link A N & Siegel D S，2005）指出，实际上只要简单地增加教师的回报就会使商业化进程更加有效，然而，由于谈判过程如此艰难以至于大学科学家产生强烈动机，通过非正式渠道转移其研究成果而不通过 TTO。基于此，林克、西格尔和博兹曼（Link A N，Siegel D S & Bozeman B，2007）总结了美国高校三种非正式技术转移机制：通过与产业科学家合作商业化创新技术、与产业人员合作出版、为公司提供付费咨询服务。德国《宪法》崇尚科研自由，《宪法》第 5 条赋予教授特权，学者有权利用他们的科学成果进行私人商业化，即使基础研究是在大学或其他公共资助下进行。因此，当时高校专利很少，企业也很少使用高校技术许可，而高校教师咨询服务和非正式合作很多。2002 年，德国废除"教授特权"，至今"教授特权"已经失效多年，但克里斯托夫·格里姆佩和海德·费尔（Christoph Grimpe & Heide Fier，2010）发现，德国高校教师非正式技术转移活动仍然活跃，德国高校教师比美国高校教师更可能参与非正式技术转移，特别是一些资深学者，这可能是因为许多高校还没有完全建立有效的技术转移基础设施。此外，马格努斯·克洛夫斯滕和迪伦·琼斯·埃文斯（Magnus Klofsten & Dylan Jones-Evans，2000）、霍伊斯勒和科利瓦斯（Haeussler & Colyvas，2011）对瑞典和爱尔兰、英国和德国进行了比较研究，研究结果同样证明了国家政策法规对于学术参与行为的重要作用。

政府资助对于高校教师产学知识转移行为具有推进作用。我国学者原长弘、孙会娟和王涛（2012）以及胡国平、陈卓和秦鑫（2016）的研究结果表明，地方政府财力支持有效促进了高校教师技术和知识转移。董洁、黄付杰（2012）基于高校技术转移数据的实证分析表明，地方政府科技拨款占当地财政支出的比重与产学知识转移效率显著正相关。刘京、周丹和陈兴（2018）以我国行业特色高校为例，研究政府支持对于高校科研人员产学知识转移行为的影响，然而实证研究结果并没能验证资金支持、政策法规、平台建设对于产学知识转移行为的推动作用，这可能是由于样本地区政策的同质化原因。

由此可见，虽然 Bayh-Dole 法案的主要目的是推进科技成果的商业化，但是却间接促进了高校教师学术参与行为的发生，虽然"教授特权"已撤销多年，但是其对德国学者的影响并没有消失；财政资金可以撬动产业对高校创新的需求，从而激活高校教师学术参与行为；政策法规、财政资金是产学合作的重要影响因素，政府的力量对于学术参与具有干预作用。然而，国内外现有文献非常有限，相关研究主要集中于少数国家，研究结论缺乏代表性。此外，财政资助效用研究过分依赖宏观数据，对于个体行为的驱动作用没有得到充分验证。未来研究需要收集更多区域样本数据，通过比较研究，总结政策作用的一般规律，同时注意采集微观数据，进一步验证政策变化对于个体行为的引导作用。

2.2.5 学科属性

学科社区类似"隐形学院"，内部运行遵循各自不同规则，这些普遍存在的行为规则约束和规范学者行为，从而导致不同学科教师产学知识转移行为的差异（Crane D，1972）。已有研究表明，学科类别影响大学向企业知识转移渠道的选择：工程应用学科教师更有可能与企业合作或参与创业活动（Lee Y S，1996；Crane D，1972）。生物医学和化学工程学科中，主要的学术参与模式是专利转让与许可、科学成果、学生实习、非正式接触和合同研究（Bekkers R & Bodas Freitas I，2008）。对于计算机科学学科的研究人员来说，专利转让和许可似乎并不是一个重要的技术转移渠道，但对于材料学科科学家而言，它们却非常关键。在社会科学领域，知识主要是通过人员互动和劳动力流动来转移。在医学领域，临床研究人员更有可能与产业合作，但非临床研究人员更有可能商业化创新技术（Louis K S et al.，2001）。余荔、沈红（2016）基于"变革中的学术职业"国际数据库研究高校教师兼职行为，发现理工科高校教师兼职的可能性更大。除此之外，还有学者对学科属性对于学术参与行为的作用机理做了进一步探析。德斯特和帕特尔（D'este P & Patel P，2007）利用英国 RAE 评级测度部门学术质量，研究表明，部门学术质量对于高校科技人员产业参与的影响仅仅在应用学科领域显著。赵志艳、蔡建峰（2018）的调研结果显示，自然科学与人文社会科学部门学术质量对于学术参与活动的作用机理不同：自然科学学科中，部门学术质量正向直接影响学术参与，同时通过教师商业化和研究相关动机对学术参与行为产生间接作用；人文社会学科的作用机理较为复杂，部门学术质量仅对教师研究相关动机产生影响，部门学术质量直接作用学术参与行为，同时通过研究相关动机间接影响学术参与行为，其中，部门学术质量对研究相关动机和学术参与行为的影响呈现倒"U"型。

以上研究表明，不同学科高校教师外部参与的方式不同，学科属性是学术参与的重要影响因素。部分学者对于学科属性的影响机理进行了尝试性探索，但是与外部参与实践的复杂性相比现有研究明显不足。为什么不同学科高校教师外部参与方式不同？学科属性如何影响高校教师的行为决策？相关问题的解答对于学术参与研究的推进具有重要意义。

2.3 学术参与产出及其社会认同

大量研究表明，学术参与在推动经济发展、社会进步中发挥独特作用，其潜在价值、战略意义突出。萨克森尼恩（Saxenien A，1994）在研究硅谷知识溢出时发现，自高校到企业的人才流动、研发人员的非正式交流是知识溢出的主要机制。李永壮（2006）的研究表明，高校教师兼职行为对于人才资源优化配置、科技成果转化、解决生产实践技术难题具有重要意义。饶燕婷（2012）针对我国产学研协作关系松散问题指出，人才流动是促进产学研深度融合的有效措施。傅利平、周小明和罗月丰（2013）认为，人才流动形成的网络关系使远距离知识溢出成为可能。黄海洋（2017）的研究结果表明，知识由学术界向产业界流动更依赖于学者的流动。比较研究的结果进一步证实学术参与作用的独特性。麦克尔维和永贝里（Mckelvey M & Ljungberg D，2017）通过瑞典食品工业案例研究发现，商业化模式更多体现直接性和可感知性特征，主要表现为提出新的实践方法、新技术和设备、提供新产品或服务、对现有产品或服务进行再创新、完善现有产品或服务；而学术参与则是以人为载体实现知识转移和学习、发展网络关系、发展企业创新能力（增加知识基础、增强发现与获取外部知识的能力、营销能力）。不仅如此，学术参与对于高校自身创新能力的提升、教学也具有显著作用。佩克曼、金和帕夫林（Perkmann M，King Z & Pavelin S，2011）研究发现，高校科技人员在学术参与过程中往往可以获得发现新的研究问题、获取市场反馈、为科学研究争取产业资助、安排学生实习等多项收益。

由于学术参与在知识传播中的重要贡献和潜在价值，在实践当中得到广泛应用。美国、英国、瑞典、爱尔兰、挪威等国家的相关研究显示，学术科学家的各种外部参与中专利、许可和学术创业等商业化活动占比最低，而参会、咨询、合同研究、联合研究和培训在知识转移中应用得更为广泛、创造的价值要远远超过商业化行为（Roessner J D，1993；Magnus Klofsten & Dylan Jones-Evans，2000）。国内学者针对我国国情的相关研究也证明学术参与的广泛应用，如仲伟俊、梅姝娥（2013）针对江苏多所高校及高技术企业的调研显示，联合开发在校企合作中占据绝对主导地位，而既有科技成果转让并不是产学合作、成果转化的主要方式。

不仅如此，在学术界学术参与也获得了广泛认可，学者的评价要高于商业化行为。李（Lee Y S，1996）针对美国学者的"大学创业"态度进行了调研，结果显示，大多数教职员工赞成技术转移活动，反对创建新的技术公司、大学的股权投资等激进式的商业化行为。与此相对应，博德曼和波诺马廖夫（Boardman P C & Ponomariov B L，2009）的研究显示，学术参与被学者视为一种"开放科学"驱动的自然扩散过程，与传统学术规范不太可能相抵触，而商业化被视为"违背"传统学术规范。针对德国马普学会科学家的一项调研也显示，提倡科学公共资产的学者明显不太可能追求商业化，作为传统学术研究的补充，学术参与的概念得到了"学者潜在动机研究"的支持（Krabel S & Mueller P，2009）。

综上所述，学术参与可以创造经济与非经济多方面价值，更多秉承"开放科学"的传统科学精神，遵循"莫顿定律"；学术参与的重要贡献在于产学知识转移的充分性、企业与高校创新能力的提升，在推动国家创新体系建设、经济持续增长方面具有重要的战略意义。与商业化模式相比，学术参与形式更灵活、运用前景更广泛，以此为选题的相关研究具有较强理论价值和现实意义。然而，现有研究主要聚焦于学术参与的经济意义、科研价值，其教学、人才培养方面的贡献没有得到学者们的足够重视，学术参与中高校教师可以发现产业对于专业知识和人才需求的变迁，及时调整教学内容、培养方案，在推进产业发展、实现高等教育的供需平衡方面具有深远意义，学术参与人才培养方面的作用及其原理是未来值得研究的议题。

2.4　相关研究述评

学术参与研究肇始于20世纪90年代，30多年间学者们对学术参与的内涵、诱因和作用进行了大量分析和验证，相应观点与结论具有重要的参考价值，为后期研究指明了方向、奠定了坚实的基础。然而，由于研究历程较短，现有研究还存在诸多薄弱环节，总结起来主要存在以下几点不足。

（1）现有研究较少涉及高校教师学术参与意向的形成过程。意向对于个体具有指导作用，是行为发生的内在驱动力，缺乏意向的行为暂时性特征突出。计划行为理论指出，行为过程分为行为决策和行为执行两个阶段。学术参与现有研究主要致力于解析学术参与行为目标的实现，对于学术参与的决策过程没有给予足够的关注，从而影响学术参与行为理解的完整性。学术参与意向的研究对于理论体系的完善、实践活动的推进具有重要意义。

（2）学术参与意向—行为的一致性没有得到应有关注。意向对于行为影响得到大量行为研究的验证，然而"意向决定行为"假设并不总是成立。计划行为理论及其应用研究表明，现实当中充斥着大量非意志行为，人们并不总能按照自身意愿行事。学术参与行为跨越组织边界，受到个体、组织、经济等多方面因素影响，学术参与只是部分教师行为。此外，学术参与研究中，个体特征、组织环境等非意志因素的作用也暗示了学术参与意向和行为之间存在缺口的可能性。而现有研究并没有验证学术参与意向—行为的一致性，更没有对于意向—行为缺口的产生及其弥合进行深入分析，从而导致理论研究与实际现状的脱离。

（3）影响因素的研究过于分散，学术参与行为的生成机理尚不明晰。已有研究从各个层面对于学术参与行为的影响因素进行了分析、验证，但研究结论过于分散、缺乏内在联系，学术参与行为的生成逻辑尚不明晰。未来研究需要厘清变量之间的复杂关系，构建学术参与行为生成机理模型，相关研究对于理论框架的建构与完善具有重要意义。

（4）人文社会科学学科学术参与活动研究严重不足，学科环境对于学术参与行为的影响还有待进一步探明。学者们已经注意到学科环境对于高校教师学术参与行为的影响，意识到不同学科外部参与形式的差异，并对学科属性对于部门学术质量和学术参与行为关系的调节作用进行了验证。然而，学科环境的实际影响远非如此，透过社区规范约束教师的学术参与行为，它渗透于教师行为的各个阶段。现有研究还处于起步阶段，学科属性对学术参与的影响还有许多未知领域。人文社会科学学科学术参与行为研究过少，严重影响了两大学科之间的比较研究。不同学科学术参与行为的比较研究对于全面理解学科环境的作用路径具有重要意义。

（5）政策法规和财政资助作用的研究比较薄弱。国内外有关政策法规效应的研究非常有限，少量文献集中于北美和欧洲地区，虽然我国各级政府也出台多项政策鼓励高校教师学术参与，但政策效应并没有得到学术研究的验证；财政资助对于产学合作的作用得到我国学者研究的支持，然而现有研究并没有探明财政资助的具体作用路径，理论研究明显滞后于管理实践，现有研究还需快速推进。

（6）现有研究对于学术参与产出的总结不够全面，侧重经济意义和科研价值，其教学与人才培养方面的可能贡献没有得到应有关注。学术参与教育贡献的验证及其内在机理还需大量研究工作投入。

（7）关于实证分析的方法，现有研究主要采用单水平回归分析、结构方程模型，没有考虑各个变量的组间差异、组内相关问题，相应研究结论可能存在"生态谬误"问题，从而影响研究结论的可靠性，未来研究针对不同层面因素之间的相互作用有必要采用跨层分析方法。

产学联系的影响因素众多，管理和组织因素问题突出（占45%），是造成高校产学合作绩效差异的主要原因。针对以上研究不足，本书以学术参与意向—行为差距为切入点，基于高校管理层面，运用计划行为理论、社会认知理论、人际行为理论，借鉴学术参与相关研究，构建高校教师学术参与行为生成机理理论模型，通过实地调研、分学科进行多水平结构方程分析，验证研究假设或修订理论模型。期望本书研究成果能为学术参与理论体系的完善、实践活动的推进做出些许贡献。

2.5　本章小结

本章在比较分析学术参与及相关概念的基础上，廓清了学术参与在产学知识转移中的独特地位；梳理现有文献的基础上，总结学术参与行为的影响因素、学术参与的产出、社会认同度；最后，评析现有文献，发现研究不足。

回顾已有文献发现，政府力量、学科属性的作用研究相对薄弱，不同因素之间的内在联系有待厘清，学术参与行为生成机理还未探明；学术参与的外部效应总结不够全面，教学和人才培养方面的作用没有得到验证；此外，现有研究在方法方面可能存在"生态谬误"的问题。针对以上研究不足，本书拟以意向—行为缺口为切入点，从高校管理层面构建学术参与行为生成机理模型，通过实地调研、多水平结构方程验证与修正模型，比较不同学科实证结果，探明学科环境作用路径。

第 3 章

高校教师学术参与行为
机理模型的建构

本章在介绍理性行为理论、计划行为理论、社会认知理论、人际行为理论的基础上，阐释行为发生的一般逻辑；然后，依据实证研究文献、计划行为理论、社会认知理论、人际行为理论论证意向—行为背离的可能性；在此基础上，结合本书研究议题建构高校教师学术参与行为理论模型，据此提出研究假设；最后，规划研究路径，设计研究框架。

3.1　理论基础

学术参与行为是一种产学合作行为，早期的相关研究多基于"完全理性经济人"假设，研究经济因素对个体产学合作行为的影响。而产学合作行为本身具有知识传播属性和一定的公益性，学术参与这些方面的特征更为突出。随着知识管理研究的推进，其研究范围逐步扩展到行为主体的心理因素，研究假设转向"有限理性经济人"。心理学、社会学、经济学、管理学为高校教师学术参与行为的研究提供了可靠的理论依据。

3.1.1　理性行为理论

理性行为理论（theory of reasoned action，TRA）由菲什拜因和艾奇森（Fishbein M & Ajzen I，1975）提出，该理论假定人是理性的，在执行行为之前会综合多方面信息、考虑各种行为结果和意义，这些被获取的信息是态度、主观规范的基础，并认为行为态度和主观规范影响行为意向，行为意向决定最终行为。

行为意向的产生。根据理性行动理论，个体行为意向取决于两个基本因素，即个体因素和社会影响。个体因素是个人对于执行特定行为的消极或积极的评价，也就是行为的态度；社会影响是个体对于施加于自身的社会压力的感知（执行或不执行该行为），因为它涉及的是被感知到的范畴，所以该因素被称为主观规范。一般来说，当人们积极地评价一种行为且认为重要的其他人认为他们应该去做这件事的时候，他们就会打算去做这件事。行为态度和主观规范的相对重要性在一定程度上取决于调查中的意向。对于一些意向，行为态度可能比规范认知更重要，然而对于其他行为意向，规范认知可能占据主导地位。此外，态度和主观规范的权重还可能因人而异，理论观点概括如模型（3-1）：

$$B \sim I\alpha[w_1 A_B + w_2 SN] \tag{3-1}$$

其中，B 代表行为，I 代表执行行为的意向，A_B 代表行为相关的态度，SN 代表主观规范，即被试感受到的关于执行行为的社会压力；w_1 和 w_2 是实证结果确定的权重参数，代表态度和主观规范的相对重要性。

模型（3-1）表明，如果行为意向在行为之前没有改变，那么它就可以精确地预测行为；行为意向本身与行为态度和主观规范的加权之和成正比。

其中，对行为的态度是由有关行为的显著信念决定的，这些显著信念将行为与结果评估和其他属性联系起来。

$$A_B \alpha \sum_{i=1}^{n} b_i e_i \tag{3-2}$$

模型（3-2）中，b_i 表示主观可能性，e_i 表示对行为结果的评价，态度是 n 个凸显行为信念的总和。

模型（3-2）表示，态度与行为发生的主观概率、行为结果的评价成正比。个体相信执行行为会带来积极的结果，那么他就对行为持有赞同的态度，反之则反，这就是态度之下的行为认知。这种一定态度之下针对特定行为的信念被称为行为信念。

主观规范也以信念为基础，是信念的函数，这些主观规范背后的信念被称为规范性信念。即个体感知到的重要人物或群体认为他应该或不应该执行特定行为的社会压力。

$$SN\alpha \sum_{j=1}^{n} b_j m_j \qquad (3-3)$$

模型（3-3）中，b_j 表示关于参考者的规范信念，m_j 表示服从参考者建议的动机，主观规范是 n 个凸显规范信念的总和。模型（3-3）演示了主观规范与规范信念、顺从动机之间的关系，通过模型（3-3）可以看出，主观规范与关于特定群体的规范信念、顺从动机成正比。

理性行为理论通过有限的概念解释了行为意向及意志控制行为的产生过程。基于一系列的推理分析，理性行为理论将行为的原因追溯到个体显著信念，个体显著信念为行为提供了较为全面的解释。而个体特征等因素则通过影响信念，从而影响态度、主观规范、行为意向，最终影响行为。

意志与行为的关系。根据理性行为理论，行为意向是行为的直接前因，然而严格地讲，行为意向必须满足以下两个条件才能准确预测行为：第一，行为意向必须是行为发生之前的行为意向，如果测度的行为意向是行为意向变化之前的结果，那么它就很难精确预测行为；第二，行为必须是在意志控制之下，当非意志因素对行为产生了强烈影响，行为意向对行为的预测能力将大大受损（Fishbein M & Ajzen I, 1975）。

研究发现，许多因素影响行为意向的稳定性，有些可以简单地归因于时间原因，另一些是因为出现了意外和新的信息。随着时间的临近，关于行为的消极信念往往比其积极信念更凸显。例如，一个即将把他的钱投资于股票的人可能会越来越担心将来股票价格会下跌。当行为的感知劣势大于其感知的优势时，个体很可能改变自己的原有行为意向，而不去执行任务。此外，行为意向可能因为意外、新出现的信息而改变，行为意向和行为关系被新信息打破，新信息形成新的行为信念，从而改变态度，最终改变行为意向，而这在原先变化之前的行为意向测量中并没有体现。如选举之前通过媒体得知候选人的一些负面信息，选民可能改变投票行为意向，进而改变投票行为。由于行为意向的改变，原有行为意向对行为的预测能力降低。然而，行为意向在力量和方向的变化上可能并不改变行为，只会改变行为意向的强度。带有强烈信心的行为意向很难被新信息干扰；而带有很少承诺的行为意向，则很容易被不太重要的突发事件干扰，从而改变思想。强烈行为意向与行为的关系更紧密，而缺乏信心的行为意向与行为之间的关系更加疏离。此外，行为意向的改变存在个体差异，有些个体行为意向不容易改变，而有的人容易受到外部情景暗示。

虽然行为预测的准确性受到意向稳定性的影响，由于个体行为意向改变的相互抵消，总体行为意向呈现平稳趋势，与个体相比，总体的意向—行为关系更为一致，尤其是在长时间间隔预测的情况下尤其如此。

意志控制的问题。以上讨论说明，除了态度、主观规范之外还有一些因素影响行为意向及其稳定性，从而影响了行为的发生。由此，行为问题的研究方转向意志控制力的讨论，非完全意志控制行为进入研究范畴。

有些行为表现更多控制因素，以至于我们不能确定行为一定按照我们的意向执行。其中，内部影响因素主要包括个体归因差异、信息、技术、能力、意志力、情绪和压力，外部因素主要包括时间、机会和对他人的依靠。内部因素主要考虑到可控程度问题，其中，信息、技术、能力较容易改变，情绪和压力导致的行为控制问题较为突出；外部因素的影响可能涉及行为意向的改变，时间、机会和对他人的依赖一般不会改变个体行为意向，只会延迟行为执行时间，而意外和新的信息可能转变行为意向、阻碍行为的执行。

理性行为理论关于"意志控制行为"的假设严重影响其使用范围。为增强理论的解释力，艾奇森（Ajzen I, 1985）在理性行为理论的基础上加入知觉行为控制变量，作为实际控制的替代变量测度人们对特定行为控制程度的感知。

3.1.2　计划行为理论

计划行为理论（theory of planned behavior, TPB）认为，行为的态度、主观规范和知觉行为控制可以准确地预测行为意向；而这些行为意向与知觉行为控制共同决定个体是否尝试执行目标行为；态度、主观规范和知觉行为控制与相应的行为信念、规范信念和控制信念有关，由行为信念、规范信念和控制信念当中的突显部分产生；由于信念作用的多向性，态度、主观规范和知觉行为控制可能受到一些共同信念的影响，彼此之间表现一定程度的相关性（Ajzen I, 1985），理论模型见图 3 – 1。

艾奇森（Ajzen I, 1985）在构建计划行为理论模型时意识到，行为意向是否实现、行为能否成功执行需依情况而定，当"控制能力问题"突出时，人们可能意识到只能尝试既定的行为，这一观察对"从行为意向预测

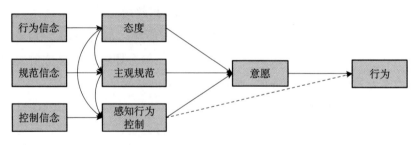

图 3 - 1　计划行为理论模型

资料来源：Ajzen I. From intentions to actions：A theory of planned behavior ［M］. Heidelberg, Germany：Springer，1985：11 - 39.

行为"有重要的意义。艾奇森指出，严格地说行为意向只能被理解为预测"一个人执行行为的企图（是否会尝试去做）"以及"执行行为的努力程度"，不必然是实际行为，对于行为目标实现的预测能力存在更多不确定性。当行为意向没能预测到企图的行为时，可能是行为意向在测度之后改变了；然而，当行为意向确实预测到了执行行为的企图，但是没能预测到行为目标的实现，这可能是影响因素超过个体可控范围，从而阻止行为意向执行。行为意向对行为企图的预测往往比对实际行为结果的预测效果更好。模型（3 - 4）展示出了个体执行行为企图的强度（B_t）如何与其控制程度（C）共同作用、决定行为的实际执行的可能性（B）。

$$B \alpha B_t \cdot C \qquad (3 - 4)$$

模型（3 - 4）表明，个体越努力、对内外部影响因素控制力越强，相应行为目标实现的可能性越大。然而，行为目标的实现对努力程度和控制力的依赖程度将依具体情况而定，有些行为对努力程度的依赖程度更高，有些行为更依赖对影响因素的控制力。

与理性行为理论一致，行为企图（B_t）的直接决定因素是尝试行为的意向（I_t），而尝试行为意向是对尝试的态度（A_t）、关于尝试的主观规范（SN_t）的函数。

$$B_t \sim I_t \alpha [w_1 A_t + w_2 SN_t] \qquad (3 - 5)$$

B_t 和 I_t 之间的波浪线表明，在观察到行为尝试之前，表达的尝试执行行为的行为意向可能会发生变化，而 w_1 和 w_2 是根据经验确定的权重（对于两个预测因子）。因此，个体对尝试一种行为的态度越积极，越相信重要他人认为他应该努力尝试，他的尝试行为的意向就越强烈。

　　然而，当我们考虑到"尝试执行行为的态度时"，我们必须超越理性行为理论。很明显，尝试且成功执行行为的态度和尝试但失败的态度不同。因此，当考虑到失败的可能性时，对尝试的态度不仅取决于对成功完成行为的态度，还取决于对失败尝试的态度。模型（3-6）表达了这种思想，这里对行为成功与失败的态度通过主观可能性（代表赋予的权重）体现。

$$A_t \alpha [p_s A_s + p_f A_f] \qquad\qquad (3-6)$$

其中，$p_s + p_f = 1$。

　　成功和失败的主观概率应该与自身因素和外部因素有关，这些因素可能促进或抑制行为执行。这种模型结构类似勒温等（Lewin K et al.，1994）关于期望水平的论述。根据勒温等的分析，目标的效价等于取得"成功的价值与主观成功概率的乘积"减去"失败价值乘以主观失败概率的乘积"。当我们不考虑失败的可能性、成功非常确定时，对待尝试行为的态度等于对待行为（目标）的态度。

　　正如对待行为的态度一样，对成功和不成功的行为尝试的态度可以被看作是由潜在信念决定的。因此，A_s 应该是关于成功执行行为结果的凸显信念的函数，A_f 由关于失败的行为尝试结果的显著信念决定，"意志决定行为"者一般不会考虑这些失败信念。

　　关于主观规范，计划行为理论提出了一种更简单的模型。艾奇森（Ajzen I，1985）认为，尝试执行行为的主观规范（SN_T）更适于被看作是关于成功执行的主观规范 SN 乘以建议者关于成功的主观可能性 p_r，换句话说，重要的参考者被认为是建议尝试的，他们赞成行为并相信尝试是可能成功的。

$$SN_t \alpha p_r SN \qquad\qquad (3-7)$$

　　到目前为止，对计划行为理论的讨论如图 3-2 所示。图中引入 BE，即行为期望，是指个体估计自身实际执行某种行为的可能性。知觉行为控制作为实际控制的估计，加上尝试的意向，共同预测成功的行为尝试的概率（BE）。如果一个人愿意尝试（I_t）且相信（有很高的主观可能性）自己可以控制这种行为（b_c），那么他就预期自己会执行这种行为（BE），如式（3-8）所示。当被试的行为意向改变或相信行为目标的实现不完全在自己的意志控制之中，行为尝试意向和行为期望就会不一致。因此，在对理性行为理论的拓展中，沃肖、谢泼德和哈特威克（Warshaw P R, Sheppard B H & Hartwick J, 1985）强调，一个人愿意做什么（I_t）和他预期自己实际可能做什么是不同的，行为期望（BE）是指个体估计自己实际执行某种行为的主观可能性，一般而言，个体仅在自己有愿意且感知到自己有很高的行为控制力时才会预期自己去做这件事。因此，行为期望（BE）可能比行为意向（I_t）更准确地预测实际行为。为提高行为控制的现实感知度，艾奇森（Ajzen I, 1985）认为，过去的经验、对控制能力主观判断的信心、详细的行动计划、自我认识非常重要。

$$BE\alpha b_c I_t \qquad\qquad (3-8)$$

图 3 - 2 显示，行为期望（BE）与行为企图（B_t）相关，因为它们受到一些共同因素的影响。当个体对自身能力、技能以及外部有利和不利条件的估计 b_c 是真实的（C），那么行为预期（BE）就可以预测实际行为（B），而当这种评价与实际情况不符时，行为预期的预测就遭受失败。因此，行为期望（BE）与实际行为（B）之间的相关性取决于个体对行为控制程度的信念与他对行为的实际控制程度之间的对应关系。不过，需要强调的是，这并不表明行为预期（BE）与实际行为（B）之间存在因果关系。

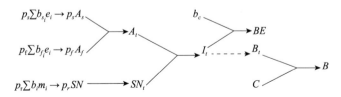

图 3 - 2　计划行为理论示意

资料来源：Ajzen I. From intentions to actions: A theory of planned behavior［M］. Heidelberg, Germany: Springer, 1985: 11 - 39.

3.1.3　社会认知理论

社会认知理论指出，个体机能的实现既不是内部力量完全驱动的结果，也不是在外部刺激下自动生成，而是主体、行为和环境相互作用的结果（Bandura A, 1977）。三方互惠决定模型（见图 3 - 3）较为系统地展示了主体（person，P）、行为（behavior，B）、环境因素（environment，

E）三者之间的相互决定关系。互惠是指因素之间交互作用，决定论表示结果是因素影响的产物，但由于影响的多重性，不能以"必然"的方式看待单一因素的作用，某一特殊因素的影响效力应以概率的方式表示。如图3-3所示，行为与环境的相互作用意味着，环境作为行为对象或外部条件，决定着行为的方向和强度，同时，行为也可以对外部环境造成影响，人们往往根据自身需求改造环境；环境与主体的交互作用，一方面体现环境对人的认知和人格特质的影响，另一方面也表明环境的潜在作用需要个体的认知把握；主体与行为之间的相互作用表明，信念、情绪、意向对于行为的部分决定意义，反过来，行为的反馈和结果又会影响主体情绪和思想信念等。

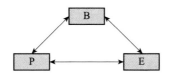

图3-3　三元互惠决定论因果模型

资料来源：［美］阿尔伯特·班杜拉. 思想和行为的社会基础：社会认知论［M］. 林颖，等译. 上海：华东师范大学出版社，2018：19-32.

防卫行为的产生与持续是认知作用于行为的经典代表；人的思想和情感随着模仿、社会说服和直觉而改变，说明环境不仅影响个体的行为，也影响人本身的认知和态度（Bandura A，1977；Zimbardo P G，Ebbesen E B & Maslach C，1977）。社交层面，劳动者联盟通过谈判以获得他们希望的薪酬和工作条件，体现了个体通过行为改变影响其生活质量的社会环境。布朗、班杜拉、杰弗里、科姆斯托克等和费尼格斯坦（Brown L，1971；Bandura A & Jeffery R W，1973；Comstock G et al.，1978；Fenigstein A，1979）分析"看电视"行为时指出，潜在电视环境提供的可选择范围部分影响观众偏好，观众依据自身偏好选择电视节目，从而决定了实际电视环境。生活中充斥着大量案例，表明三组因素相互作用、高度依赖，单个因素的潜在作用被影响对象有选择激活。

对于三组因素的互惠关系，班杜拉（Bandura A，1983）进一步强调，因素之间的双向影响力并不总是对称，对于不同个体或环境，因素之间的相互作用会有所不同，当环境对于行为的限制强有力时，环境将成为压倒一切的绝对因素，而当环境影响受限时，个人偏好则发挥主导作用。此外，互惠性并不代表三组因素交互作用同时发生（Phillips D C & Orton R，1983），因为因素的影响发挥作用需要时间。

3.1.4　人际行为理论

依据"态度—意向—行为"逻辑，特里安迪斯（Triandis H C，1980）提出人际行为理论（theory of interpersonal behavior，TIB），认为社会因素、情感因素和感知结果是行为意向形成的原因，习惯、意向和易用条件共同决定行为的发生，其中，习惯是积久养成的一定固化行为方式，通常表现为一种倾向性和稳定性。当习惯形成时，个体更倾向于履行此种行为，特定条件下习惯行为会自动发生，习惯是条件与反应的固定链接。易用条件是指有利于特定行为发生的环境因素，包括时间、激励制度、媒介、指导等，易用条件的存在，使行为实施更加便利快捷，可以有效促进行为的发生。据此构建的 Triandis 模型（见图 3-4）在多种习惯性行为和大量日常化行为研究中得到广泛认同。将情感因素考虑为态度要素，主张社会因素、习惯行为在意向、行为形成中的重要意义，是人际行为理论的重要理论贡献。

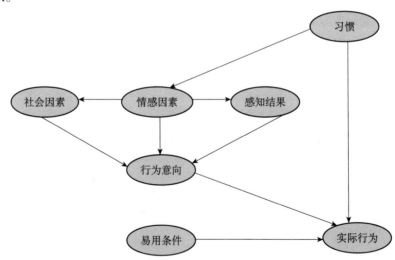

图 3-4　人际行为理论模型

资料来源：Triandis H C. Values，attitudes，and interpersonal behavior [J]．Nebraska Symposium on Motivation，1980，27：195-259.

3.2　意向—行为缺口的理论解析

菲什拜因和艾奇森（Fishbein M & Ajzen I，1975）指出，行为意向预测实际行为必须满足两个条件：第一，行为意向在实际行为发生之前没有变化；第二，行为在意志控制之下，否则，行为意向将很难准确预测行为。

关于行为意向与实际行为，大量研究对两者的关系进行了验证。部分研究表明，行为意向对行为具有一定预测能力，但结果并没有预期的那么关系紧密，然而，比较而言，行为意向在众多影响因素中对于行为的作用仍然占据优势地位。

3.2.1　意向—行为背离的实证研究

尽管行为意向对实际行为具有较好的预测能力，但是改变意向并不能保证行为的变化（Sheeran P，Klein W M P & Rothman A J，2017）。韦伯和希兰（Webb T L & Sheeran P，2006）、罗兹和迪考（Rhodes R E & Dickau L，2012）针对行为意向实验的元分析表明，中等到大幅度行为意向的变化只会带来中小幅度的实际行为改变。

希兰和亚伯拉罕（Sheeran P & Abraham C，2003）在分析行为意向与行为关系时发现，近期基于不同行为的研究表明，行为意向与实际行为之间存在明显差异。法比安·埃切加雷和弗朗切斯卡·瓦莱丽娅·汉斯坦（Fabian Echegaray & Francesca Valeria Hansstein，2017）以巴西为例研究电子垃圾回收问题时发现，大部分巴西居民对于电子垃圾回收表现出积极行为意向，但是只有少部分人充分地实践这种行为，值得关注的是，居民收入负向影响回收行为意向、正向影响实践行为。石洪景（2018）在分析我国城市居民低碳消费行为时发现，居民低碳消费意向与实际行为之间存在较大缺口，生态价值感知对于行为意向形成有正向作用，但是对于实际行为却没有发挥引导作用，月收入对于实际行为有反向作用，但是在行为意向形成中影响却不显著。万亚胜等（2017）针对金寨县农户宅基地退出行为意向与行为的调研结果表明，行为意向与实际行为存在一定差异，主观规范和知觉行为控制在行为意向和实际行为中都具有影响作用，而态度的作用只在行为意向形成阶段体现，且政府指令性规范对于实际行为的影响（载荷系数为 0.43）远远大于对行为意向的影响（载荷系数为 0.06）。朱雪春等（2017）的研究表明，知识吸收控制力对于知识流动行为影响显著，而对于行为意向影响却不显著，除了行为意向之外，行为还受知识流动习惯作用。黄顺铭（2018）的一项针对虚拟社区知识共享行为的研究表明，大学生知乎用户知识分享意向与实际行为相关系不高（各题项相关系仅为 0.19~0.25），除行为意向之外，知识共享控制力对知识共享行为具有显著负向作用、知识分享自我效能显著正向影响知识分享行为。徐冬梅（2018）针对农户转出林地产权行为的调研结果显示，我国大面积林地交易并非满足"完全一致同意"准则，而是在地方政府干预之下的农户的有限理性行为。邦德和帕特森（Bond R & Paterson L, 2005）的一项针对学者的实证研究表明，学者们在原则和实践上都表现出了与地方接触和互动的强烈承诺，而实际的完成情况低于有利条件下的发生率。综合以上研究结论可以发现，除行为意向之外还有多种因素影响行为执行，大量个体行为表现非意志性。

3.2.2 意向—行为背离的理论可能性分析

行为意向是个体执行特定行为的自我指导，更多体现为个体对于目标行为的尝试意愿和准备付出的努力。依据计划行为理论（Ajzen I, 1985），意向可以预测行为企图、行为预期和实际行为，但是因为意向的改变和控制因素的作用，导致预测效力存在差异。行为企图表示个体"是否打算尝试实践行为、准备付出多少努力"；实际行为是行为企图与实际控制力函数；行为预期是个体关于执行行为的可能性的主观判断，是行为意向与知觉行为控制的函数，当知觉行为控制与实际控制力非常接近时，行为预期对于实际行为的发生具有较强预测力。比较而言，行为意向对于行为企图预测能力更强，与行为预期和实际行为之间的关系存在较多不确定性。行为意向改变往往是由于意外的出现、行为执行之前消极信念强化的作用，由此导致意向对行为企图、行为预期乃至实际行为预测能力的损失；行为控制问题与知觉行为控制的存在，说明意向→行为转化存在条件约束。"意向对行为预期和实际行为预测的失败"在复杂系统中的行为研究尤为突出。

社会认知理论认为，主体和环境影响行为的发生。自我效能感是意向之外的主观信念，是主体系统中的动力核心，对于行为的发生具有重要影响力。自我效能是个体执行特定行为的水平和能力，班杜拉（Bandura A，1982）指出，个体对于能力的判断具有较多主观性，对于个体行为产生影响的不是能力本身，而是个体对于这种能力的主观感受，即自我效能感。自我效能感是个体在对自身经验和思维基础上反思形成，是对自身进行归纳总结得出的一般知识。一般情况下，除非人们预期自己可以完成任务、达到预期目标，否则不会采取实际行动、持续坚持行为。因此，自我效能感对于不同行为的差异具有较强解释力，是主体的动力来源、核心信念之一。环境对于行为的影响通过外部诱因和自我调节机制发挥作用。在评价诱因在行为中的作用时，社会认知理论指出，外部诱因（如额外奖励）可以控制行为表现，还可以用来发展胜任力。以任务而定的诱因，是为了反复控制特定行为的发生，但这种诱因往往降低人们原本较高的活动兴趣；依能力而定的诱因，在可以提高或证实个体效能时，对于提高个体兴趣具有重要意义（Bates J A，1979）。据此，班杜拉（Bandura A，2018）并不提倡大量使用外部诱因、额外奖励，而认为仅当某些行为被忽略、个体对于特定行为的兴趣较低时，外部诱因才可以用来鼓励参与。关于环境对于自我调节机制的作用，社会认知理论认为，行为的调节功能并不是在自我系统内自动完成，外部环境至少通过三种方式影响行为调节过程：首先，环境为自身监控技能的获取、内在行为评价标准的形成提供了资源，自我反应功能的类型与强度无不留有行为模仿和规范的痕迹；其次，外部环境通过社会报偿、榜样示范、消极惩罚、情景支持远距离激励个体行为、支持个体内部标准；最后，自我惩罚等行为是个体基于"减少外部否定反应、自我保护、获取社会奖励"考虑的选择，外部环境对于自我调节具有激活和分离作用。此外，班杜拉还针对源自行为的自我评价反应与外部结果之间的关系进行了总结分类，并进一步分析了不同类型冲突下对行为造成的弥补和拮抗作用。

　　人际行为理论中的 Triandis 模型表明，易用条件的存在使行为的实施更加容易，时间、媒介、指导、激励等外部条件的改善，使个体实施特定行为更加方便和快捷。汤普森、希金斯和豪厄尔（Thompson R L，Higgins C A & Howell J M，1994）利用人际行为理论探讨人们使用电脑的影响因素，研究中 Triandis 模型的行为预测效力得到充分肯定，易用条件对于电脑使用行为的影响作用通过了验证。加鲁德和库马拉斯瓦米（Garud R & Kumaraswamy A，2005）关于实践社群知识流动的研究表明，易用条件的缺失会阻碍社群活动的开展与持续。在此基础上，朱雪春（2017）进一步总结指出，实践社群中易用条件主要包括知识流动所需的时间、指导、沟通机制、自由讨论和集体学习的平台等，以上易用条件正向调节知识流动意向和行为的关系，对于既定的知识流动意向，易用条件降低了成员间的知识流动成本，减少了其中的不确定因素，有效推动了实践社群的知识交流行为。

综合以上分析，计划行为理论与社会认知理论皆认可个体关于自身行为能力的判断对于行为执行的作用，均认为人们更倾向于做力所能及的事情，同等意向水平下，自信自己可以成功完成任务的个体更有可能实践特定行为；社会认知理论在认可自我系统对于行为发生的重要意义的同时，强调外部环境对于行为的调节作用；而人际行为理论进一步论证了社会因素、便利条件对于意向形成、行为发生的支持作用。以上研究观点为解读意向—行为差距提供了可靠的理论依据。

3.2.3 意向→行为转化的影响因素

计划行为理论模型分为决策阶段（行为意向或动机形成）和决策执行阶段。决策执行过程中意向需结合机会、资源才能转化为实际行为。既有文献的元分析表明，理性行为理论研究中行为意向只能说明行为方差的38%，计划行为理论研究中行为意向与知觉行为控制只能解释行为方差的34%（Mark Conne，Christopher J & Armitag，1998）。巴戈齐（Bagozzi R P，1992）指出，计划行为模型中的变量仅是必要的，还不是行为的充分决定因素。

3.2.3.1 意向质量的影响

行为意向本身的质量决定着行为意向实现的可能性，而目标的合理性、行为意向形成的基础以及行为意向的性质是决定行为意向质量的重要因素（Webb T L & Sheeran P，2006）。

相关研究表明，目标的内容与结构显著影响意向→行为的转化：基于"推进（相对于阻碍）、自主（相对于控制）、学习或熟练（相对于实践）行为"形成的目标更容易实现（Higgins E T，1997；Elliot A J & Church M

A，1997；Dweck C S & Leggett E L，1998；Ryan R M & Deci E L，2000）；目标越具体、严谨（如"获得 A 级的好成绩"比"尽力而为"更有激励作用），越有利于产生更好的成绩（Locke A E & Latham G，2013）；此外，目标设定的是否合理、难易程度也影响行为意向与行为的差距，有证据表明，过于乐观的目标往往损伤行为意向对行为的预测能力（Buehler R，Griffin D & Ross M，1994），但是由于人们专注于目标的努力往往导致好的绩效（Fitzsimons G M & Shah J Y，2012），当目标更容易实现时，行为意向更容易转化为行为（Sheeran P，Trafimow D & Armitage C J，2003）。

针对意向形成的基础，希兰和奥贝尔（Sheeran P & Orbell S，2000）的研究表明，基于行为结果信念的行为意向比基于社会压力的行为意向可以更好地预测行为。科尔等（Keer M et al.，2014）、康纳（Conner M，2016）等的研究结果显示，基于"行为本身情感态度"的行为意向较基于"行为结果态度"的行为意向有更好的预测效力。研究结果还表明，道德义务、没有采取行动的后悔预期会增加行为意向执行的可能性（Sheeran P & Orbell S，2000；Sheeran P & Abraham C，2003；Abraham C & Sheeran P，2004；Godin G，Conner M & Sheeran P，2005；Conner M et al.，2006；Godin G et al.，2014）。

针对行为意向的性质，既有研究主要从可获得性、确定性和稳定性三个方面进行度量（Cooke R & Sheeran P，2013），相关研究表明，行为意向的稳定性是行为意向转化的最佳预测指标，对于意向与行为关系的调节作用超过可获得性和确定性（Conner M & Godin G，2007；Sheeran P & Abraham C，2003；Cooke R & Sheeran P，2013；Cooke R & Sheeran P，2004），另外，意向的稳定性有助于目标信息的改善，可能增强对行为意向攻击的抵抗力（Cooke R & Sheeran P，2013）。

3.2.3.2　过去行为的作用

需要强调的是，虽然过去行为与习惯是不同的概念，但是在研究过去行为对当前行为的影响时，学者们并不做过多的区分，对于过去行为和习惯的测评采用同样衡量标准（Mark Conne，Christopher J & Armitag，1998）。

大量研究表明，过去行为经历显著影响未来行为，但是对于过去行为的作用路径学者们的观点存在分歧。针对锻炼、食用甜食和油炸食品、吸烟的行为研究结果显示，过去行为是当前行为的最佳预测变量，甚至超过计划行为理论中的其他变量（Mullen P D, Hersey J C & Iverson D C, 1987; Godin G, Valois P & Lepage L, 1993）。而托勒和谢泼德（Towler G & Shepherd R, 1991）的研究结果表明，习惯独立影响行为意向，通过意向间接影响行为。维普朗肯等（Verplanken B et al., 1998）在研究汽车使用行为时发现，行为意向、知觉行为控制、习惯、习惯与行为意向的乘积项共同影响行为，习惯对于行为意向与行为之间的关系具有调节作用。

关于行为经验对于行为意向和行为之间关系的作用方向，研究结论存在差异，一个人在过去执行相关行为的频率似乎对意向和行为关系有矛盾的影响。多尔和艾奇森（Doll J & Ajzen I, 1992），希兰和亚伯拉罕（Sheeran P & Abraham C, 2003），卡斯玛、加洛瓦和麦卡米什（Kashima Y, Gallois C & McCamish M, 1993）的研究显示，更多的经验有助于增强行为意向的稳定性，行为意向更有可能被执行。而欧莱特和伍德（Ouellette J A & Wood W, 1998）、维普朗肯和阿尔茨（Verplanken B & Aarts H, 1999）、伍德和尼尔（Wood W & Neal D T, 2007）的研究表明，情境特征会激活习惯，从而使行为更多地表现为自发性，所以习惯性行为的意向与行为的关系比非习惯行为更弱。对此，希兰和亚伯拉罕（Sheeran P & Abraham C, 2003）试图通过倒"U"型假设解释这种矛盾，认为更多的经验增强了行为意向是因为最初增强了行为意向的预测效果，然而，在过了临界点之后，更多的经验会仅仅增强行为的自发性，从而降低了意向的预测效力。

3.2.3.3 客观条件的约束

行为意向向行为转化分为无约束条件的自由转化、有主客观条件限制的约束性转化。约束性转化中，主观条件主要是个体能力、身份特征，客观条件主要涉及资源与制度文化因素。

在分析行为意向与行为的关系时，知觉行为控制和自我效能较多用于解释行为意向→行为转化的困境，这些研究的重点是促进因素的缺失或抑制因素的出现会在多大程度阻碍行为的发生。而知觉行为控制通常作为实际控制能力的代理变量（Ajzen I, 1991），自我效能更多强调实际技能和能力（Manstead A S R & van Eekelen S A M, 1998）。曼斯特德和范·艾克伦（Manstead A S R & van Eekelen S A M, 1998）的研究结果表明，自我效能

而不是知觉行为控制显著预测英语成绩。特里和奥利瑞（Terry D J &
O'Leary J E，1995）研究锻炼行为时则发现，是知觉行为控制而不是自我效
能预测锻炼行为。由此可见，自我效能和知觉行为控制的预测作用适用于
不同行为。

　　此外，个体身份对于意向和行为之间的关系具有一定调节作用。希兰
和奥贝尔（Sheeran P & Orbell S，2000）的研究表明，与那些不认为自己是
"锻炼者"的被试相比，认同自身锻炼者身份的被试能更好地将锻炼行为意
向转化为具体行为。与之对应，当行为意向服务于身份本身，且他人注意
到这种行为意向时，行为意向的实现就会遭受损失（Gollwitzer P M & Shee-
ran P，2009），因为当事人觉得自己拥有这个身份，不再需要执行自己的行
为意向（我不需通过运动证明自己的运动员身份）。

　　计划行为理论指出，决策执行阶段，执行意向的重点是环境条件要求
的满足，当某些环境条件得到满足时，个人便可以致力于行动的执行，行
为意向转化为行动。特里安迪斯（Triandis H C，1980）在理性行为理论的
基础上，构建了 Triandis 模型，模型中实际行为发生的必要条件是意向、习
惯和易用条件的形成，习惯是一种既定情况下个人自动履行的行为，当个
人养成某种行为的习惯时，他也会更倾向于采取这种行为。易用条件是个
体实施某种行为的外在有利环境因素，会对个体行为产生积极作用。Trian-
dis 模型表明，易用条件是个体执行特定行为的重要条件，是外界环境中能
使某行为变得更加容易发生的客观因素。由于外部环境的影响，如果没有
易用条件的支持，行为的发生将会变得非常艰难。易用条件主要包括执行
行为所要的时间、指导、资源、激励等。在一定行为意向下，易用条件的
存在会使行为发生变得更加方便和快捷，个体所付出的成本也会更低。朱
雪春等（2017）针对实践社群成员知识流动行为的研究发现，易用条件正
向调节知识流动行为意向与行为关系，在企业和社群具备易用条件时，知
识交流行为意向对于知识交流行为具有推进作用，这里的易用条件主要是
指知识交流机制、平台和资源等。相反，一些客观因素的存在破坏意向和
行为的一致性，使行为背离意向。万亚胜（2017）研究农户退出宅基地行
为时发现，政府指令性规范破坏了农户退出宅基地意向对于实际退出宅基
地行为的预测能力，农户退出宅基地的行为意向仅仅是理想状态下的行为
意向，行为是在指令约束下的限制性行为。

3.2.3.4　行为执行过程中的原因

虽然行为意向可以激发实现行为意向的心理过程，但是行为意向实现过程中还会面临各种挑战。希兰和韦伯（Sheeran P & Webb T L, 2016）通过文献分析总结了时间维度中行为意向和行为不一致的三种可能：开始阶段忘记行动、没有做好必要的准备、错过了机会；执行过程中脱离了目标轨迹；最终没有成功达到目标。

由于注意力分散等原因，被试即使具有行为意向，往往因为忘记行动而导致行动失败。奥卡罗尔等（O'Carroll R E et al., 2014）和佐格等（Zogg J B et al., 2012）观察发现，忘记行动与用药计划失败和未能履行节能行为有关。甚至有时人们记得行为意向，但是因为错过良好的机会而导致行为失败，尤其在机会短暂、稀缺、最后期限和有多种行为意向实现方案可供选择时，这种情况更为常见（Dholakia U M & Bagozzi R, 2006）。执行行为的态度不够坚定、替代方案的存在往往会使个体拖延甚至改变目标，从而错过机会（Taylor C, Webb T L & Sheeran P, 2014）。此外，未能做好必要的前期准备也是行为意向→行为转化中断的重要原因，因为许多目标涉及一系列行为（Sheeran P, Abraham C & Orbell S, 1999）。

行为执行中的下一个挑战就是自我规范的问题，目标追求过程中缺少必要的监督往往导致行为脱轨，而必要的进展追踪会增加行为意向实现的可能性（Harkin B et al., 2016）。家庭能源消费、银行存款余额、饮食等往往因为缺少定期检查导致超支（Webb T L, Benn Y & Chang B P I, 2014），对此类问题的有意回避类似于"鸵鸟现象"（Webb T L, Chang B I & Benn Y, 2013）。

目标追求过程中，竞争性目标、负面情绪往往破坏努力行为。竞争性目标往往通过分散注意力、诱惑而使目标追求脱轨（Hofmann W et al., 2012），更具挑战性的是，这些竞争性目标往往在参与者没有意识的情况下被情景线索激活。高尔维策等（Gollwitzer P M et al., 2011）的研究证明，快速行驶目标的启动削弱了个体安全驾驶行为意向的实现。负面情绪是行为意向→行为转化的重要阻力。韦伯、希兰和卢斯茨琴斯卡（Webb T L, Sheeran P & Luszczynska A, 2009）以及帕克斯·斯塔姆、高尔维策和奥廷根（Parks-Stamm E J, Gollwitzer P M & Oettingen G, 2010）的研究显示，社交焦虑和考试焦虑严重降低了行为意向的执行力。希兰、奥布里和凯勒特（Sheeran P，Aubrey R & Kellett S，2007）针对心理治疗的研究也表明，由于对于预约治疗的担忧，尽管个体持有赴约的强烈行为意向，但是预计仍会缺席。

缺乏毅力也是目标追求脱轨的重要诱因。霍尔等（Hall P A et al.，2008）、王和马伦（Wong C L & Mullan B A，2009）以及艾伦、约翰斯顿和坎贝尔（Allan J L，Johnston M & Campbell N，2011）的研究表明，毅力低下者行为意向→行为往往很难转化成功。而相关个体因素主要表现为责任感（Conner M，Rodgers W & Murray T，2007）、未来时间取向及意志控制（Orbell S & Hagger M，2006）、注意力（Chatzisarantis N L & Hagger M S，2007）等。意志力低下表现为一种自我耗竭状态（Baumeister R F et al.，1998），在任务初期的自我控制结束之后，第二次自我控制就表现较差。例如，个体在任务初期自我控制耗尽后，节食（Wilhelm Hofmann，Wolfgang Rauch & Bertram Gawronski，2007）和酒精摄入量控制（Friese M，Hofmann W & Wänke M，2008）的行为意向很难预测后续行为。

行为意向实现过程中遇到的第三个问题是目标追求的失败，其中主要包括三个方面的原因：目标达到之前停止努力、持续的无效努力、过度扩张。行为意向努力过程中进展平稳时人们容易大意（Carver C S，2003），过早地停止努力，尤其在他们预期成功完成任务的情境下（Louro M J，Pieters R & Zeelenberg M，2007）。当确定目标不可实现，或者实现成本超过收益时，我们应该从努力中撤离，然而困难的是，往往我们无法判断出这种结局，尤其考虑到自我形象和责任的问题。但是，当个体对于目标的承诺过高，无法从徒劳中撤离，不能终止努力（Henderson M D，Gollwitzer P M & Oettingen G，2007）。如约翰·亨利在与蒸汽锤格斗的过程中，由于急于求成、过度扩张，心力衰竭而死。通常，人们追求的目标有多个，考虑到人们可能有多个他们希望追求的目标（Fitzsimons G M & Shah J Y，2012），单个目标的过分投入往往影响后续目标的实现（Wilhelm Hofmann，Wolfgang Rauch & Bertram Gawronski，2007）。据此，针对目标的追求应量力而行。

3.2.3.5　执行意向对意向→行为转化的调节作用

目标意向的实现包括两个阶段：成本收益比较的基础上决策（形成目

标意向），决定是否执行行为；制订计划以保证目标意向实现（在某些环境条件得到满足时，启动对应行动计划），这些计划即为实施意向（Gollwitzer P M，1990）。高尔维策和布兰兹塔特（Gollwitzer P M & Brandstatter V，1997）的研究表明，具备实施意向的参与者执行行为的可能性是没有实施意向者的两倍多。奥贝尔、霍奇金斯和希兰（Orbell S，Hodgkins S & Sheeran P，1997）比较两组胸部自检目标意向相同的女性发现，形成实施意向的样本更可能执行胸部自检（64%：14%），实验中的实际执行者反应，执行行为是环境条件得到满足、响应实施意向中环境线索的结果。高尔维策（Gollwitzer P M，1993）认为，人们制定的实施意向有助于达到控制环境的目的。对此，高尔维策、布兰兹塔特、奥贝尔、霍奇金斯和希兰（Gollwitzer P M，1993；Gollwitzer P M & Brandstatter V，1997；Orbell S，Hodgkins S & Sheeran P，1997）进一步解析并证实了实施意向保证行为意向实现、行为执行的原理。

由此可见，行为意向的生成只是行为执行的起点，人们在努力实现目标的过程中可能面临一系列问题（Gollwitzer P M & Moskowitz G B，1996）。

3.3　学术参与行为理论模型

现有研究大量验证了"学术参与行为目标实现的影响因素"，却没有深入分析学术参与的决策过程，也没有对学术参与意向和行为的一致性进行验证。"学术参与决策过程"研究的缺失将影响"学术参与行为过程"理解的完整性。已有研究表明，除了动机之外，学术参与行为还受到多种非意志因素的影响，学术参与只是部分教师行为。因此，分析学术参与意向的形成过程、验证学术参与意向和行为的一致性具有理论必要性，相关研究对于理论体系的完善、实践活动的推进具有重要意义。

佩克曼等（Perkmann M et al.，2013）指出，学术参与是一个多层次的现象，它既取决于个体特征，又与学者工作的组织条件和体制环境密不可分，更多研究应该投入到环境对于个体特征和行为的调节作用当中。本书以理性行为理论、计划行为理论为核心，结合社会认知理论和人际行为理论，阐释高校教师学术参与意向、行为生成过程，通过实证研究验证学术参与意向和学术参与行为的一致性；针对意向和行为的缺口，选取高校评价制度、易用条件作为调节变量，解析组织环境的作用路径，探明高校教师学术参与行为生成的内在机理，形成学术参与行为发生过程的整体认识，构建高校教师学术参与行为理论模型（见图 3 - 5）。

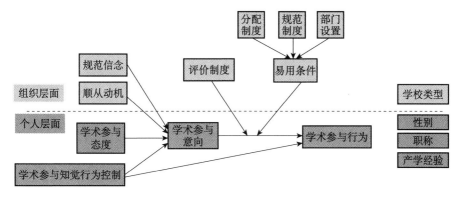

图 3 - 5　研究的理论模型

资料来源：基于以上理论分析整理获得。

通过理论模型的构建、实证分析，本书预期实现以下三个研究目的。

3.3.1　探明高校教师学术参与意向的生成逻辑

理性行为理论和计划行为理论认为，个体对于行为结果的积极评价、感知到的社会压力、对行为能力的感知是行为意向的形成基础，态度、主观规范、知觉行为控制与行为意向的关系很好解析了行为动机的生成逻辑。学术参与相关研究表明，对于行为结果的各种预期是高校教师学术参与的内在动力，科研能力是学术参与行为发生的内部诱因。实践当中，领导、同事的期望会对高校教师形成一定外在压力。因此，研究预从态度、主观规范、知觉行为控制三个方面解析学术参与动机的生成逻辑。

3.3.2　验证学术参与意向和学术参与行为的一致性

学术参与动机必然决定学术参与行为的发生？产学协作跨越组织边界，项目协作的成功是各种复杂因素交互影响、正负作用累积的结果（Barnes T，Pashby I & Gibbons A，2002）。理论与实践表明，除了内在动机，还有多种个体和外在因素影响学术参与行为。据此，研究认为，有必要对高校教师学术参与意向—行为的一致性进行验证。本书通过多水平结构方程，检验组内学术参与意向对行为的影响作用，参照法比安·埃切加雷和弗朗切斯卡·瓦莱丽娅·汉斯坦（Fabian Echegaray & Francesca Valeria Hansstein，2017）的研究，比较学术参与意向、行为的均值、影响因素，判断学术参与意向和行为的差距。

3.3.3 解析高校管理对于学术参与意向→行为关系的调节作用

高校管理如何推进学术参与行为？依据社会认知理论、人际行为理论，环境因素影响个体行为，易用条件增加行为的便利性。吴维平（Weiping Wu，2010）、格雷罗和厄尔巴诺（Guerrero M & Urbano D，2012）的调研结果显示，高校内部资源、环境因素显著影响高校履行第三使命。朱学春等（2017）针对实践社区成员知识流动行为的研究表明，易用条件正向调节知识流动意向和知识流动行为的关系。高校评价制度为教师指明了方向、减少了顾虑，分配制度、规范制度和基础设施为学术参与提供了更多资源支持和便利条件。据此，研究认为，高校制度与基础设施的建设降低了学术参与行为难度，增加了高校教师学术参与行为发生的可能性，评价制度和易用条件正向调节学术参与意向和行为关系。

3.4 研究假设

3.4.1 学术参与态度对于学术参与意向的影响

行为意向是执行特定行为以获取行为结果、产出的自我指导（Sheeran P，Thomas L & Webb，2016）。理性行为理论指出，人是理性的，个体在执行特定行为之前会综合多方面信息、考虑行为的结果和意义，当人们对于特定行为的评价积极时，他们就会打算去做这件事。这些有关行为结果的信念和对于行为本身的评价是态度的基础。赛尔特和古德曼（Cyert R M & Goodman P S，1997）针对高校与产业界互动的调研结果显示，发展和验证理论、打磨技能、训练和安置学生的作用是教师参与的主要诱因。李（Lee Y S，2000）的研究表明，高校与私企的合作是因为可以获得额外的资金、设备、学习机会、新的观点及研究活动有关的资源、测试研究的机会。西格尔等（Siegel D S et al.，2004）的研究发现，带来经济利益是教职员工与工业建立联系的重要原因。由此可见，对于学术参与科研价值和未来经济收益的预期是高校教师参与意向生成的主要原因。据此，本书提出以下假设。

H1：高校教师学术参与态度对于学术参与意向具有正向显著作用。

3.4.2　主观规范对于学术参与意向的影响

规范信念是个体拥有的关于重要人物认为他应该或不应该执行特定行为的信念，是主观规范的基础，对个体会形成社会压力。当规范信念凸显，个体则感知到来自社会群体的压力，个体有可能与社会规范保持一致，愿意从事特定行为。有关选举、职业选择、生育、囚徒困境中的合作等多种行为的研究结果表明，规范信念对于行为意向的预测作用突出（Ajzen I，1985）。安卡拉和艾尔·塔巴（S Ankrah & O Al-Tabbaa，2015）在总结产学合作研究基础上发现，领导和管理的许可支持促进了高校教师与产业界互动，相反，该因素的缺失则阻碍了产学合作的发生。范慧明（2014）访谈中发现，学校、学院领导的支持增强了教师参与动机。罗青兰等（2013）针对高校教师知识共享行为指出，鉴于共享行为提升个体、社区科研与教学能力方面的显著意义，组织领导与同事通常会鼓励这种行为，此时，规范信念对高校教师的知识共享意向产生积极作用。据此，本书提出以下假设。

H2－1：高校教师关于学术参与的规范信念对于学术参与意向具有显著正向作用。

理性行为理论指出，个体对于领导、同事及朋友等关键人物建议顺从程度强化了规范信念的影响力，从而增强个体的行为意向。主观规范与顺从动机成正比。据此，本书提出以下假设。

H2－2：高校教师关于学术参与的顺从动机对于学术参与意向具有显著正向作用。

3.4.3　知觉行为控制对于学术参与意向的影响

知觉行为控制是人们对自身行为能力的感知，是实际控制能力的代理变量（Mark Conne，Christopher J & Armitag，1998）。班杜拉（Bandura A，1982；Bandura A，1991）指出，个体对自身行为能力的信心显著影响个体的行为选择、准备投入的精力，自信能够完成任务的个体将会投入更多努力、坚持下去，而对于未来缺乏信心的个体可能早早放弃。艾奇森（Ajzen I，1991）总结14项行为意向研究结果发现，知觉行为控制变量的引入明显改善了模型的预测力，知觉行为控制和行为意向密切相关，多数研究结果显示，知觉行为控制对于行为意向的回归系数显著。产学知识转移中，高校教师既要有帮助企业解决问题、创新知识的能力，又要具备一定的知识发送能力。赵志艳和蔡建峰（2018）的研究显示，如果高校教师自信可以为产业界解决技术问题、拥有产学知识转移技能和渠道，那么他将会有积极的学术参与意向，也更可能践行学术参与行为。据此，本书提出以下假设。

H3：学术参与中，高校教师的知觉行为控制显著正向影响学术参与意向。

3.4.4　学术参与意向对于学术参与行为的直接作用

理性行为理论指出，人们倾向于执行他们计划范围内的行为，行为意向对于行为的执行具有指导作用，行为意向是意志行为的近端、直接决定因素，个体依从自身意向制定行为计划、决定付出努力、产生行为。艾奇森（Ajzen I，1985）总结"找工作""玩游戏""选举"等12种行为的研究结果发现，行为意向与行为高度相关，相关系数多数在0.3以上，最高可达0.84，除"减肥"行为外，其余回归系数均显著。知识传播意向对于知识传播行为的预测作用在相关研究中得到了验证。黄顺铭（2018）研究虚拟社区知识共享行为时发现，行为意向对行为具有积极作用。朱雪春等（2017）的研究表明，实践社群成员的知识传播意向显著影响知识传播行为。

然而，行为意向与行为也不总是完全一致性。艾奇森（Ajzen I，1985）指出，由于非意志因素的存在，行为意向只能较好地预测行为企图，行为的发生与知觉行为控制、行为实际控制力也有密切关系。电子垃圾回收、绿色消费行为及农村宅基地退出等相关研究显示，由于主客观条件的限制，意向和行为存在一定差距。特里安迪斯（Triandis H C，1980）指出，行为意向是人们针对特定行为的决策，包括决策方向和强度。综上分析，本书提出以下假设。

H4：高校教师学术参与意向越高，越有可能实践学术参与行为。

3.4.5　学术参与意向中介的作用

依据计划行为理论，个体行为的产生分为决策阶段和执行阶段。决策阶段，态度、主观规范、知觉行为控制影响行为意向、产生行为动机；执行阶段，个体为实现行为目标不断投入时间和精力，以保证行为意向转化为实际行为，意向是行为生成过程中的核心内容。

学术参与中，积极的态度、凸显的规范信念、顺从动机、能力自信能够促进学术参与意向的生成，而学术参与意向作为学术参与行为的近端决定因素，对于学术参与行为的发生具有直接作用。鉴于学术参与态度、规范信念、顺从动机、知觉行为控制对于学术参与意向的直接影响，学术参与意向对于学术参与行为的直接作用，本书提出以下假设。

H5－1：学术参与态度通过学术参与意向间接影响学术参与行为，学术参与意向对于学术参与态度和学术参与行为关系具有正向中介作用。

H5－2：学术参与知觉行为控制通过学术参与意向间接影响学术参与行为，学术参与意向对于学术参与知觉行为控制和学术参与行为关系具有正向中介作用。

H5－3：学术参与规范信念通过学术参与意向间接影响学术参与行为，学术参与意向对于学术参与规范信念和学术参与行为关系具有正向中介作用。

H5－4：学术参与顺从动机通过学术参与意向间接影响学术参与行为，学术参与意向对于学术参与顺从动机和学术参与行为关系具有正向中介作用。

3.4.6　知觉行为控制对于学术参与行为的影响

计划行为理论认为，个体拥有的资源和机会越多，行为成功完成的可能性越大，这些资源和机会代表个体对于行为的实际控制能力。控制问题突出时，人们不能保证行为按照原先意向执行，意向对于行为的预测能力大大降低。艾奇森（Ajzen I，1985）的研究表明，实践当中很多行为表现为控制问题，内部控制因素主要包括个体信息、技术、能力等，外部控制因素主要包括时间、机会和对他人的依靠。知觉行为控制是个体对控制能力的感知，是实际控制能力的替代变量。艾奇森（Ajzen I，1991）在总结12项行为研究的基础上发现，知觉行为控制与行为密切相关，知觉行为控制显著正向影响行为。张鹏、党延忠和赵晓卓（2011）以及朱雪春等（2017）在研究员工知识共享行为时发现，员工知觉行为控制对于知识共享行为产生直接影响。

《高校科技统计资料汇编》显示，我国高校 R&D 成果应用与技术服务只是少数教师的行为，学术参与行为控制问题突出。文献回顾中发现，专业知识、创新能力、沟通技巧、产学合作经验、参与渠道和机会等非意志因素显著影响学术参与行为。行文至此，研究认为，对于以上能力的感知必将影响学术参与行为，并据此提出以下假设。

H6：高校教师知觉行为控制对于学术参与行为具有显著正向作用。

3.4.7 评价制度对于学术参与意向和行为关系的跨层调节作用

弗朗西斯·斯迈思（Francis-Smythe J，2008）调研中发现，不少学者担心参与产学知识转移会对学术生涯产生不利影响，部门和学者缺少回报、激励是阻碍产学联系的首要因素。由此可见，学术界现有评价制度并不支持产学知识转移行为。班杜拉（Bandura A，2018）指出，当某些行为被忽略、个体对行为兴趣较低时，外部诱因可以激活行为。詹森和瑟斯比（Jensen R A & Thursby M C，2001）的研究结果进一步证实，物质回报足够高的时候，原先对研究项目不感兴趣的科研人员可能选择与企业合作、开展研究。

学术参与活动作为评价指标参与教师聘任、职称评聘、晋升、年度考核，将学术参与活动和教师个体收益、职业生涯直接联系在一起。即使学术参与活动被忽略或教师兴趣低下，丰富的经济收益和非经济收益也会促进教师制定更为详尽可行的计划、克服种种困难，保证学术参与行为目标的实现。此外，当学术参与纳入评价体系时，相应减少了学者对于学术参与负面影响的顾虑，增加了行为发生的可能性。据此，研究认为，在学术参与意向一定的前提下，有利的评价制度将促进学术参与行为的发生，并提出以下假设。

H7：评价制度显著正向调节学术参与意向和行为之间的关系。

3.4.8　易用条件对于学术参与意向和行为关系的跨层调节作用

大学宗旨是高校管理制度和组织架构的精神内核，引领办学方向、统领办学秩序、指导办学实践（许庆豫、孙卫华和俞冰，2012）。强调服务社会使命的高校会颁布多项规定引导教师行为，搭建协作平台为教师参与提供便利。威斯康星大学校友研究基金会、Wisys、MGE center 等机构的建立，成功推动了大学—产业合作，诠释了"威斯康星理念"。组织机构、分配制度、规范制度作为情景支持变量，减少了学术参与行为的发生成本，降低了学术参与行为过程中的不确定性，为高校教师学术参与提供了便利。

TTO（技术转让办公室）主要职责是大学知识产权定价、驱动科技成果转化（Gomez-Gras J M & Lapera D R G，2008；Caldera A & Debande O，2010；Huyghe A，Knockaert M，Piva E & Wright M，2016）、协助学者开发、向企业传播科学知识，TTO 不仅可以为产学知识转移提供关键资源，而且可以为学者与外界建立联系提供便利（Lambert R，2003 ；Rodeiro D，Fernández S，Otero L & Rodríguez A，2010）。技术转移机构的存在拓宽了高校教师与产业界联系的渠道，弥补了科技人员在法律知识、产学交流经验、商业经验方面的不足（Samuel Ankrah & Omar Al-Tabbaa，2015；赵志艳、蔡建峰，2018）。马斯西奥（Muscio A，2010）的调研结果显示，高校更好地管理 TTO 和更多地利用其服务，增加了 TTO 参与产学研合作的可能性。赛昆多、德比尔斯和帕桑特（Secundo G，De Beer C & Passiante G，2016）的研究表明，TTO 类似学术创业、学术参与的催化剂，可以促进产学知识转移。由此可见，大学中专职机构的设置增加了科研人员与外界的沟通渠道，减少了学术参与中的风险和潜在问题。

分配制度是高校分配企业资助资金的依据，高校收取的管理费用越少，教师的研究经费就越多，同时也增加了教师个人经济收益。卡尔德拉和德班德（Caldera A & Debande O，2010）针对意大利学术机构的调研表明，大学版权税分配政策对于教师个人收入影响很大，分配中教师收益越高，许可行为越有可能发生，而大学关于合同研究、创新成果所有权归属的规定，消极影响了 R&D 合同的总量、R&D 合同收入，这些规定给了高校分享研究人员收益的权利，降低了研究人员外部参与积极性。

弗朗西斯·斯迈思（Francis-Smythe J，2008）的研究表明，高校知识转移中的官僚主义（需填写大量表格）、缺乏指导和支持是教师学术参与的障碍。亚历山德罗·马斯西奥、达维德·奎利翁和乔凡娜·瓦兰蒂（Alessandro Muscio，Davide Quaglione & Giovanna Vallantiy，2014）针对意大利学术部门产学互动的调研结果显示，缺少制度引导、教学科研规制的不合理是产学互动困难的制度性诱因。学术参与行为的相关规定为管理工作提供了指导，管理机构和研究人员职能的明确划分增加了教师学术参与的可能性。卡尔德拉和德班德（Caldera A & Debande O，2010）的实证研究结果显示，大学关于传统教学与外部行为冲突的规定，通过降低道德风险和外部行为收益的不确定性，显著增加了大学合同研究的总量和规模。这些研究结论证明，合理的学术参与规范制度作为组织条件，降低了学术参与行为的风险，提高了产学合作效率。

高校教师学术参与行为涉及多个产业、不同利益主体，价值观冲突、利益冲突、信息不对称问题突出，以上问题的存在对学术参与行为的发生具有拮抗效应。高校相关分配制度、规范制度和管理机构，增加了教师科研经费来源和个体收益，为参与主体行为标准的形成提供了外部指引，搭建了产学合作平台，对于学术参与行为具有远程激励作用。

朱雪春等（2017）的研究表明，易用条件通过降低行为难度使行为目标的实现更加便利、快捷，在行为意向一定的前提下，增加了行为发生的可能性。据此，本书提出以下假设。

H8：易用条件显著正向调节高校教师学术参与意向和行为之间的关系。

3.4.9 控制变量

已有研究表明，除了上述个体和组织因素之外，性别（Giuliani E，2010；Link A N，Siegel D S & Bozeman B，2007）、职称（Boardman P C & Ponomariov B L，2009）、产学研合作经历（Bentler P M & Speckart G，1979）、高校科研能力（D' Este P & Patel P，2007）也可能作用学术参与意

向和行为，影响最终研究结论，但由于不是本书研究核心，因此将其作为控制变量以提高模型拟合度、增强研究结论的可靠性。

3.5　研究框架

学术参与行为跨越组织边界，是内部、外部多种因素综合作用的结果。学术参与行为既遵循一般行为逻辑，又体现特有规律，本书按照"一般→特殊→一般"的研究思路，解析高校教师学术参与行为生成机理，对于研究结构做如下安排。

第一，基于理性行为理论、计划行为理论，解析高校教师学术参与意向、学术参与行为生成的一般逻辑，构建学术参与计划行为模型。第二，基于计划行为理论、社会认知理论、人际行为理论，论证学术参与意向和学术参与行为存在的差异。第三，借鉴产学知识转移研究，分析评价制度、易用条件对于学术参与意向和学术参与行为关系的调节效应。第四，开发量表、实际调研、收集数据。第五，分学科进行实证研究，识别学术参与意向、学术参与行为的影响因素，揭示学术参与意向和学术参与行为的差距，验证评价制度和易用条件的调节效应，构建不同学科学术参与行为机理模型。第六，比较不同学科实证研究结果，探明学科环境对于学术参与行为的作用路径，构建综合的学术参与行为机理模型。第七，讨论分析研究结果，为推进高校教师学术参与行为提出管理建议。本书研究框架见图 3 - 6。

3.6　本章小结

本章首先基于理性行为理论、计划行为理论、社会认知理论和人际行为理论解析行为发生的一般逻辑，在回顾不同行为实证研究结果的基础上，揭示意向→行为转化面临的困境；其次，借鉴计划行为理论、社会认知理论和人际行为理论对意向和行为背离的可能性进行理论分析；再次，根据已有文献，总结意向→行为转化的影响因素，并基于以上理论分析、结合

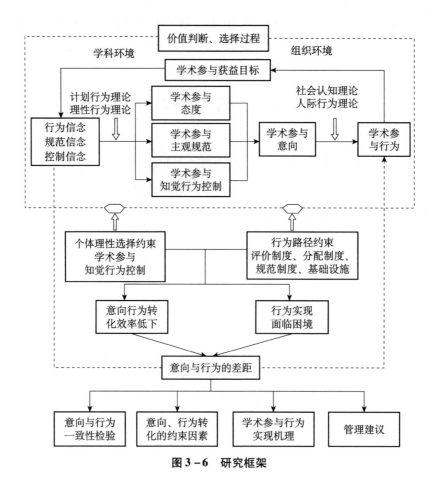

图 3 - 6　研究框架

研究议题，构建高校教师学术参与行为理论模型、提出研究假设；最后，按照"一般规律→特殊问题→问题解决→一般规律"的思路设计研究框架。

第 4 章

量表的编制与开发

本章主要任务是选取数据获取的方法，对变量进行操作化定义，选取评价指标，设计量表，对量表进行探索性因子分析和验证性因子分析，为后期实证分析提供测量工具。

4.1 数据收集方法的选择

研究基于理性行为理论、计划行为理论、社会认知理论、人际行为理论，借鉴高校教师产学研合作、知识共享相关研究，建构高校教师学术参与行为理论模型。模型深入剖析了高校教师学术参与行为生成机理，演绎、推导各变量之间的因果关系。然而，由于纯粹的理论模型是建立在既有文献的一系列构想上，本书研究对象、情景因素与已有文献存在诸多差异，为保证研究结论的可靠性，相关研究假设还需要得到大样本数据的验证与支持。

问卷调查法是一种有计划、有目的数据采集、分析研究方法。它是在理论模型的基础上设计量表、确定目标群体、对观察点进行测量，然后分析测量结果的过程。文献回顾中发现，问卷调查法在产学研合作、知识转移、学术创业、人才流动及学术参与中应用得最为广泛，该研究方法的可靠性、可行性在相关领域研究中得到了广泛的验证。对此，平松诺尔和克雷默（Pinsonneault A & Kraemer K L, 1993）特别强调，问卷调查法可以详细具体地描述研究对象，对变量间关系可以进行统计分析。此外，镰村、哈夫和芒罗（Newsted P R, Huff S L & Munro M C, 1998）指出，问卷调查在研究过程的管理、研究的可控性、确定变量之间的关系方面表现出明显优势。当然，以上作用的实现要以量表设计的科学合理、调查过程的严谨为保证。

本书研究目的是探明高校教师学术参与行为意向、行为生成机理，识别意向→行为转化的影响因素。自变量较多、因变量表现形式多样，其中牵涉较多的心理变量，现有公开数据不能有效支持。此外，为保证样本的差异性，需从多所高校收集数据。综合以上考虑，我们认为问卷调查法对于本书具有较强适用性，因此研究选取问卷调查研究方法收集数据、分析问题。

4.2 量表的设计原则与开发步骤

由于本书理论模型的构建是在综合理性行为理论、计划行为理论、社会认知理论和人际行为理论观点的基础上完成，其中一些构念在过去研究中未曾讨论，因而缺少可以直接使用的成熟量表，因此本书在借鉴计划行为量表、产学合作和知识共享相关研究基础上自行开发设计。

4.2.1 量表设计的原则

为了避免错误估计变量之间（尤其意向与行为）的关系，在运用计划行为理论研究具体行为时，艾奇森（Ajzen I，1991）建议测量时应遵循一致性原则，即态度、主观规范、知觉行为控制和意向须共同指向特定行为、包含相同的行为要素：行为应该是相应背景、条件下的行为，与上述态度、主观规范、知觉行为控制和意向呼应。据此，行为的界定变得尤其重要，计划行为理论认为，行为的操作性定义中应该包括目标（target）、行动（activity）、背景（context）和时间（time）四大要素，针对不同的行为可以结合一个或多个要素增强行为界定的一般性。依据研究目的，参考产学合作、知识转移、知识共享研究，本书将高校教师学术参与行为界定为，以产学知识转移为目的的高校教师与非学术机构之间的和知识相关的合作行为，其他变量的界定以此为标准，见表 4 – 1。

表 4 - 1 变量的操作化定义

变量	变量的操作化定义
学术参与行为	以产学知识转移为目的的，高校教师与非学术机构之间的和知识相关的合作行为
学术参与意向	是指高校教师有多愿意尝试、准备付出多少努力执行学术参与行为，包括行为目标的水平、承诺水平
学术参与态度	是调查对象有关学术参与行为消极或积极的评价，以行为结果和情感信念为基础
学术参与主观规范	是调查对象对施加于自身的社会压力的感知，即个体关于重要参考者认为自己应该执行或不执行学术参与行为的感知以及顺从程度。学术参与主观规范以个体感知到的他人期望为基础
学术参与知觉行为控制	是高校教师对于自身学术参与控制能力的现实感知、主观判断，如对专业技术水平、创新能力、知识传播能力的自我感知，以个体能力和促进/阻碍行为执行的条件信念为基础
评价制度	评价制度是指高校的教师聘任、职称评审、年度考核制度，制度评分以是否鼓励学术参与行为为基础
分配制度	高校有关"学术参与创造的收益如何在高校和教师之间分配"的制度，如高校管理费的提取、教师收益的获取
规范制度	高校有关学术参与行为的规定制度，如哪些行为是制度允许的，学术参与审批程序，学术参与活动和教学、科研任务的关系
部门设置	为推进学术参与活动，高校专门设置的为教师提供指导、服务、执行相关审批程序的机构或部门

资料来源：借鉴已有文献整理获得。

4.2.2　初始量表的生成步骤

充分的理论和证据支持是开发高质量量表的前提。本书以研究目的为核心，基于相关的权威文献，首先整理选取可用量表，然后结合理论研究专家建议和我国高校教师学术参与实际经验，对量表进行本土化修正。语义修正主要通过与英语教师、专家共同商讨修订完成；情景修正是在结合代表性样本的建议及我国高校产学知识转移实际情况的基础上，对题型措辞进行修订；针对缺乏参考文献的变量，研究根据理论构念的界定，对其进行操作化定义，产生具体化的实际可观察变量，其间结合专家建议，完成初始量表的开发设计。

为了保证量表质量，能够测量被试在各个变量上的真实值，专家咨询中，研究采用焦点小组和专家评审法对设计好的量表进行讨论。焦点小组讨论中，邀请 4 位产学知识转移经验丰富的高校教师进行讨论：课题组成员首先将问卷题项拿给以上被试阅读，给出 10 分钟时间让其思考题项，分享他们对于这些题项的理解。与此同时，课题组成员记录下讨论过程，询问被试理解困难或理解有误的原因。之后，告诉他们这些题项预计测度的理论变量，请他们评价这些题项是否能够精确反映对应的理论变量。通过以上反馈，对题项的措辞和数量进行调整。专家评审法中，邀请 5 位产学研合作研究专家和行为科学研究专家对理论变量的选取是否合理、界定是否严谨、结构是否完整，以及操作化定义是否具体且是否具有可操作性进行评析，据此删除、修改不符合要求的题项，形成初始量表，用于预调研测评。以上方法在保证量表的构念效度方面具有显著作用。

研究借助课题组合作平台，利用导师、笔者本人及课题组成员的社会网络关系，在相关院校小范围发放问卷，基于收集的数据检验量表的信度和效度，根据检验结果，结合文献分析和专家建议对有问题的题项进行修改、删减，形成最终正式量表。

4.3 量表的构成与变量测度

4.3.1 变量的构成与操作化定义

理论构件是组成模型的基本要素，相关概念界定准确与否直接影响设计的量表质量、收集数据的准确性和研究结论的可靠性。本章首先对核心概念进行界定，然后据此对变量进行操作化定义，为量表的设计、实证研究奠定基础。

4.3.1.1 核心概念的界定

（1）学术参与行为。本书认为，学术参与是与商业化行为相对应的非商业化产学知识转移行为，主要包括产学合作研究、合同研究、联合申请和研究政府资助项目、企业兼职、技术服务、企业培训、非正式建议、出席产业主办或校企联合主办的会议及论坛、联合发表学术论文、联合申请专利等行为。

（2）学术参与意向。菲什拜因和艾奇森（Fishbein M & Ajzen I，1975）认为，行为意向是个体执行特定行为的主观可能性，主要表现为个体对行为目标的关注程度，以及前期的投入和准备工作、努力程度等。后期研究中，艾奇森（Ajzen I，1985）对行为意向的内涵进行了补充，指出行为意向表示人们有多愿意尝试执行这种行为，以及准备付出多少努力。结合本书研究认为，学术参与意向是高校教师对于学术参与行为的主观倾向，代表高校教师多大程度上愿意从事学术参与活动，以及准备投入的时间、精力。

（3）学术参与态度。理性行为理论认为，态度是指个体对于特定事物的心理倾向、偏爱程度，本质上是一种情感或评价（Fishbein M & Ajzen I，1975），计划行为理论研究进一步指出，态度是个体针对行为的积极或消极评价（Ajzen I，1985），包括认知因素、情感因素和意向因素（徐全忠、邹晓春，2014）。据此，本书认为，学术参与态度是高校教师对于学术参与行为有用性的一系列积极或消极评价，以及与学术参与具体行为相关的喜好、兴趣，是学术参与意向的近端决定因素。

（4）学术参与主观规范。艾奇森（Ajzen I，1985）指出，主观规范是一种社会影响，是个体感知到的重要人物对于其执行或不执行特定行为的期望，以及由此产生的社会压力。其中，学术参与主观规范是指高校教师感知到的有关学术参与行为执行与否的社会压力，在高校内部这种社会压力主要来自学校领导和同事。

（5）学术参与知觉行为控制。计划行为理论认为，知觉行为控制是人们感知到的对特定行为的控制程度，以及由此形成的关于行为执行难易程度的感知（Ajzen I，1985）。由于学术参与活动的实施既需要一定的专业技能又需要参与机会，因此，学术参与知觉行为控制主要是指高校教师对于完成任务的自我效能感，以及获取学术参与机会的自信程度。

（6）组织环境。社会认知理论指出，行为并不是在主体系统内自动生成，外部环境对于行为的发生具有调节作用（Bandura A，1977）。人际行为理论强调，便利条件对于行为的发生有重要作用（Triandis H C，1980）。高校教师学术参与行为是多方面因素综合作用的结果，并不完全取决于个人认知和意志，由于本书致力于改进高校管理、推进学术参与行为，相应的情景因素主要包括高校管理制度、基础设施等，研究将以上因素纳入组织环境范畴。

4.3.1.2 变量的操作化定义

根据理论模型和以上概念界定，对本书中的变量"学术参与行为"（behavior of academic engagement，BE）、"学术参与意向"（intention of academic engagement，IE）、"学术参与态度"（attitude toward academic engagement，ATT）、"学术参与主观规范"（subject norm for academic engagement，SN）、"学术参与知觉行为控制"（perceived behavior control of academic engagement，PBC）、"评价制度"（evaluation system，ES）、"分配制度"（contribution system，CS）、"规范制度"（regulation system，RS）、"部门设置"（department，DEP）进行操作化定义，如表4-1所示。

4.3.2 变量的测度

量表题项的生成基于选择的变量及其操作化定义，研究借鉴已有文献成熟量表，结合专家访谈结果，依据我国高校教师学术参与活动实践进行本土化修正。本书的研究目的是探讨产学知识转移中高校教师学术参与意愿和行为的影响因素，据此建立机理模型，其中涉及的量表主要包括学术参与行为、行为意向、态度、主观规范、知觉行为控制、个体特征因素、组织环境因素。为满足建模中对于验证性因子分析要求的"3指标原则"，概念模型中每一构念均操作化为3个以上测量题项，共计45个测度项。

4.3.2.1 因变量

（1）学术参与行为（academic engagement behavior）。随着产学合作实践的深入，高校教师产学合作、知识转移的路径日趋多样化。在文献研究和专家访谈的基础上，本书共总结梳理了13种产学合作行为。由于本书关注的是高校教师个体非商业化产学合作行为，强调个体意向和行为控制能力，在参考佩克曼和沃尔什（Perkmann M & Walsh K，2007）、德斯特和帕特尔

（D'Este P & Patel P，2007）、赵志艳和蔡建峰（2018），以及刘京、周丹和陈兴（2018）等研究的基础上，共选取 10 种行为，具体题项见表 4 - 2。

表 4 - 2　　　　　　　　　　　　学术参与行为量表

题项内容	题项序号	参考量表
参与企业合作研发项目；承担企业委托研究项目；与企业联合申请、研发政府资助项目；与企业联合申报专利	Q1 - 1 Q1 - 2 Q1 - 3 Q1 - 10	博纳科尔西和皮卡卢加（Bonaccorsi A & Piccaluga A，1994）；德斯特和帕特尔（D'Este P & Patel P，2007）；佩克曼等（Perkmann M et al.，2013）；塔尔塔里、佩克曼和萨尔特（Tartari V，Pperkmann M & Salter A，2014）
在企业兼职的行为	Q1 - 6	萨克森安（Saxenien A，1994）；塞缪尔·安克拉和奥马尔·阿尔塔巴阿（Samuel Ankrah & Omar Al-Tabbaa，2015）；宋姝婷和吴绍棠（2013）；范惠明（2014）；余荔和沈红（2016）；刘京、周丹和陈兴（2018）
为企业提供技术咨询服务；为企业提供培训服务；为企业员工提供非正式建议	Q1 - 4 Q1 - 5 Q1 - 7	塔尔塔里、佩克曼和萨尔特（Tartari V，Pperkmann M & Salter A，2014）；赵志艳（2018，2019）；佩克曼等（Perkmann M et al.，2013）
出席产业界主办或产学联合承办的会议及论坛；与产业界人士合作发表学术论文	Q1 - 8 Q1 - 9	佩克曼等（Perkmann M et al.，2013）；塔尔塔里、佩克曼和萨尔特（Tartari V，Pperkmann M & Salter A，2014）；赵志艳（2018，2019）

资料来源：借鉴已有文献整理获得。

（2）学术参与行为用各种学术参与行为的发生频次度量，本书参考博兹曼和高根（Bozeman B & Gaughan M，2007）以及塔尔塔里、佩克曼和萨尔特（Tartari V，Pperkmann M，Salter A，2014）的测量方式，将学术参与行为发生频次分为五个等级：0 代表实际参与 0 次、1 代表实际参与 1 ~ 2 次、2 代表实际参与 3 ~ 5 次、3 代表实际参与 6 ~ 9 次、4 代表实际参与次数 ≥ 10 次。

4.3.2.2　中介变量

学术参与意向（academic engagement intention）。行为意向是个体关于是否执行特定行为的自我指导，表示被试愿意实施某一行为的程度。针对研究主题，本书在计划行为理论量表（Ajzen I，2006）的基础上，借鉴博克和基姆等（Bock G W & Kim Y G, 2002；Bock G W et al., 2005）、黄顺铭（2018）、海本禄（2013）、刘叶（2017）的相关研究，从行为目标和承诺程度两个方面对高校教师学术参与意向进行测度。研究中，学术参与意向量表题项的刻度采用李克特五级评分法，由被调查者根据自身情况在 1 ~ 5 之间进行选择："非常不同意" = 1，"基本不同意" = 2，"不同意也不反对" = 3，"基本同意" = 4，"非常同意" = 5。被调查者在各个题项的评分，表示被试学术参与意向的高低，此构念包括四个题项（见表 4 – 3）。

表 4 – 3　　　　　　　　　　学术参与意向量表

题项内容	题项序号	参考量表
我愿意独立承担或参与企业合作创新项目，研发更多具有商业化潜力的技术成果	Q2 – 1	艾奇森（Ajzen I, 2006）；博克等（Bock G W et al., 2005）；黄顺铭（2018）；海本禄（2013）；刘叶（2017）
我愿意为企业提供培训、为员工提供技术建议，帮助企业解决技术问题、提高员工技能	Q2 – 2	
我愿意到企业兼职、传播专业知识	Q2 – 3	
我愿意与企业及其员工保持密切联系、进行学术交流	Q2 – 4	

资料来源：借鉴已有文献整理获得。

4.3.2.3　自变量

（1）学术参与态度（attitude toward academic engagement behavior）。计划行为理论量表用"好处""有利""有价值"来测量个体对于特定行为的态度。巴戈齐等（Bagozzi R P et al., 2001）将其界定为工具性态度，并认为对于态度的测度不应仅局限于此。陈和菲什拜因（Chan D K & Fishbein M, 1993）的研究显示，情感性态度如"喜欢或厌恶"对于行为的作用突出。此后，哈格和查齐萨兰提斯（Hagger M S & Chatzisarantis N L D, 2005）将态度划分为工具性（有价值—无价值）和情感性（喜欢—厌恶）两个维度。弗伦克等（French D P et al., 2005）的研究进一步证明，区分态度的不同维度会增加模型的预测能力。本书在参考菲什拜因、艾奇森（Fishbein M & Ajzen I, 1975）和博克等（Bock G W et al., 2005）的研究量表基础上，结合产学知识转移相关研究（Lee Y S, 2000；Tartari V, Pperkmann M & Salter A, 2014；Gulbrandsen M & Smeby J C, 2005）和专家意见，设计如下题项（见表 4 – 4）测度高校教师学术参与态度。学术参与态度量表各测度项的刻度采用李克特五级评分法，由被调查者根据自身情况在 1 ~ 5 之间进行选择："非常不同意" ＝ 1，"基本不同意" ＝ 2，"不同意也不反对" ＝ 3，"基本同意" ＝ 4，"非常同意" ＝ 5。被调查者在各个题项的评分，表明其学术参与态度的积极性。

表 4 － 4　　　　　　　　　　　学术参与态度量表

维度	题项内容	题项序号	参考量表
工具性态度	学术参与有助于高校创新成果转化、知识传播、服务地方经济	Q3 － 1	博克和基姆（Bock G W & Kim Y G，2002）；博克等（Bock G W et al.，2005）；菲什拜因（Fish-bein M，1977）；德斯特和佩克曼（D'Este P & Perkmann M，2011）；赛尔特和古德曼（Cyert R M & Goodman P S，1997）
	学术参与对于教师自身有价值	Q3 － 2	
	学术参与是明智的选择	Q3 － 3	
情感性态度	我对研究领域的产业界动态很感兴趣	Q3 － 4	塔尔塔里、佩克曼和萨尔特（Tartari V，Pperkmann M & Salter A，2014）
	学术参与活动是一种愉快的体验	Q3 － 5	
	我喜欢挑战自己原来不熟悉的技术应用和市场化	Q3 － 6	

资料来源：借鉴已有文献整理获得。

（2）学术参与主观规范（subject norm for academic engagement）。主观规范是个体在决定是否执行特定行为时感知到的社会压力。理性行为理论指出，主观规范是规范信念和顺从动机的函数。其中，规范信念是指个体感知到的重要人物或群体对自身是否执行特定行为的期望，顺从动机是指个体重要人物或群体期望的顺从程度。据此，本书设计六个学术参与主观规范题项，同时涵盖规范信念和顺从动机两个层面的含义。本书参考博克和基姆等（Bock G W & Kim Y G，2002；Bock G W et al.，2005），杰恩、基姆和柯（Jeon S H，Kim Y G & Koh J，2011），范惠明（2014）的研究量表，结合本书研究主题，从学校领导、学院领导和同事三个方面进行测度，具体包括的题项见表 4 － 5。学术参与主观规范量表各个题项的刻度采用李克特五级评分法，由被调查者根据自身情况在 1 ~ 5 之间进行选择："非常不同意" ＝ 1，"基本不同意" ＝ 2，"不同意也不反对" ＝ 3，"基本同意" ＝ 4，"非常同意" ＝ 5。被调查者在各个题项的评分，表明被试感知到的关键人物对于其期望程度及其顺从程度。

表 4 - 5　　　　　　　　　　　　　　学术参与主观规范量表

维度	题项内容	题项序号	参考量表
规范 信念	学校领导认为我们应该从事学术参与活动	Q4 - 1	艾奇森（Ajzen I, 2006）； 范惠明（2014）；杰恩、 基姆和柯（Jeon S H, Kim Y G & Koh J, 2011）； 博克和基姆（Bock G W & Kim Y G, 2002）；博克等 （Bock G W et al., 2005）
	学院领导认为我们应该从事学术参与活动	Q4 - 2	
	我的同事认为我应该从事学术参与活动	Q4 - 3	
顺从 动机	一般而言，我试图遵循学校领导的决策和意向	Q4 - 4	
	一般而言，我接受并愿意执行院系领导的决定	Q4 - 5	
	一般而言，我会尊重并采纳同事的建议	Q4 - 6	

资料来源：借鉴已有文献整理获得。

（3）学术参与知觉行为控制（perceived behavior control of academic engagement behavior，PBC）。知觉行为控制是个体对于执行行为难易程度的主观感知，是实际控制能力的替代变量，是个体技能的反映。现有研究主张知觉行为控制分为两个方面（段文婷、江光荣，2008），马克·康纳、克里斯托弗和阿米塔格（Mark Conne, Christopher J & Armitag, 1998）、艾奇森（Ajzen I, 2002）认为，第一个与班杜拉（Bandura A, 1982）的自我效能概念相关，第二个反映个体对行为过程的控制能力。基于以上研究，本书从自我效能、控制信念两方面对学术参与知觉行为控制进行测度，其中自我效能感代表个体关于完成具体任务能力的信念，控制信念表示个体对行为过程控制的感知。研究结合学术参与行为的操作化定义，借鉴郭和杨（Kuo Feng-Yang & Young Mei-Lien, 2008）、博克和基姆（Bock G W & Kim Y G, 2002）的相关研究设计题项，具体见表 4 - 6。学术参与知觉行为控制量表所有题项的刻度采用李克特五级评分法，由被调查者根据自身情况在 1 ~ 5 之间进行选择："非常不同意" = 1，"基本不同意" = 2，"不同意也不反对" = 3，"基本同意" = 4，"非常同意" = 5。被调查者在各个题项的评分，表示被试对于自身学术参与能力高低的感知。

表 4 - 6　　　　　　　　　　　　学术参与知觉行为控制量表

维度	题项内容	题项序号	参考量表
自我 效能感	我具有企业需要的知识和技能	Q5 - 1	艾奇森（Ajzen I, 2002）；马克· 康纳、克里斯托弗和阿米塔格 （Mark Conne, Christopher J & Armitag, 1998）；郭和杨（Kuo Feng-Yang & Young Mei-Lien, 2008）； 博克和基姆（Bock G W & Kim Y G, 2002）
	我可以为企业答疑解惑、解决技术问题	Q5 - 2	
	我能为企业创新做出一份独特的贡献	Q5 - 3	
控制 信念	我拥有丰富的产学知识转移经验和技巧	Q5 - 4	
	我拥有丰富的产学知识转移渠道和机会	Q5 - 5	

资料来源：借鉴已有文献整理获得。

4.3.2.4 调节变量

新制度理论认为，制度影响个体信念及其目标，价值导向、准则和规范是组织引导个体行为的主要工具（Scott W R，1987）。亚历山德罗·马斯西奥、达维德·奎利翁和乔凡娜·瓦兰蒂（Alessandro Muscio, Davide Quaglione & Giovanna Vallantiy，2014）认为，现在旨在促进商业化和学术参与的大学政策和治理措施可归纳为三个方面：设置知识和技术转让基础设施；奖励教员；管理利益冲突。祁红梅、黄瑞华（2008）和关涛（2010）的研究则具体从机构设置、制度方面评价组织环境对知识转移绩效的影响。综合以上学者观点，本书从高校评价制度、规范制度、分配制度和部门设置四个方面测度学术参与的组织环境。具体题项的设计参阅整合弗朗西斯·斯迈思（Francis-Smythe J，2008）、吴和周（Weiping Wu & Yu Zhou，2012）、格雷罗和厄尔巴诺（Guerrero M & Urbano D，2012）、赵志艳和蔡建峰（2018）的研究量表，设计题项见表4－7。

表 4－7 学术参与组织环境量表

维度	题项内容	题项序号	参考量表
分配制度	针对学术参与，学校的收入分配依据合理	Q6－1	
	针对学术参与，学校收取的管理费用合理	Q6－2	
评价制度	学术参与中，教师获得的个人收益合理	Q6－3	弗朗西斯·斯迈思（Francis-Smythe J，2008）；吴和周（Weiping Wu & Yu Zhou，2012）；亚历山德罗·马斯西奥、达维德·奎利翁和乔凡娜·瓦兰蒂（Alessandro Muscio, Davide Quaglione & Giovanna Vallantiy，2014）；赵志艳和蔡建峰（2018）
	学术参与是本校聘任合同中重要内容	Q6－4	
	学术参与是本校职称评审中重要内容	Q6－5	
	学术参与是本校年度考核中重要内容	Q6－6	
规范制度	所在学校学术参与相关规定内容明确	Q6－7	
	所在学校的学术参与活动审批程序简单、便捷	Q6－8	
	所在学校关于学术参与活动的任务要求合理	Q6－9	
	学术参与活动与本校"教学、科研任务"不冲突	Q6－10	
部门设置	所在学校设置了独立的学术参与管理部门	Q6－11	
	所在学校的学术参与管理部门的职责明确	Q6－12	
	所在学校提供的学术参与服务内容全面	Q6－13	
	学术参与管理部门的工作人员经验丰富、专业素质高	Q6－14	

资料来源：借鉴已有文献整理获得。

组织环境量表所有题项的刻度采用李克特五级评分法，由被调查者根据所在高校情况在 1~5 之间进行选择："非常不同意"=1，"基本不同意"=2，"不同意也不反对"=3，"基本同意"=4，"非常同意"=5。被调查者在各个题项的评分，表示他对所在高校环境的感知。

4.3.2.5 控制变量的测度

学术参与相关研究表明，除了以上心理因素、组织环境因素之外，教师个体特征和高校类型对学术参与动机和行为也会产生显著作用，这些变量虽然不是本书的核心，但是影响最终研究结论，为控制外生变异，本书参考塔尔塔里、佩克曼和萨尔特（Tartari V, Pperkmann M & Salter A, 2014），刘继红和喻学佳（2016），刘京、周丹和陈兴（2018）的研究，将性别、职称、产业合作经历作为个体层面控制变量；借鉴博克和基姆（Bock G W & Kim Y G, 2002），德斯特和帕特尔（D' Este P & Patel P, 2007），布兰科·波诺马廖夫（Ponomariov B, 2008），吴和周（Weiping Wu & Yu Zhou, 2012），范慧明（2014），赵志艳、蔡建峰和刘启雷（2019）的研究，将高校类型作为组织层面控制变量（见表 4-8）。

表 4-8　　　　　　　　　　　个体和高校层面控制变量

控制变量	对应的题项	参考量表
性别	女=0；　男=1	
职称	0=初级及以下 1=中级职称 2=副高职称 3=正高级职称	塔尔塔里、佩克曼和萨尔特（Tartari V, Pperkmann M & Salter A, 2014）；刘继红和喻学佳（2016）；海本禄（2013）；刘京、周丹和陈兴（2018）
产学研合作经历	0=没有 1=很少 2=一般 3=频繁 4=非常频繁	
学校类别	高职专科学校=0 一般二本高校=1 双非一本高校=2 "211"高校=3 "985"高校=4	博克和基姆（Bock G W & Kim Y G, 2002）；德斯特和帕特尔（D' Este P & Patel P, 2007）；马库斯·佩克曼和凯瑟琳·沃尔什（Markus Perkmann & Kathryn Walsh, 2007）；波诺马廖夫（Ponomariov B L, 2008）；吴和周（Weiping Wu & Yu Zhou, 2012）；赵志艳、蔡建峰和刘启雷（2019）；范惠明（2015）

资料来源：借鉴已有文献整理获得。

需要指出的是，不少研究以"学术论文、纵向和横向课题"代表教师科研能力，放入研究模型，而本书模型中的"知觉行为控制"变量包含对自身科研能力的感知，如将学术论文、纵向和横向课题同时放入模型，很有可能导致多重共线性问题。此外，刘京、周丹和陈兴（2018）的研究结果显示，职称变量与学术论文、纵向和横向课题变量也存在多重共线性问题。综合以上考虑，各位专家不建议将论文和课题作为控制变量。

4.4　预调研和正式调研

4.4.1　预调研与量表分析

4.4.1.1　预调研过程

预调研为 2019 年 6 月 25 日至 7 月 1 日，采取点对点投放模式，以便于同时收集被试反馈意见。研究根据调研过程中发现的问题、参考专家意见和相关文献对初始问卷进行修正。

课题组成员基于同学、同事和朋友关系，通过网络媒体"问卷星"和"现场投放"形式发放问卷，问卷采用匿名方式填写，最终收集源自中国矿业大学、南京航空航天大学、济南大学、浙江工业大学等 52 所高校的 260 份问卷（见附录 1 中附表 1－1），其中，有效回收 233 份，有效回收率为 89.615%。有效问卷中男性占比 66.52%、女性占比 33.48%，初级职称占比 6.87%（16 人）、中级职称占比 34.76%（81 人）、副高级职称占比 24.46%（57 人）、高级职称占比 33.91%（79 人），自然科学学科教师人数占比 52.79%（123 人）、人文社会科学学科教师人数占比 47.21%（110 人）。徐云杰（2011）认为，预调研对象 70~100 人即可。吴明隆（2003）、杜强和贾丽艳（2009）指出，预试对象应为最大子量表题项数量的 3~5 倍，样本越多越有利于量表信度和效度的检测。本书最大子量表（组织环境变量）包括 14 个题项，预调研有效问卷已达 233 份，因此，本书预调研样本量完全符合以上要求。

研究采用极端组法和同质性检验法检测量表题项是否可以区分被试在

各个指标表现的不同水平,判断各个题项与整体量表的一致性。由于研究主题不同,没有成熟的量表可以直接使用,本书在参考相关文献、结合研究议题的基础上完成初始量表的开发与设计。为保证量表的内容效度,本书在项目分析的基础上对初始量表进行探索性因子分析。

量表的项目分析和探索性因子分析采用 SPSS 24.0 软件完成。

4.4.1.2 学术参与行为量表项目分析与探索性因子分析

在极端分组比较中,本书将总分高于170分的63个样本(前27%)归入为高分组,将总分低于140分的63个样本(后27%)归入为低分组。

表4-9显示,学术参与行为初始量表的各个题项,高分组与低分组方差、平均值差异显著,所有题项都能有效区分被试的不同行为水平,具有较好的区分度;各个题项与总分之间相关系数最小为0.730、最大为0.841,显著水平均在0.01水平之上,相关程度较高,与所要测量的潜在行为之间具有较高的同质性,全部题项给予保留,进行因子分析。

表4-9 学术参与行为初始量表的项目分析

题项	莱文方差等同性检验	平均值等同性 t 检验		题总相关
	F 值及显著性	假定等方差	不假定等方差	
BE1	34.152 ***	14.839 ***	14.431 ***	0.841 **
BE2	95.783 ***	13.865 ***	13.419 ***	0.831 **
BE3	71.004 ***	11.818 ***	11.403 ***	0.790 **
BE4	128.012 ***	18.844 ***	18.302 ***	0.830 **
BE5	62.688 ***	12.854 ***	12.486 ***	0.730 **
BE6	78.591 ***	12.098 ***	11.737 ***	0.770 **
BE7	65.472 ***	12.489 ***	12.182 ***	0.755 **
BE8	29.056 ***	12.683 ***	12.404 ***	0.736 **
BE9	131.017 ***	11.739 ***	11.337 ***	0.748 **
BE10	109.871 ***	9.893 ***	9.568 ***	0.763 **
筛选标准		≥3.500	≥3.500	≥0.400

注:** 表示 p < 0.01,*** 表示 p < 0.001。
资料来源:预调研数据。

本书探索性因子分析中因子提取方法选用主成分分析法,因子数量的确定采用以下原则：特征根大于 1、累计方差解释率大于 60%；题项筛选依据如下标准：如果最大因子载荷小于 0.5、题项在次因子载荷大于 0.4 或两个最大的因子载荷之差小于 0.2，将被修改或删除。黑尔等（Hair J F et al.，1998），亨森、科根和瓦查·哈塞（Henson R K，Kogan L R & Vacha-Haase T，2001）建议，为保证量表的内部一致性，Cronbach Alpha 值在预调研时至少应处于 0.5 以上，正式调研中需大于 0.7。凯撒（Kaiser H F，1974）指出，KMO 值在 0.7 以上比较适合因子分析。

"学术参与行为"公因子提取中，经过反复测试选取协方差矩阵以改善总方差解释程度，检验结果显示，总方差解释程度由 61.076% 提升到 71.260%；KMO 值为 0.915，Bartlett 球形检验 χ^2 值为 1615.3（df = 45），显著水平 p < 0.001，表明非常适合做因子分析（见表 4 - 10）。本研究提取两个因子，Cronbach Alpha 值分别为 0.913、0.852，表明两个公共因子具有较好内部一致性，各个题项达到筛选标准，可以进一步做验证性因子分析。

表 4 - 10　　　　　　　　　　学术参与行为探索性因子分析结果

题项	因子 1 (0.913)	因子 2 (0.852)	共同性	M	SD
BE1	0.809	0.381	0.799	0.9614	1.04356
BE2	0.817	0.352	0.792	0.8155	1.00229
BE3	0.745	0.342	0.672	0.5622	0.7638
BE4	0.307	0.700	0.747	1.2747	1.27039
BE5	0.258	0.788	0.688	0.9957	1.14658
BE6	0.606	0.472	0.590	0.7597	0.96164
BE7	0.228	0.865	0.800	1.206	1.20006
BE8	0.364	0.671	0.582	1.0858	1.07536
BE9	0.800	0.220	0.689	0.6481	0.88362
BE10	0.793	0.255	0.694	0.6052	0.97749
特征根	6.645	1.096			
方差解释量	61.169	10.091			
累计方差解释量	61.169	71.26			
因子相关矩阵：因子 2	0.706				

注：括号内数值为 α 系数。
资料来源：预调研数据。

表 4 - 10 显示，探索性因子分析中学术参与行为量表共提取 2 个公共因子，研究邀请 4 位产学合作研究、行为研究专家为 2 个因子命名：公共因子 1 包括 BE1 合作研究、BE2 合同研究、BE3 联合申请研发政府资助项目、BE6 企业兼职、BE9 联合撰写学术论文、BE10 联合申请专利题项，其中包含的学术参与行为较多涉及知识创新活动，因此将其命名为"创新型学术参与行为"；公共因子 2 包含 BE4 技术咨询服务、B45 企业培训、BE7 参与产业主办或产学联合承办会议及论坛、BE8 非正式建议等学术参与行为，各行为较多体现"知识传播"特征，因此将其命名为"知识传播型学术参与行为"。BE6 题项为"近两年在不同企业兼职次数"，检验结果显示，次要因子载荷大于 0.4，两因子载荷差异略低于 0.2，说明企业兼职的知识创新特征与传播性特征区分不明显。课题组成员与专家讨论认为，高校教师在企业兼职时多基于自身专业背景参与企业研发项目，原有题项没有凸显企业兼职的技术创新特征，考虑到企业兼职在学术参与活动中的重要地位，讨论决定将 BE6 题项继续保留使用，修改为"近两年到企业担任专家、特聘教授或技术顾问的次数"，因为高校教师在以上兼职中多数参与企业创新活动。

4.4.1.3 学术参与意向量表项目分析与探索性因子分析

学术参与意向项目分析同上。表 4 - 11 显示，4 个题项均已达到题项筛选要求，予以全部保留，可以进行下一步探索性因子分析。

表 4 - 11　　　　　　　　学术参与意向初始量表的项目分析

题项	莱文方差等同性检验	平均值等同性 t 检验		题总相关
	F 值及显著性	假定等方差	不假定等方差	
IE1	162.466 ***	15.709 ***	12.837 ***	0.870 **
IE2	172.563 ***	16.286 ***	13.307 ***	0.913 **
IE3	189.755 ***	17.205 ***	14.059 ***	0.885 **
IE4	182.701 ***	14.003 ***	11.442 ***	0.894 **
筛选标准	p < 0.05	≥3.500	≥3.500	≥0.400

注：** 表示 $p < 0.01$，*** 表示 $p < 0.001$。
资料来源：预调研数据。

探索性因子分析结果显示（见表 4 - 12），学术参与意向初始问卷 KMO 值为 0.822，Bartlett 球形检验 χ^2 值为 659.877（df = 60），显著水平 p <

0.001，表明非常适合做因子分析，Cronbach Alpha 值为 0.909，表明公共因子内部各个题项具有较好一致性，各个题项达到筛选标准，可以进行验证性因子分析。因子结构与理论分析一致，仍然采用原有名称。

表 4 - 12　　　　　　　学术参与意向探索性因子分析结果

题项	因子 1 (0.909)	共同性	M	SD
IE1	0.793	0.628	4.5451	0.77063
IE2	0.891	0.795	4.5494	0.73015
IE3	0.840	0.706	4.5451	0.74792
IE4	0.881	0.776	4.6652	0.60845
特征根	2.904			
累计方差解释量	72.609			

注：括号内数值为 α 系数。
资料来源：预调研数据。

4.4.1.4　学术参与心理影响因素量表项目分析与探索性因子分析

学术参与影响因素中的心理变量量表项目分析采用以上同类方法。表 4 - 13 显示，除了 PBC5 之外，各个题项方差同等性检验结果都显著，表明多数题项不满足方差齐性，高低组均值也都存在差异；PBC5 在等方差假定下的平均值等同性 t 检验显著，拒绝均值相同的原假设，说明组间均值存在明显差异。据此认为，学术参与心理影响因素量表各题项能够有效测出被试不同心理特征。

表 4 - 13　　　　　　　学术参与心理影响因素初始量表的项目分析

题项	莱文方差等同性检验	平均值等同性 t 检验		题总 相关
	F 值及显著性	假定等方差	不假定等方差	
ATT1	118.109 ***	7.552 ***	7.889 ***	0.603 **
ATT2	91.682 ***	8.757 ***	9.15 ***	0.685 **
ATT3	138.407 ***	8.363 ***	8.756 ***	0.649 **
ATT4	74.383 ***	9.434 ***	9.856 ***	0.668 **
ATT5	88.642 ***	10.018 ***	10.466 ***	0.702 **
ATT6	6.478 **	8.768 ***	8.869 ***	0.584 **

续表

| 题项 | 莱文方差等同性检验 | | 平均值等同性 t 检验 | | 题总相关 |
	F 值及显著性		假定等方差	不假定等方差	
SN1	43.688 ***		14.314 ***	14.696 ***	0.652 **
SN2	73.699 ***		14.097 ***	14.617 ***	0.671 **
SN3	58.812 ***		16.013 ***	16.495 ***	0.705 **
SN4	13.421 ***		10.863 ***	11.05 ***	0.570 **
SN5	11.884 ***		12.058 ***	12.284 ***	0.576 **
SN6	6.382 **		11.901 ***	11.981 ***	0.584 **
PBC1	65.882 ***		14.007 ***	14.532 ***	0.766 **
PBC2	64.579 ***		12.799 ***	13.278 ***	0.738 **
PBC3	55.802 ***		12.767 ***	13.236 ***	0.724 **
PBC4	4.237 *		15.984 ***	16.325 ***	0.698 **
PBC5	0.006		12.111 ***	12.158 ***	0.627 **
筛选标准	p < 0.05		≥3.500	≥3.500	≥0.400

注：** 表示 p < 0.01，*** 表示 p < 0.001。

资料来源：预调研数据。

计划行为理论强调，被试关于行为的态度、主观规范、知觉行为控制可能受一些信念的共同影响，从而表现一定的相关性，而最优斜交法允许因子关联，所以学术参与心理影响因素因子旋转选择最优斜交法。探索性因子分析共提取 4 个公共因子，其中，主观规范提取两个公共因子，题项 SN1、SN2、SN3 归入公共因子 3，题项 SN4、SN5、SN6 归入公共因子 4，分别对应主观规范变量中的规范信念与顺从动机两个维度，因子结构与理论假设基本一致，调整后的量表 KMO 值为 0.867，Bartlett 球形检验的 χ^2 值为 3205.607（df = 136），达到显著性水平（p < 0.001），表明非常适合进行因子分析，Cronbach Alpha 值分别为 0.921、0.921、0.906、0.800，表明公共因子内部的题项具有较好一致性（见表 4 - 14）。

表 4 - 14   学术参与心理影响因素探索性因子分析结果

题项	因子 1 (0.921)	因子 2 (0.921)	因子 3 (0.906)	因子 4 (0.800)	共同性	M	SD
ATT1	0.859	-0.102	0.05	-0.04	0.669	4.6695	0.62129

题项	因子 1 (0.921)	因子 2 (0.921)	因子 3 (0.906)	因子 4 (0.800)	共同性	M	SD
ATT2	0.873	−0.009	0.033	−0.021	0.764	4.5923	0.68313
ATT3	0.918	−0.11	0.047	−0.023	0.770	4.6567	0.61072
ATT4	0.846	0.005	−0.036	0.039	0.721	4.5794	0.70338
ATT5	0.789	0.157	−0.029	−0.027	0.733	4.5665	0.70472
ATT6	0.334	0.125	−0.142	0.467	0.451	3.9914	0.97376
SN1	−0.008	0.011	0.969	−0.029	0.911	4.1202	0.92995
SN2	0.00	0.007	0.974	−0.015	0.937	4.1545	0.89162
SN3	0.112	0.065	0.649	0.166	0.700	4.0901	0.88354
SN4	−0.061	−0.091	0.162	0.805	0.724	3.970	0.88276
SN5	−0.085	0.023	−0.11	0.978	0.815	3.8541	0.92624
SN6	0.066	−0.017	0.129	0.630	0.637	4.0472	0.74994
PBC1	0.203	0.706	−0.037	0.098	0.734	4.1803	0.83157
PBC2	0.189	0.801	0.006	−0.078	0.783	4.1545	0.87207
PBC3	0.140	0.832	0.008	−0.08	0.783	4.1116	0.89322
PBC4	−0.100	0.966	−0.006	0.003	0.844	3.8069	1.02619
PBC5	−0.302	0.981	0.069	0.029	0.803	3.5751	1.08066
特征根	7.51	2.286	1.993	1.029			
方差解释量	44.176	13.449	11.725	6.052			
累计方差解释量	44.176	57.626	69.351	75.402			
因子相关矩阵 因子 2	0.507						
因子 3	0.406	0.331					
因子 4	0.395	0.368	0.544				

注：括号内数值为 α 系数。

资料来源：预调研数据。

表 4-14 显示，除 ATT6 之外，各题项因子载荷均在 0.6 以上，公因子方差提取信息损失在合理范围之内，ATT6 题项为"我喜欢挑战自己原来不熟悉的技术应用、市场化和产业化"，旋转后 ATT6 的因子载荷仅为 0.334、共同性为 0.451，课题组成员和专家讨论认为，该题项与其他题项难以聚合

成"学术参与态度"因素，因此给予删除。此外，主观规范 6 个题项被分别归入两个因子，SN1"学校领导认为我们应该从事学术参与"、SN2"院系领导认为我们应该从事学术参与"和 SN3"我的同事认为我应该从事学术参与"被纳入公共因子 3，SN4"一般而言，我试图遵循学校领导的决策和意向"、SN5"一般而言，我接受并愿意执行院系领导的决定"和 SN6"一般而言，我会尊重并采纳同事的建议"被纳入公共因子 4，公共因子 3 中的 3 个题项原属于主观规范中的规范信念维度，公共因子 4 中的 3 个题项属于顺从动机范畴，探索性因子分析的结果表明，两个维度的区别度较高，不可纳入同一变量。研究将因子 3 命名为规范信念，将因子 4 命名为顺从动机；知觉行为控制各个题项均达到筛选标准要求，给予保留，公共因子结构与理论观点基本一致，沿用原有名称。

4.4.1.5 学术参与组织环境量表项目分析与探索性因子分析

采用以上同样方法对学术参与组织环境进行项目分析，表 4 – 15 显示，组织环境初始量表各个题项的高分组与低分组方差、平均值差异显著，所有题项能有效区分被试所在组织环境的不同水平，区分度较好；各个题项与总分之间相关系数最小为 0.733、最大为 0.882，显著水平均在 0.01 水平之上，相关程度较高，与所要测量的组织环境之间具有较高的同质性，全部题项给予保留，进行探索性因子分析。

表 4 – 15　　　　　　　　学术参与组织环境初始量表的项目分析

题项	莱文方差等同性检验	平均值等同性 t 检验		题总相关
	F 值及显著性	假定等方差	不假定等方差	
CS1	7.326 **	15.242 ***	15.274 ***	0.817 **
CS2	7.327 **	12.884 ***	12.916 ***	0.744 **
CS3	11.046 ***	12.977 ***	13.018 ***	0.792 **
ES1	15.883 ***	14.049 ***	14.104 ***	0.752 **
ES2	53.482 ***	17.111 ***	17.206 ***	0.803 **
ES3	61.07 ***	18.139 ***	18.251 ***	0.818 **
RS1	16.434 ***	17.823 ***	17.881 ***	0.820 **
RS2	23.268 ***	15.426 ***	15.481 ***	0.879 **
RS3	23.164 ***	15.171 ***	15.230 ***	0.854 **

续表

题项	莱文方差等同性检验	平均值等同性 t 检验		题总相关
	F 值及显著性	假定等方差	不假定等方差	
RS4	19.539 ***	12.958 ***	13.018 ***	0.733 **
DEP1	24.481 ***	15.182 ***	15.238 ***	0.801 **
DEP2	29.464 ***	18.137 ***	18.209 ***	0.860 **
DEP3	36.99 ***	18.529 ***	18.609 ***	0.879 **
DEP4	26.233 ***	17.471 ***	17.541 ***	0.882 **
筛选标准	p < 0.05	≥3.500	≥3.500	≥0.400

注：** 表示 p < 0.01，*** 表示 p < 0.001。

资料来源：预调研数据。

分配制度、评价制度、规范制度、部门设置是高校推进产学合作的制度举措，体现高校对于第三使命的重视、认同，组织环境中各个变量之间可能存在相关性，所以该步骤因子旋转选择最优斜交法。结果显示（见表 4-16），学术参与组织环境的探索性因子分析共提取 2 个公共因子，量表 KMO 值为 0.930，Bartlett 球形检验的 χ^2 值为 3629.258（df = 91），达到显著性要求（p < 0.001），表明非常适合进行因子分析，Cronbach Alpha 值分别为 0.961、0.938，表明因子内题项具有较好一致性，各个题项均已达到筛选标准要求，可以进行验证性因子分析。

表 4-16　　　　　学术参与组织环境因素探索性因子分析结果

题项	因子 1 (0.961)	因子 2 (0.938)	共同性	M	SD
CS1	0.697	0.164	0.673	3.528	1.0424
CS2	0.800	− 0.028	0.610	3.511	1.0509
CS3	0.557	0.303	0.638	3.588	1.0265
ES1	− 0.037	0.936	0.828	3.618	1.1006
ES2	− 0.031	0.983	0.925	3.670	1.170
ES3	0.069	0.895	0.892	3.704	1.115
RS1	0.675	0.203	0.689	3.674	1.032
RS2	0.796	0.132	0.799	3.524	1.118
RS3	0.780	0.123	0.759	3.652	1.056

续表

题项	因子1 (0.961)	因子2 (0.938)	共同性	M	SD
RS4	0.792	−0.031	0.594	3.734	1.098
DEP1	0.916	−0.083	0.739	3.605	1.170
DEP2	0.940	−0.047	0.824	3.597	1.099
DEP3	0.967	−0.061	0.857	3.562	1.093
DEP4	0.837	0.086	0.809	3.511	1.095
特征根	9.567	1.069			
方差解释量	68.339	7.635			
累计方差解释量	68.339	75.974			
因子相关矩阵： 因子2	0.702				

注：括号内数值为 α 系数。
资料来源：预调研数据。

研究邀请 4 位产学合作研究、行为研究专家为 2 个公共因子命名。公共因子 1 包括分配制度、规范制度、部门设置题项，以上 3 个变量从不同方面增加了学术参与的便利性，其中，分配制度为学术参与提供了经济资源，规范制度对于学术参与活动具有指导、协调作用，部门设置在信息提供、服务方面具有一定贡献意义，以上作用与《人际行为理论》中的"易用条件"内涵基本一致，因此，专家建议将其命名为学术参与活动中的"易用条件"（facilitating conditions，FAC）；公共因子 2 包含评价制度 3 个题项，内部结构也没有变动，因此，仍然沿用原有名称。

4.4.1.6 共同方法偏差的规避与检验

由于多个变量得分源自同一被试反馈，量表题项语境特殊，可能导致一致性动机、内隐相关偏差、题目暗示、社会称许等问题，从而增加预测变量与效标变量之间人为共变、共同方法偏差的可能性，对此，研究进行程序控制，通过匿名填写、合理设置题项顺序、控制问卷长度方式，保护被试隐私、减少相关因素干扰、弱化被试对测评目的的揣测。

此外，研究采用 Harman 单因素检验方法进行统计控制，查看对所有量表进行探索性因子分析时，第一个因子的解释力。总体量表 KMO 值为

0.896，Bartlett 球形检验 χ^2 值为 11352.354（df = 1378），显著性水平为 0.000，非常适合做因子分析，第一个公共因子总方差解释百分比为 12.064%，小于临界值 50%，说明量表没有出现严重的共同方法偏差问题。

4.4.2　正式调研与验证性因子分析

本步骤的研究目的是验证前期获取的因子结构，并对量表的信度和效度进行检验。

4.4.2.1　正式调研程序

正式调研为期一个月，从 2019 年 8 月 8 日至 9 月 8 日，调研样本覆盖北京、天津、河北、上海、江苏、浙江、山东、广东、海南 9 个省市。最终获取问卷 858 份，其中，纸质问卷发放 200 份、回收 150 份，网络问卷回收 708 份。遵循无漏题、无连续 8 题以上同一评级的问卷筛选原则，最终获取 716 份有效问卷，其中自然科学学科的有效问卷 438 份、占比 61.17%，人文社会科学学科的有效问卷 278 份、占比 38.83%，具体如表 4-17 所示。有效问卷来自 52 所高校（见附录 1 中附表 1-2），单所高校最小样本量为 1、最大样本量为 28，多数高校样本量不足 5，为减少取样复杂、数据独立方面的威胁，研究参考萨托拉和本特勒（Satorra A & Bentler P M，1994）、王孟龙（2014）建议，采用稳健的极大似然估计法（maximum likelihood robust estimator，MLR），以保证参数估计结果的稳健性。

表 4-17　　　　　　　　　问卷的发放与回收统计分析

问卷形式	发放问卷（份）	回收问卷（份）	有效问卷（份）	有效回收率（%）
纸质问卷	200	150	129	86.000
网络问卷	708	708	587	82.910
总计	908	858	716	83.450

资料来源：正式调研数据。

研究结合网络扩散与现场投放的方式发放问卷、收集数据。网络扩散主要通过微信、QQ、虚拟社区、电子邮箱的方式向目标群体发布链接；现场投放问卷主要用于弥补网络问卷的不足，发挥邻近高校优势，其中江苏省高校纸质问卷占据较大比重，其余地区高校纸质问卷主要借助百度在长沙举办人工智能培训、第二届创新创业学术会议等机会现场收集。考虑到部分教师对于问卷调研主题敏感，从而影响收集数据的真实性，研究采用滚雪球方法，依托课题组成员的师生、同学、同事和朋友关系再次发放问卷。

为保证被试填写意愿、获取真实有效的第一手数据，发放问卷前课题组成员对调研目的、填写注意事项和问卷主要内容进行详细说明，网络调研中被试填完问卷之后都会获得 5 元以上微信红包，现场调研中被调查者会获取同等价值精美礼品；为避免重复填写问卷可能造成的不利影响，正式调研中要求预调研对象进行回避。

为全面调研各类学校高校教师学术参与行为、心理变量及高校制度文化环境，研究采用分层抽样方法。基于我国国情，借鉴赵志艳和蔡健峰（2018）、黄顺铭（2018）的研究，分别从"985"、"211"、双非一本高校、二本院校和高职专科院校中抽取样本，调研对象主要为各个高校从事教学科研工作的教师，各类高校分别占比见表 4 – 18。

表 4 –18　　　　　　　　　　　样本高校分布情况

样本高校	数量 （所）	占比 （%）	样本高校	数量 （所）	占比 （%）
"985" 高校	7	13.462	二本院校	12	23.077
"211" 高校	13	25	高职专科院校	7	13.462
双非一本院校	13	25	合计	52	100

资料来源：正式调研数据。

研究使用 SPSS 24.0 对数据进行描述统计、信效度检验，使用 Mplus 7.4 实施验证性因子分析。

4.4.2.2　描述统计

表 4 – 19 列出了高校教师学术参与量表中的各个题项最大值、最小值、平均值、标准差、峰度系数、偏度系数值。各题项偏度系数绝对值最大值为 1.989、最小值为 0.254，峰度系数绝对值最大为 4.973、最小值为 0.007，各题项偏度系数绝对值均小于 2、峰度系数绝对值均小于 7，适用极大似然估计（maximum likelihood，ML）（West S G，Finch J F & Curran P J，1995），而 Mplus 中通过 MLR 估计的校正统计量较 ML 估计结果更精确，因此，研究选用 Mplus 7.4 软件，通过 MLR 进行验证性因子分析（Yuan K-H

& Bentler P M，1998）。

表 4 –19　　　　　　　　学术参与量表题项描述统计

题项	个案数	最小值	最大值	平均值		标准差	偏度		峰度	
				统计	标准误差		统计	标准误差	统计	标准误差
BE1	716	0	4	1.098	0.040	1.057	0.908	0.091	0.448	0.182
BE2	716	0	4	0.927	0.039	1.038	1.162	0.091	0.982	0.182
BE3	716	0	4	0.715	0.037	0.999	1.547	0.091	1.852	0.182
BE4	716	0	4	1.293	0.045	1.197	0.828	0.091	−0.127	0.182
BE5	716	0	4	1.109	0.043	1.158	0.988	0.091	0.269	0.182
BE6	716	0	4	0.810	0.039	1.030	1.411	0.091	1.561	0.183
BE7	716	0	4	1.334	0.045	1.210	0.682	0.091	−0.457	0.182
BE8	716	0	4	1.123	0.040	1.058	0.917	0.091	0.409	0.182
BE9	716	0	4	0.719	0.037	0.987	1.478	0.091	1.869	0.182
BE10	716	0	4	0.658	0.036	0.960	1.509	0.091	1.869	0.182
IE1	716	1	5	4.344	0.034	0.899	−1.461	0.091	1.861	0.182
IE2	716	1	5	4.401	0.033	0.872	−1.584	0.091	2.245	0.182
IE3	716	1	5	4.341	0.034	0.898	−1.560	0.091	2.507	0.182
IE4	716	1	5	4.402	0.033	0.876	−1.718	0.091	3.053	0.182
ATT1	716	1	5	4.4455	0.033	0.876	−1.989	0.091	4.973	0.182
ATT2	716	1	5	4.383	0.034	0.900	−1.672	0.091	2.847	0.182
ATT3	716	1	5	4.447	0.030	0.799	−1.769	0.091	3.783	0.182
ATT4	716	1	5	4.306	0.035	0.942	−1.561	0.091	2.368	0.182
ATT5	716	1	5	4.383	0.035	0.928	−1.790	0.091	3.220	0.182
SN1	716	1	5	4.0307	0.037	0.989	−1.001	0.091	0.757	0.182
SN2	716	1	5	4.0251	0.037	0.978	−0.906	0.091	0.521	0.182
SN3	716	1	5	4.0894	0.036	0.961	−0.862	0.091	0.304	0.182
SN4	716	1	5	3.9539	0.034	0.922	−1.026	0.091	1.238	0.182
SN5	716	1	5	3.8296	0.035	0.929	−0.789	0.091	0.497	0.182
SN6	716	1	5	3.8911	0.033	0.870	−0.86	0.091	1.235	0.182
PBC1	716	1	5	4.057	0.035	0.929	−1.312	0.091	2.104	0.182
PBC2	716	1	5	4.070	0.033	0.892	−1.051	0.091	1.261	0.182
PBC3	716	1	5	3.881	0.037	0.989	−0.814	0.091	0.476	0.182

续表

题项	个案数	最小值	最大值	平均值		标准差	偏度		峰度	
				统计	标准误差		统计	标准误差	统计	标准误差
PBC4	716	1	5	3.596	0.039	1.049	−0.442	0.091	−0.359	0.182
PBC5	716	1	5	3.338	0.042	1.123	−0.254	0.091	−0.668	0.182
CS1	716	1	5	3.566	0.038	1.008	−0.694	0.091	0.268	0.182
CS2	716	1	5	3.534	0.038	1.009	−0.644	0.091	0.074	0.182
CS3	716	1	5	3.633	0.039	1.043	−0.666	0.091	0.075	0.182
ES1	716	1	5	3.546	0.040	1.057	−0.538	0.091	−0.151	0.182
ES2	716	1	5	3.589	0.042	1.120	−0.404	0.091	−0.68	0.182
ES3	716	1	5	3.528	0.041	1.096	−0.398	0.091	−0.447	0.182
RS1	716	1	5	3.661	0.039	1.034	−0.671	0.091	0.007	0.182
RS2	716	1	5	3.581	0.040	1.062	−0.649	0.091	−0.009	0.182
RS3	716	1	5	3.649	0.040	1.083	−0.772	0.091	0.159	0.182
RS4	716	1	5	3.683	0.038	1.029	−0.618	0.091	−0.028	0.182
DEP1	716	1	5	3.582	0.041	1.108	−0.654	0.091	−0.108	0.182
DEP2	716	1	5	3.563	0.041	1.088	−0.603	0.091	−0.122	0.182
DEP3	716	1	5	3.581	0.040	1.072	−0.689	0.091	0.089	0.182
DEP4	716	1	5	3.499	0.041	1.106	−0.537	0.091	−0.204	0.182

资料来源：正式调研数据。

4.4.2.3 学术参与行为量表验证性因子分析

由表4-20可知，本次针对2个因子、10个题项进行验证性因子分析（CFA）。有效样本为716个，为分析题项数量的70倍，样本量充足。

表4-20 学术参与行为量表基本信息

因子	数量
因子1	6
因子2	4
汇总	10
分析样本量	716

资料来源：探索性因子分析结果和正式调研数据。

表 4 - 21 显示，各个题项显著水平 p < 0.001，标准化载荷系数多数大于 0.7，最低值为 0.658、最高值为 0.814，说明因子与题项之间对应关系良好，聚合效度较好。

表 4 - 21 因子载荷系数表（学术参与行为）

因子	分析项	非标准载荷系数	标准误	Z	p	标准载荷系数
BEI	BE1	1.000	0.000	—	—	0.814
	BE2	0.977	0.047	20.884	0.000	0.802
	BE3	0.861	0.064	13.525	0.000	0.754
	BE6	0.779	0.062	12.573	0.000	0.658
	BE9	0.775	0.062	12.530	0.000	0.701
	BE10	0.783	0.058	13.603	0.000	0.688
BED	BE4	1.000	0.000	—	—	0.772
	BE5	0.922	0.049	18.778	0.000	0.753
	BE7	0.980	0.052	18.863	0.000	0.754
	BE8	0.731	0.052	14.140	0.000	0.658

资料来源：正式调研数据。

由图 4 - 1 可见，学术参与行为因子 BEI 和因子 BED 与题项标准化路径系数均大于 0.5，说明公共因子内部各题项与公共因子具有较好依存关系。两公共因子相关系数为 0.811，表明二者之间存在高度相关性。

本步骤除了检验探索性因子分析阶段构建的二因子模型，还提出了一个单因子竞争模型，将所有题项放入 1 个因子，因为量表中各个题型都聚焦于学术参与行为，可能仅测度了学术参与行为的一般特征。表 4 - 22 显示，单因子模型多数指标未达标，模型拟合效果不佳，说明所有的题项并不属于同一个因子。研究根据探索性因子分析结果，将 be1、be2、be3、be6、be9、be10 纳入因子 BEI 当中，将 be4、be5、be7、be8 纳入因子 BED 当中，结果显示，二因子模型各项拟合指标不仅优于单因子模型，而且多数指标达标（除了 χ^2/df），测量模型拟合度尚可。考虑到二因子之间的高度相关性，研究通过二阶模型将因子 BEI 和因子 BED 纳入一个公共因子 BE 当中，结果显示，高阶模型可以识别，关键指标 χ^2/df 和 CFI 结果优于二阶模型。

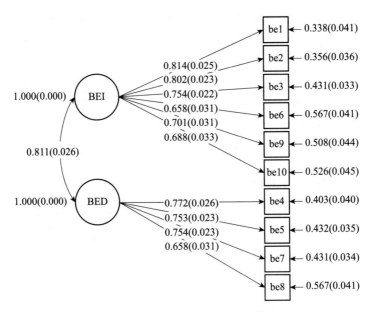

图 4 - 1   学术参与行为二因子模型

资料来源：正式调研数据。

表 4 - 22   竞争模型的拟合指数 （学术参与行为）

指标	χ^2	df	χ^2/df	CFI	TLI	AIC	BIC	SRMR	RMSEA
Baseline	1704.417 ***	45	37.876	—	—	—	—	—	—
单因子	240.426 ***	35	6.869	0.876	0.841	16903.745	17039.628	0.059	0.093
二因子	147.615 ***	34	4.342	0.932	0.909	16714.870	16855.282	0.044	0.070
高阶模型	95.274 ***	33	2.887	0.934	0.909	16716.870	16861.811	0.044	0.070
判断标准	—	—	< 3	> 0.90	> 0.90	越小越好	越小越好	< 0.08	< 0.08

注： *** 表示 $p < 0.001$。

资料来源：正式调研数据。

图 4 - 2 显示，BEI、BED 对 BE 的标准化因子载荷相当，分别为 0.893 和 0.908，二因子对于公共因子 BE 具有较高依存度。

表 4 - 23 显示，学术参与行为量表涉及的 2 个因子的变异萃取量 AVE （average variane extracted） 均大于 0.5，组合信度 CR （composite reliability） 值全部大于 0.7，说明各项指标具有优良的聚合效度；全量表以及各维度的克隆巴赫 Alpha 值均大于 0.8，表明量表具有良好的内部一致性；AVE 的平方根略低于因子相关系数，因子之间的相关系数低于 0.85，相关系数 95%

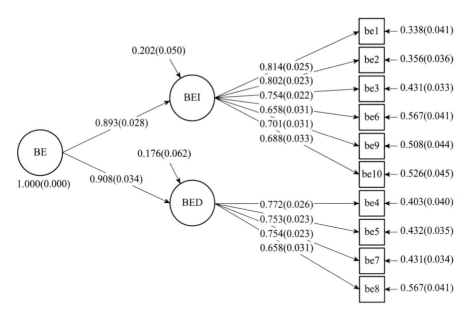

图 4 - 2　学术参与行为高阶模型

资料来源：正式调研数据。

置信区间为 0.760~0.861，没有包含 1，表明因子之间高度相关的同时仍具有一定区分度。

表 4 - 23　　　　　　　　　　　学术参与行为量表的信度和效度

因子		因子 1 （创新型学术参与行为）	因子 2 （传播型学术参与行为）	全量表 （学术参与行为）
题数		6	4	10
M		0.822	1.215	0.979
SD		1.026	1.340	1.152
Alpha		0.876	0.816	0.903
CR		0.877	0.825	0.905
AVE		0.545	0.541	0.503
相关	因子 1	(0.738)	—	—
	因子 2	0.811 ***	(0.736)	—

注：*** 表示 p < 0.001，括号内数值为 AVE 的平方根。

资料来源：正式调研数据。

综合考虑 BEI 和 BED 之间的相关性和区别效度、BEI、BED 对 BE 的高度依存性，以及竞争模型的比较结果，我们认为，将全部题项纳入同一个因子或者完全区分为两个不同因子均过于偏激，在二因子模型基础上构建高阶模型，既体现不同学术参与行为之间的相关性，又表现不同学术参与行为之间的差距，可以更加全面、合理地代表各种学术参与行为，具有可行性和必要性。

4.4.2.4　学术参与意向量表验证性因子分析

由表4-24可知，本次针对1个因子、4个题项进行验证性因子分析（CFA）。有效样本为716个，总量远远超过基本要求，能够满足验证性因子分析要求。

表4-24　　　　　　　　　学术参与意向量表基本信息

因子	数量
因子1	4
汇总	4
分析样本量	716

资料来源：探索性因子分析结果和正式调研数据。

表4-25显示，各个题项显著水平 p < 0.001，标准化载荷系数均大于0.7，说明因子与题项之间对应关系良好，聚合效度较好。

表4-25　　　　　　　　因子载荷系数表（学术参与意向）

因子	分析项	非标准载荷系数	标准误	Z	p	标准载荷系数
F1	IE1	1.000	0.000	—	—	0.784
	IE2	0.959	0.072	13.367	0.000	0.793
	IE3	0.960	0.091	10.518	0.000	0.791
	IE4	0.993	0.083	11.978	0.000	0.846

资料来源：正式调研数据。

图4-3显示，学术参与意向公共因子与题项标准化路径系数最小值为0.784、最大值为0.846，各题项与公共因子具有较好依存关系。

表4-26显示，单因子测量模型各项指标基本达标，模型拟合较好，所有题项聚合于一个因子。

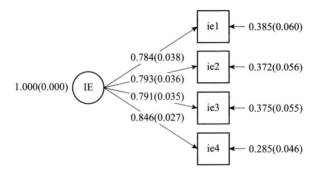

图 4 - 3　学术参与意向单因子模型

资料来源：正式调研数据。

表 4 - 26　　　　　　模型的拟合指数（学术参与意向）

指标	χ^2	df	χ^2/df	CFI	TLI	AIC	BIC	SRMR	RMSEA
Baseline	297. 543 ***	6	49. 574	—	—	—	—	—	—
单因子	5. 861 **	2	2. 930	0. 983	0. 950	5335. 129	5389. 482	0. 020	0. 060
判断标准	—	—	<3	>0. 90	>0. 90	越小越好	越小越好	<0. 08	<0. 08

注：** 表示 p < 0. 01，*** 表示 p < 0. 001。

资料来源：正式调研数据。

表 4 - 27 显示，学术参与意向公共因子 AVE 值为 0. 646、大于 0. 5，CR 值为 0. 880、大于 0. 7，说明各项指标具有良好的聚合效度，学术参与意向量表克隆巴赫 Alpha 值均大于 0. 8，表明量表具有良好的内部一致性。

表 4 - 27　　　　　　学术参与意向量表的信度和效度

因子	题数	M	SD	Alpha	CR	AVE
因子 1	4	4. 372	0. 785	0. 876	0. 880	0. 646

资料来源：正式调研数据。

4. 4. 2. 5　学术参与心理影响因素量表验证性因子分析

由表 4 - 28 可知，本次针对 4 个因子、16 个题项进行验证性因子分析（CFA）分析。有效样本为 716 个，总量超过分析题项的 44 倍，可以满足验证性因子分析要求。

表 4 - 28　　　　　　心理影响因素量表基本信息

因子	数量
因子 1	5

续表

因子	数量
因子2	5
因子3	3
因子4	3
汇总	16
分析样本量	716

资料来源：探索性因子分析结果和正式调研数据。

表4-29显示，各个题项显著水平 $p < 0.001$，标准化因子载荷系数多数大于0.7，最低值为0.645、最高值为0.912，说明因子与题项之间对应关系良好，聚合效度较好。

表4-29　　　　　　　因子载荷系数表（心理影响因素）

因子	分析项	非标准载荷系数	标准误	Z	p	标准载荷系数
F1	PBC1	1.000	0.000	—	—	0.792
	PBC2	1.044	0.040	25.913	0.000	0.847
	PBC3	1.149	0.059	19.356	0.000	0.839
	PBC4	1.093	0.087	12.512	0.000	0.729
	PBC5	1.038	0.091	11.444	0.000	0.645
F2	ATT1	1.000	0.000	—	—	0.704
	ATT2	1.142	0.117	9.772	0.000	0.766
	ATT3	0.978	0.087	11.243	0.000	0.747
	ATT4	1.364	0.114	11.963	0.000	0.866
	ATT5	1.206	0.119	10.170	0.000	0.802
F3	SN1	1.000	0.000	—	—	0.912
	SN2	0.914	0.041	22.258	0.000	0.867
	SN3	0.676	0.055	12.340	0.000	0.658
F4	SN4	1.000	0.000	—	—	0.746
	SN5	0.950	0.071	13.295	0.000	0.705
	SN6	0.922	0.093	9.870	0.000	0.730

资料来源：正式调研数据。

图 4-4 显示，心理影响因素中各题项与公共因子之间具有较好的依存关系。

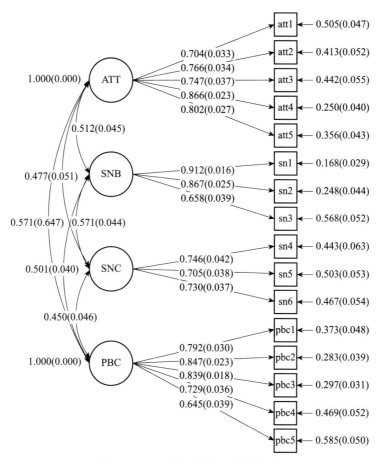

图 4-4 心理影响因素四因子模型

资料来源：正式调研数据。

本步骤除了检验探索性因子分析阶段构建的四因子模型，还提出了一个单因子竞争模型，所有题项放入 1 个因子，因为量表中各个题项都聚焦于个体心理特征对学术参与意向的影响，可能仅测度了心理变量的一般概念；二因子模型，态度维度 ATT1、ATT2、ATT3、ATT4、ATT5 和知觉行为控制维度 PBC1、PBC2、PBC3、PBC4、PBC5 载荷于同一因子当中，主观规范 SN1、SN2、SN3、SN4、SN5、SN6 载荷于另一因子，这是因为前两个维度更多体现个体认知，而主观规范偏向于外在社会影响；三因子模型，态度维度 ATT1、ATT2、ATT3、ATT4、ATT5 和知觉行为控制维度 PBC1、PBC2、PBC3、PBC4、PBC5 分别载荷于不同因子当中，主观规范 SN1、SN2、SN3、SN4、SN5、SN6 载荷于另一因子。

表 4-30 显示，单因子模型拟合效果不好，二因子模型较单因子模型各项指标虽有所改善，但均未达标，说明所有的题项不可归入一个或两个因子；三因子模型 SRMR 和 RMSEA 检验结果满足基本要求，但多数指标仍未达标，模型拟合效果不佳；四因子模型各项拟合指标均已达到基本要求，模型拟合效果良好。比较以上竞争模型检验结果可以发现，理论构念之间有明确的语义区分、具有良好的区别效度。

表 4-30 竞争模型的拟合指数（心理影响因素）

指标	χ^2	df	χ^2/df	CFI	TLI	AIC	BIC	SRMR	RMSEA
Baseline	2531.122***	120	21.093	—	—	—	—	—	—
单因子	1071.788***	104	10.306	0.599	0.537	25028.607	25246.019	0.113	0.117
二因子	861.671***	103	8.366	0.685	0.633	24328.196	24550.138	0.095	0.104
三因子	471.202***	101	4.665	0.846	0.818	23354.614	23585.614	0.064	0.073
四因子	267.170***	98	2.726	0.938	0.903	23093.566	23338.154	0.054	0.063
判断标准	—	—	<3	>0.90	>0.90	越小越好	越小越好	<0.08	<0.08

注：*** 表示 p < 0.001。
资料来源：正式调研数据。

研究还对学术参与心理影响因素量表进行了信效度检验，表 4-31 显示，学术参与心理影响因素全量表以及各维度的克隆巴赫 Alpha 值、组合信度 CR 均大于 0.7，表明量表具有良好的内部一致性；4 个因子的平均变异萃取量 AVE 均在 0.5 以上，表明量表具有良好的汇聚效度；各因子 AVE 的平方根均大于对应相关系数，因子之间的相关系数也均低于 0.7，相关系数 95% 置信区间分别为 0.498 ~ 0.644、0.424 ~ 0.579、0.423 ~ 0.600、0.361 ~ 0.540、0.377 ~ 0.576、0.561 ~ 0.732，均没有包含 1，说明各因子之间区别效度较好。

表 4-31 心理影响因素量表的信度和效度

因子	因子 1（知觉行为控制）	因子 2（态度）	因子 3（规范信念）	因子 4（顺从动机）	全量表（心理影响因素）
题数	5	5	3	3	16

续表

因子		因子 1 （知觉行为控制）	因子 2 （态度）	因子 3 （规范信念）	因子 4 （顺从动机）	全量表 （心理影响因素）
M		3.789	4.393	4.048	3.892	4.045
SD		0.999	0.793	0.953	0.823	0.893
Alpha		0.860	0.873	0.826	0.751	0.904
CR		0.881	0.855	0.858	0.771	0.818
AVE		0.599	0.598	0.672	0.529	0.529
相关	因子 1	(0.774)	—	—	—	—
	因子 2	0.571 ***	(0.773)	—	—	—
	因子 3	0.501 ***	0.512 ***	(0.820)	—	—
	因子 4	0.450 ***	0.477 ***	0.647 ***	(0.727)	—

注：*** 表示 $p < 0.001$，括号内数值为 AVE 的平方根。
资料来源：正式调研数据。

4.4.2.6　学术参与组织环境量表验证性因子分析

由表 4 – 32 可知，本次针对组织环境的 2 个因子、14 个题项进行验证性因子分析（CFA）分析。有效样本为 716 个，总量超过分析题项的 51 倍，可以满足验证性因子分析要求。

表 4 – 32　　　　　　　　　　组织环境量表基本信息

因子	数量
因子 1	11
因子 2	3
汇总	14
分析样本量	716

资料来源：探索性因子分析结果和正式调研数据。

表 4 – 33 显示，各个题项显著水平 $p < 0.001$，标准化载荷系数多数大于 0.7，最低值为 0.513（DEP4）、最高值为 0.890。其中，DEP4 标准化因子载荷最低，仅为 0.513，具体内容为"所在学校学术参与管理部门的工作人员经验丰富、专业水平高"，部门设置变量其他题项因子载荷均在 0.84 以上，DEP4 与其他题项呈现分化趋势、缺乏一致性，为进一步提高聚合效度和公共因子的代表性，经课题组成员讨论将题项 DEP4 删除。

表 4 – 33 因子载荷系数表（组织环境）

因子	分析项	非标准载荷系数	标准误	Z	p	标准载荷系数
CS	CS1	1.000	0.000	—	—	0.818
	CS2	0.969	0.056	17.162	0.000	0.778
	CS3	0.878	0.075	11.668	0.000	0.679
RS	RS1	1.000	0.000	—	—	0.797
	RS2	1.128	0.056	20.186	0.000	0.868
	RS3	1.116	0.055	20.333	0.000	0.849
	RS4	0.806	0.065	12.475	0.000	0.638
DEP	DEP1	1.000	0.000	—	—	0.851
	DEP2	0.999	0.037	26.856	0.000	0.866
	DEP3	0.956	0.040	23.648	0.000	0.842
	DEP4	1.016	0.050	20.270	0.000	0.513
FAC	CS	1.000	0.000	—	—	0.840
	RS	1.190	0.075	15.792	0.000	0.982
	DEP	1.223	0.079	15.399	0.000	0.884
ES	ES1	1.000	0.000	—	—	0.836
	ES2	1.144	0.044	26.043	0.000	0.890
	ES3	1.110	0.048	23.018	0.000	0.887

资料来源：正式调研数据。

图 4 – 5 显示，除 DEP4 之外，组织因素公共因子与各题项的标准化路径系数较高，说明各题项与公共因子具有较好依存关系。

针对组织环境，研究同样建立若干竞争模型，在比较分析中对探索性因子分析获取的两因子模型做进一步验证：单因子模型中，所有因子载荷于 1 个因子之上，因为 14 个题项同属于组织环境概念范畴；二因子模型中又分为两个竞争模型，二因子—1 模型按照探索性因子分析结论，将分配制度、规范制度和部门设置纳入同一公共因子易用条件当中，评价制度单独作为一个因子，二因子—2 模型将所有的分配制度、规范制度和评价制度纳入同一公共因子当中，作为制度环境因素，部门设置作为一个独立因子；三因子模型中也包括两个竞争模型，三因子—1 模型将分配制度、规范制度纳入一个公共因子当中，将部门设置、评价制度各自单独作为一个因子，

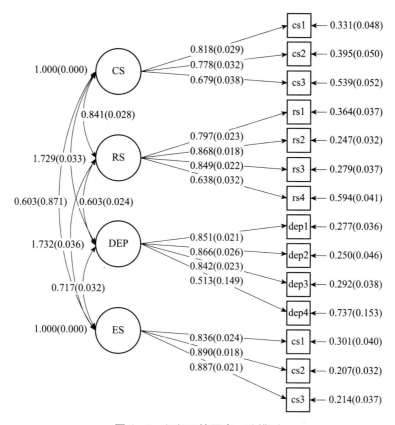

图 4 - 5　组织环境因素一阶模型

资料来源：正式调研数据。

三因子—2 模型将分配制度和评价制度纳入同一公共因子当中，作为激励制度因子，规范制度、部门设置各自单独作为一个因子；四因子模型，按照初始量表中各个变量的最初维度进行划分；二阶模型是在公共因子易用条件和公共因子评价制度的基础上建立高阶模型。

表 4 - 34 显示，单因子模型检验结果的多数指标不符合要求，说明评价制度 ES、分配制度 CS、规范制度 RS 和部门设置 DEP 不属于同一因子；一般管理问题研究，将分配制度 CS 和评价制度 ES 作为组织激励措施，认为二者具有共同属性，而本书竞争性模型二因子—1 模型和二因子—2 模型、三因子—1 模型和三因子—2 模型结果比较显示，当将评价制度 ES 和分配制度 CS 载荷于同一公共因子中时，模型拟合效果明显恶化，表明不可将 ES和 CS 归为一类因素。人际行为理论为检验结果的解析提供了可靠的依

据：分配制度 CS、规范制度 RS 和部门设置 DEP 作为便利条件为高校教师学术参与提供了指导和资源支持，降低了学术参与的成本，而评价制度 ES 虽有激励性作用，但并没有使学术参与行为变得更加容易和便捷；多个竞争模型中，一阶四因子模型和二阶模型拟合效果最佳，各项指标基本达到要求，但是二阶模型更多体现各因子之间的相关性，具有充分的理论依据，且可以简化模型，所以研究采用二阶模型。

表 4 - 34　　　　　　　　　竞争模型的拟合指数（组织环境）

指标	χ^2	df	χ^2/df	CFI	TLI	AIC	BIC	SRMR	RMSEA
Baseline	2662.214	78	34.131	—	—	—	—	—	—
单因子	544.629 ***	65	8.379	0.814	0.777	20896.765	21073.412	0.068	0.104
二因子—1	321.464 ***	64	5.023	0.900	0.879	20326.181	20507.358	0.050	0.077
二因子—2	477.366 ***	64	7.459	0.840	0.805	20694.338	20875.515	0.064	0.097
三因子—1	233.944 ***	62	3.773	0.933	0.916	20105.537	20295.773	0.044	0.064
三因子—2	412.952 ***	62	6.660	0.864	0.829	20516.907	20707.142	0.076	0.091
四因子	181.215 ***	59	3.071	0.953	0.937	19988.219	20192.043	0.038	0.055
二阶	180.345 ***	61	2.956	0.953	0.937	19987.939	20192.704	0.040	0.055
判断标准	—	—	<3	>0.90	>0.90	越小越好	越小越好	<0.08	<0.08

注：*** 表示 p < 0.001。
资料来源：正式调研数据。

研究用 Mplus 7.4 得到的二阶模型，如图 4 - 6 所示，分配制度 CS、规范制度 RS 和部门设置 DEP 对于公共因子 FAC 具有高度依存性，各因子与 FAC 间的标准化路径系数均大于 0.8，说明公共因子易用条件 FAC 反映 CS、RS 和 DEP 多数信息。

研究还对学术参与组织环境量表信效度做进一步检验，表 4 - 35 显示，学术参与组织环境量表以及各维度的克隆巴赫 Alpha 值均大于 0.8，组合信度 CR 也均大于 0.8，表明量表具有良好的内部一致性；3 个因子的平均变异萃取量 AVE 均在 0.7 以上，表明量表具有良好的汇聚效度；AVE 的平方根均大于因子相关系数，二因子之间的相关系数为 0.755、低于 0.85，相关系数 95% 置信区间为 0.689 ~ 0.821，没有包含 1，说明各因子之间相关的同时具有较好区分度。

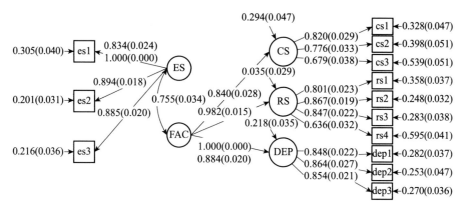

图 4－6　组织环境二阶模型

资料来源：正式调研数据。

表 4－35　　　　　　　　　　组织环境量表的信度和效度

因子	因子 1 （易用条件）	因子 2 （评价制度）	全量表 （组织环境）
题数	11	3	17
M	3.594	3.554	3.585
SD	1.122	1.191	1.136
Alpha	0.930	0.892	0.941
CR	0.927	0.933	0.923
AVE	0.809	0.822	0.751
相关　因子 1	(0.899)		
相关　因子 2	0.755 ***	(0.907)	

注：*** 表示 $p < 0.001$，括号内数值为 AVE 的平方根。
资料来源：正式调研数据。

4.5　本章小结

　　本章围绕研究主题和理论模型选择数据收集方法、对变量进行操作化定义、编制量表，之后利用初始量表进行预调研、探索性因子分析，并根据检验结果和专家建议对初始量表进行修订；然后，利用修订后的量表进行大规模调研、验证性因子分析、信度和效度检验，根据检验结果对因子结构进行再次调整。本章编制开发的量表为下一步高质量的数据分析提供了可靠的测量工具。

第 5 章

高校教师学术参与行为实证分析

本章的主要任务是利用样本数据对理论模型进行验证、总结研究结果，为后期管理建议提供可靠的依据：首先对样本结构及学术参与活动概况进行总体统计分析，对比不同学科高校教师学术参与行为，确定分学科研究的必要性；然后，选取实证分析方法，论证比较研究、多水平分析的可行性；在此基础上，分学科构建多水平结构方程模型、检验假设，揭示自然科学学科和人文社会科学学科高校教师学术参与意向、行为的生成逻辑，检验学术参与意向和学术参与行为的一致性，验证评价制度、易用条件的调节效应；最后，对比不同学科的实证研究结果，揭示学术环境对于高校教师学术参与行为的作用路径。

5.1 样本结构与学术参与活动概况

5.1.1 样本结构分析

研究在正式调研基础上，进一步收集数据，按照每个学科（自然科学或人文社会科学）、单组（每所高校）样本 5 个以上的标准（Cora J M Maas & Joop J Hox，2005），筛选数据。截至 2019 年 9 月底，共获取华东地区 42 所高校的 775 个样本，其中，人文社会科学学科 357 个样本、自然科学学科 418 个样本。调研对象覆盖"985"、"211"、双非一本院校、二本院校、高职专科院校各类院校，其中包括 19 所"985""211"高校，11 所双非一本重点院校、8 所二本院校、4 所高职专科院校。本书对样本结构进行了分析，结果如表 5 - 1 所示。

表 5 - 1　　　　　　　　　　　　　　样本结构

题项	类别	人数（人）	占比（％）	题项	类别	人数（人）	占比（％）
性别	男	505	65.161	职称	初级	86	11.097
	女	270	34.839		中级	214	27.613
产学合作经历	有	587	75.742		副高	290	37.419
	无	188	24.258		正高	185	23.871

资料来源：正式调研数据。

表 5 - 1 显示，样本中男性教师居多，占 65.161%；多数教师有过产学经历，占比 75.742%；调研对象中高级职称居多，其中副高职称样本占比 37.419% 、正高职称样本占比 23.871% 。

5.1.2　调研样本学术参与活动概况

研究主要针对高校教师 10 种学术参与行为进行了调研：与企业合作项目、企业委托项目、与企业联合申请并合作研发政府资助项目、技术服务、在企业兼职、企业员工培训、非正式技术建议、参与产业主办或产学合办的论坛和会议、与企业员工联合发表学术论文、与产业界联合申请专利。

博兹曼和高根（Bozeman B & Gaughan M，2007），贝克尔斯和博达斯·弗雷塔斯（Bekkers R & Bodas Freitas I，2008），佩克曼、金和帕夫林（Perkmann M，King Z & Pavelin S，2011）的研究表明，自然科学学科与人文社会科学学科产学知识转移渠道存在明显差异。据此，本书对自然科学学科与人文社会科学学科样本进行分类[1][2]统计。调研结果显示，自然科学

---

[1]　格拉汉姆（R. Graham，1981）自然科学是以人和自然界为对象的系统研究。哈耶克（2003）指出，社会科学研究的对象为人与物、人与人之间的关系，目的是解释人的行为及其结果；人文学科是以人本身及其信仰、心态、审美、价值等精神元素为研究对象的科学总称。

[2]　根据《大不列颠百科全书》、联合国教科文组织出版的《社会及人文科学研究中的主流》，人文社会科学包括经济学、社会学、政治学、人类学、心理学、地理学、教育学、历史学、人口学、语言学、人类学、艺术及艺术科学、法学、哲学；自然科学包括数学、物理学、化学、天文学、地理学、生物学等。

学科与人文社会科学学科教师学术参与的模式和频率确实存在较大差异，与以上研究的结论一致。

5.1.2.1 人文社会科学学科高校教师学术参与行为统计分析

由于研究对象和目的的差异，不同学科学术参与机会存在差异。相对而言，语言学、教育学、哲学学科高校教师与产业互动的机会非常有限，多数教师没有产业参与经历。因此，本书主要专注于分析经济学、管理学、法学、心理学学科教师的学术参与行为，收集的 357 个人文社会科学学科样本中主要包括经济学、金融学、会计学、市场营销、企业管理、国际贸易、物流管理、管理科学与工程、公共管理、应用心理学、法学等学科教师。

本书通过学术参与指数描述高校教师学术参与活跃程度，指数的构建参考塔尔塔里、佩克曼和萨尔特（Tartari V, Pperkmann M & Salter A, 2014）、博兹曼和高根（Bozeman B & Gaughan M, 2007）的研究，具体编码见表 5 – 2。

表 5 – 2　　　　　　　　　　　学术参与行为编码

量表选项（参与次数）	0 次	1 ~ 2 次	3 ~ 5 次	6 ~ 9 次	≥10 次
是否发生（b_{nj}）	0	1	1	1	1
发生次数（T_{nj}）	0	1.5	4	7.5	10

资料来源：Tartari V, Perkmann M, Salter A. In good company: The influence of peers on indus-try engagement by academic scientists [J]. Research Policy, 2014, 43 (7): 1189 – 1203; Bozeman B, Gaughan M. Impacts of grants and contracts on academic researchers' interactions with industry [J]. Research Policy, 2007 (36): 694 – 707.

$$b_j = \sum_{n=1}^{N} b_{nj} \qquad (5-1)$$

$$T_j = \sum_{n=1}^{N} T_{nj} \qquad (5-2)$$

其中，j 代表学术参与的种类，n 代表第 n 个样本，N 代表样本总量，b_{nj} 表示第 n 个样本是否实践过第 j 种学术参与行为，$b_{nj}=0$ 表示第 n 个样本没有实践第 j 种学术参与行为、$b_{nj}=1$ 表示第 n 个样本实践了第 j 种学术参与行为，b_j 表示第 j 种学术参与行为的参与人数；T_{nj} 表示第 n 个样本第 j 种学术参与行为的频次，T_j 表示第 j 种学术参与行为累计发生次数。

　　研究依据公式（5－1）计算近两年人文社会科学学科各类学术参与行为的实际参与人数，并据此作图5－1。图5－1显示，人文社会科学学科各类学术参与行为中，教师参与率分布不均。其中，为企业提供非正式建议的教师人数最多，共计262人；联合申请专利的人数最少，只有51人。技术服务、企业培训、非正式建议、参会等"知识传播型学术参与行为"参与率更高，"创新型学术参与行为"参与率偏低。总体而言，人文社会科学学科各类学术参与行为的教师参与率不高，多数学术参与行为的教师参与率①不足50%，最低只有14.286%。

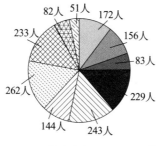

82人　51人　172人
233人　156人
83人
262人
229人
144人　243人

□ 合作研究　　　　▨ 合同项目　　　　■ 联合申请政府项目
■ 技术服务　　　　▨ 企业培训　　　　▨ 企业兼职
▨ 非正式建议　　　▨ 参加会议或论坛　▨ 合作学术论文
▨ 联合申请专利

图5－1　各类学术参与行为的参与人数（人文社会科学）

资料来源：正式调研数据。

　　研究依据公式（5－2）计算近两年人文社会科学学科各类学术参与行为的累计发生次数，并据此作图5－2。图5－2显示，人文社会科学学科教师各类学术参与行为的累计发生次数存在较大差异，非正式建议累计发生次数最多，共计703次，联合申请专利频次最少，只有109次。各类行为发生次数呈现非均衡性，创新型学术参与行为发生频率较低，知识传播型学术参与行为发生频率较高。调研中还发现，人文社会科学学科教师个体之间存在较大差异，单样本各类学术参与行为累计发生次数最小值为0、最大值为50.5、均值为11.518、标准差为9.886，说明少数样本与产业界互动较为频繁，拉高了总体平均值，样本参与次数存在差异性。

---

　　①　参与率＝参与人数÷样本总数。

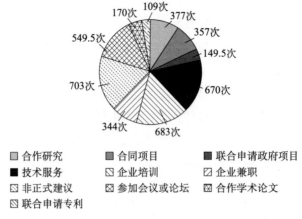

图 5-2　各类学术参与行为累计发生次数（人文社会科学）

资料来源：正式调研数据。

5.1.2.2　自然科学学科高校教师学术参与行为统计分析

研究收集的 418 个自然科学学科样本中主要包括数学、机械设计、电气工程、采矿工程、物联网、通信与信息工程、食品、计算机、农业、化学、土木工程、桥梁工程、材料学科、水利水电工程等学科教师。

研究依据公式（5-1）计算近两年自然科学学科各类学术参与行为的实际参与人数，并据此作图 5-3。图 5-3 显示，自然科学学科各类学术参与行为的参与人数比较均衡。相对而言，合作研究、合同项目、技术服务、非正式建议、会议和论坛参与者更多，各类行为参与人数为 238～325 人，参与率为 56.938%～77.751%，说明各类学术参与只是部分教师的行为（自然科学学科样本总量为 418 人），但是参与率明显高于人文社会科学学科高校教师。

研究依据公式（5-2）计算近两年自然科学学科各种学术参与行为的累计发生频次 T_j，并据此作图 5-4。图 5-4 显示，自然科学学科教师的学术参与模式多样化，各类学术参与行为累计发生次数差别不大，比较均衡。相对而言，合作研究、技术服务、非正式建议、参加会议论坛的累计发生频次更多。调研中还发现，自然科学学科教师个体之间存在较大差异，单样本各类学术参与行为累计发生次数的最小值为 0、最大值为 65.6、均值为 18.837、标准差为 13.688。由此可见，学术参与行为主要集中于部分教师群体。

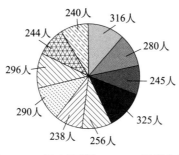

图 5 – 3　各类学术参与行为的参与人数（自然科学）

资料来源：正式调研数据。

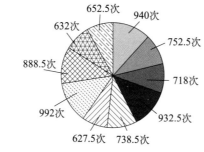

图 5 – 4　各类学术参与行为累计发生次数（自然科学）

资料来源：正式调研数据。

　　综上所述，自然科学与人文社会科学学科高校教师学术参与行为的模式和频度存在明显差异。首先，人文社会科学学科教师创新型学术参与行为较少，更加青睐于知识传播型学术参与行为，而自然科学学科教师学术参与模式更为多样化。其次，人文社会科学学科教师参与率明显低于自然科学学科教师，自然科学学科产学互动更为活跃。据此，本书认为，学科属性是高校教师学术参与行为的重要影响因素，有必要分学科研究学术参与行为机理。

5.2 实证分析方法的选取

5.2.1 分组回归

对于类别变量的调节效应，温忠麟、刘红云和侯杰泰（2012）建议通过分组回归的方式进行验证，即对样本进行分组的基础上在各组内分别进行回归，若各组回归系数显著不同，则调节效应显著。学科门类属于类别变量，本书将样本分为自然科学与人文社会科学两组，依据温忠麟等（2012）的观点，分别构建自然科学学科和人文社会科学学科结构方程模型，通过两组路径系数的比较分析，验证学科属性的调节效应。

5.2.2 多水平模型

部分学者对高校教师产业参与行为进行了研究，大多是基于个体层面探讨性别、职称、动机、科研能力、社会资本等个体特征对行为的作用，也有部分文献探讨高校环境对个体行为的影响，但是尚未发现"跨层分析组织环境对于高校教师学术参与意向和行为关系的调节作用"的相关研究。

学术参与行为嵌套于不同的高校组织当中，本书主要基于高校管理视角探讨学术参与意向、行为的形成机理，研究主题决定我们需要面对不同层面的变量。如果使用一般的回归方法分析嵌套数据必然存在多种局限性：来自同一单元的研究对象受到同类因素影响，具有高度相关性，破坏了 OLS 残差独立假定，由于标准误估计偏低，容易降低统计效力，从而增加第一类错误的可能性；忽略数据嵌套结构特征，会浪费数据中的有用信息；此外，当分析单位与推论单位分属于不同层面时，用一个层面数据分析结果推导另一层面的结论，这实际上就犯了方法上的"生态谬误"（王孟成、毕向阳，2018）。基于此，研究利用 Mplus 7.4 软件实现多水平分析。

数据显著组内相关是进行多水平分析的前提，建立空模型的目的之一就是计算 ICC 和 deff 值，论证建立多水平模型的必要性。

零模型 0 – 1：

$$Level – 1：学术参与行为 = \beta_{0j} + \varepsilon_{ij}$$

$$Level – 2：\beta_{oj} = \gamma_{00} + \mu_{oj}$$

零模型 0 – 2：

$$Level – 1：学术参与意向 = \beta_{0j} + \varepsilon_{ij}$$

$$Level – 2：\beta_{oj} = \gamma_{00} + \mu_{oj}$$

其中，$\varepsilon_{ij} \sim N(0, \sigma^2)$，$\mu_{0j} \sim N(0, \tau_{00})$ 且 $Cov(\varepsilon_{ij}, \mu_{0j}) = 0$。

$$ICC = \frac{\sigma_b^2}{\sigma_w^2 + \sigma_b^2} \qquad (5 – 3)$$

其中，σ_b^2 代表组间方差、σ_w^2 代表组内方差，$\sigma_b^2 + \sigma_w^2$ 为总方差。科恩（Cohen I，1977）指出，ICC 大于 0.059 时组内相关就不能忽略，有必要进行多水平分析。

$$deff = 1 + (组群平均规模 – 1) \times ICC \qquad (5 – 4)$$

是否进行多水平分析，还要考虑设计效应（deff），萨托拉和马森（Satorra A & Muthén B，1995）指出，设计效应大于 2 时应该进行多水平分析。

同一高校当中，教师学术参与意向和行为可能存在相似性，因此有必要进行组内相关性分析，以确定是否需要进行多水平分析。

表 5 – 3 显示，人文社会科学学科高校教师学术参与行为（BE）的组间方差贡献率 ICC 为 18.5%，学术参与意向（IE）的 ICC 值为 19.7%，均大于临界值 5.9%；学术参与行为（BE）的 deff 值为 3.017、学术参与意向（IE）的 deff 值为 3.146，均大于临界值 2，说明人文社会科学学科高校教师学术参与意向和行为的研究有必要采用多水平分析方法。

表 5 – 3 学术参与意向和学术参与行为变量的组内相关分析与设计效应分析
（人文社会科学）

评价指标	σ_w^2	σ_b^2	族群平均规模	ICC	deff
BE	0.295	0.067	11.900	0.185	3.017
IE	0.363	0.089	11.900	0.197	3.146

资料来源：正式调研数据。

表 5 – 4 显示，自然科学学科高校教师学术参与行为（BE）的 ICC 值为 55.4%、学术参与意向（IE）的 ICC 值为 49.7%，均大于临界值 5.9%；学术参与行为（BE）的 deff 值为 6.540、学术参与意向（IE）的 deff 值为

5.970，均大于临界值 2，说明自然科学学科高校教师学术参与意向和行为的研究有必要进行多水平分析。

表 5 – 4 学术参与意向和学术参与行为变量的组内相关分析与设计效应分析（自然科学）

评价指标	σ_w^2	σ_b^2	族群平均规模	ICC	deff
BE	0.287	0.357	11.000	0.554	6.540
IE	0.223	0.220	11.000	0.497	5.970

资料来源：正式调研数据。

此外，普里彻、张和塞弗（Preacher K J，Zhang Z & Zyphur M J，2011），李和贝雷特瓦斯（Li X & Beretvas S N，2013）的研究表明，相对于 MLM（multilevel model）而言，MSEM（multilevel structural equation model）不仅可以降低中介效应分析中的偏差，其 95% 置信区间覆盖率指标表现也更优，而多水平中介效应分析中 MSEM 提供的模型拟合指数还可以用于模型拟合程度的评价。本书理论模型以中介效应为核心，因此本书的假设检验选用多水平结构方程模型。

研究基于调研数据，采用 Mplus 7.4 构建多水平结构方程模型（multi-level structural equation model，MSEM），对前面构建的高校教师学术参与行为理论模型及其假设进行验证。

5.3 研究一：人文社会科学学科教师
学术参与行为生成机理分析

研究按照组内样本 5 个以上标准（Cora J M Maas & Joop J Hox，2005）进行样本筛选，人文社会科学学科共获取 30 所高校的 357 个样本。本部分首先分析样本人口结构、变量均值、方差和因子相关性，为后期研究做准备；然后，检验样本数据的正态性，据此确定多水平结构方程的估计方法；再者，对评价制度、易用条件和主观规范变量进行聚合效应检验，据此判断被试对于所在高校的评价制度和易用条件是否具有共同认知；最后，构建多水平结构方程模型，对学术参与行为理论模型和研究假设进行验证。

5.3.1　人文社会科学学科模型变量描述性统计与正态检验

5.3.1.1　样本结构与相关性矩阵

表 5 - 5 显示，人文社会科学学科样本中男性教师居多，占 60.504%；调研对象中高级职称教师居多，副高和正高样本总量达到 57.983%；由于样本职称级别较高，多数教师有过产学经历，占比 68.906%。

表 5 - 5　　　　　　　　人文社会科学学科样本结构

题项	类别	人数（人）	占比（%）	题项	类别	人数（人）	占比（%）
性别	男	216	60.504	职称	初级	46	12.885
	女	141	39.496		中级	104	29.132
产学合作经历	有	246	68.906		副高	137	38.375
	无	111	31.092		正高	70	19.608

资料来源：正式调研数据。

研究在因子分析的基础上，对于创新型学术参与行为 BEI、传播型学术参与行为 BED 固定相同因子负荷，再次提取公共因子 BE，建立二阶模型，以此作为 10 种学术参与行为的综合性代表指标。

表 5 - 6 显示，人文社会科学 BEI 均值（创新型学术参与行为）明显低于 BED 均值（传播型学术参与行为），且行为发生频次总体较低，BEI 均值仅为 0.420，BED 均值为 1.11；依据学术参与行为测评标准及表 5 - 2 编码方式，人文社会科学学科高校教师过去两年每人创新型学术参与行为发生不到 1 次，知识传播型学术参与行为发生不到 2 次，这可能是因为学科专业的限制，人文社会科学学科高校教师很少有机会与企业合作研发、接受企业委托项目、联合申请政府资助项目及联合申请专利，主要是以提供技术咨询服务、培训、参会的方式与产业互动；高校教师参与意向较高、态度较为积极，平均值在 4.5 以上；教师感知到的领导、同事期望较高，规范信念和顺从动机均值分别为 4.171、4.050；相对而言，学术参与知觉行为控制均值偏低，仅为 3.786，表示教师对于自身学术参与能力的信心不足；教师对于学校的评价制度、相关分配制度和规范制度、部门设置评分一般，ES 和 FAC 均值皆为 3.6；调研中一般本科学院较多，17U_sty 均值为 1.622，样本以男性高校教师为主，性别 sex 均值为 0.605，高级职称样本居多，职

表5-6　学术参与模型变量均值、标准差与相关性分析（人文社会科学）

变量	Mean	SD	1BEI	2BED	3BE	4IE	5ATT	6SNb	7SNc	8PBC	9ES	10CS	11RS	12DEP	13FAC	14sex	15title	16expe
1BEI	0.420	0.677	(0.868)															
2BED	1.110	1.034	0.625***	(0.863)														
3BE	0.696	0.838	0.901***	0.901***	(0.947)													
4IE	4.454	0.748	0.044	0.247***	0.162***	(0.914)												
5ATT	4.504	0.726	0.040	0.179***	0.122**	0.779***	(0.889)											
6SNb	4.171	0.834	0.149***	0.222***	0.206***	0.079	0.416***	(0.870)										
7SNc	4.050	0.799	0.006	0.032	0.021	0.032	0.236***	0.576***	(0.741)									
8PBC	3.786	0.930	0.284***	0.451***	0.408***	0.058	0.453***	0.509***	0.306***	(0.915)								
9ES	3.677	0.569	0.153**	0.176***	0.182***	0.085+	0.083+	0.421***	0.284***	0.105*	(0.884)							
10CS	3.606	0.636	0.148**	0.199***	0.192***	0.113*	0.101*	0.443***	0.308***	0.190***	0.760***	(0.925)						
11RS	3.625	0.560	0.229***	0.285***	0.285***	0.092*	0.015	0.334***	0.15**	0.128**	0.776***	0.738***	(0.894)					
12DEP	3.609	0.643	0.163***	0.207***	0.205***	0.087+	0.046	0.367***	0.226***	0.077+	0.726***	0.784***	0.908***	(0.959)				
13FAC	3.604	0.602	0.193***	0.246***	0.244***	0.104*	0.057	0.406***	0.242***	0.139**	0.713***	0.895***	0.946***	0.962***	(0.952)			
14sex	0.605	0.490	0.201***	0.334***	0.297***	0.083+	0.025	0.050	0.009	0.187***	0.035	0.039	0.133***	0.112*	0.102*			
15title	1.647	0.938	0.346***	0.549***	0.497***	0.115*	0.250***	0.182***	0.056	0.26***	0.102*	0.142**	0.155**	0.122**	0.149***	0.362***		
16expe	1.134	0.982	0.592***	0.728***	0.732***	0.236***	0.220***	0.196***	0.026	0.394***	0.064	0.102*	0.184***	0.083+	0.132***	0.344***	0.527***	
17U_sty	1.622	1.014	0.311***	0.307***	0.343+	-0.041	0.050	0.028	-0.044	0.034	0.129***	0.095*	0.111*	0.101*	0.110*	0.219***	0.403***	0.381***

注：+表示 $p<0.1$，*表示 $p<0.05$，**表示 $p<0.01$，***表示 $p<0.001$，括号内数字为 α 系数。

资料来源：正式调研数据。

称 title 均值为 1.647，教师产学合作经验很少，exper 均值为 1.134，各个变量标准差在 0.490 ~ 1.034 之间。

学术参与意向和学术参与态度高度相关且显著为正（r = 0.779，p < 0.001），与研究假设基本一致，为回归分析提供初步支持；学术参与意向和学术参与规范信念（r = 0.079，p > 0.1）、学术参与顺从动机（r = 0.032，p > 0.1）相关系数为正但不显著，说明二者和学术参与意向之间没有显著相关性；学术参与意向和学术参与知觉行为控制（r = 0.058，p > 0.1）相关性不显著，与假设检验结果一致。

学术参与意向和学术参与行为（r = 0.162，p < 0.001）虽显著相关，但相关系数小于 0.2，相关程度较低，学术参与意向不能充分解释学术参与行为的变异，可能还存在大量非意志因素影响学术参与行为；学术参与行为和知觉行为控制（r = 0.408，p < 0.001）显著正相关，相关系数大于 0.4，相关程度中等，与研究假设一致；评价制度（r = 0.182，p < 0.001）、易用条件（r = 0.244，p < 0.001）和学术参与行为显著正相关但相关程度较低，初步支持评价制度、易用条件对学术参与行为影响的间接性。

分配制度、规范制度和部门设置之间相关系数为 0.738 ~ 0.908，且 p < 0.001，说明三者之间密切相关，可以建立高阶模型，一阶因子与二阶因子易用条件的相关系数为 0.895 ~ 0.962，且 p < 0.001，说明易用条件对于三个因子具有强解释力，能够反映分配制度、规范制度和部门设置变量的多数信息。学术参与行为（BE）和创新型学术参与行为（BEI）、传播型学术参与行为（BED）相关程度极强且均衡，相关系数均为 0.901、显著性水平 p < 0.001，说明 BE 可以有效辨识 BEI 和 BED 大部分信息，构建的二阶模型具有较强合理性。

各潜变量 α 系数均大于 0.7，说明量表具有较好的内部一致性。

5.3.1.2　人文社会科学学科模型变量聚合检验

本书致力于分析制度、基础设施等组织环境对高校教师学术参与行为的引导作用，将高校评价制度、分配制度、规范制度和部门设置界定为组织层面因素。考虑到组内成员受到共同的领导以及同事间关系的重合性，可能导致组织成员对关键人物期望的共同认知，因此，研究预将规范信念和顺从动机作为情景因素提升至组织层面，进行聚合效应检验。

由于组织制度与基础设施、规范信念、顺从动机分值均由不同成员评价得出，在对数据进行平均化之前，需对以上变量的团队内部一致性 rwg 和组内相关系数 ICC1、ICC2[①] 进行检验分析，以判断是否可以将个体层面回答聚合到组织层面。检验结果如表 5-7 至表 5-10 所示。

表 5-7 显示，易用条件的组间均方与组内均方的差异显著（F（29，327）=5.052，p<0.001）。易用条件的 rwg 在 30 个高校中的均值为 0.951，取值在 0.76 以上，表明同一所高校中的教师对于学校易用条件的认知具有共享性。ICC（1）=0.254、ICC（2）=0.802，优于标准 ICC（1）>0.05 和 ICC（2）>0.50（James，1982）。因此，可以将个体层面的回答聚合到组织层面得到易用条件值。

表 5-7　　　　　　　　易用条件方差分析（人文社会科学）

层面	平方和	自由度	均方	F	显著性
组间	110.143	29	3.798	5.052	0.000
组内	245.857	327	0.752		
总计	356.000	356			

资料来源：正式调研数据。

表 5-8 显示，评价制度的组间均方与组内均方的差异显著（F（29，327）=2.760，p<0.001）。评价制度的 rwg 在 30 个高校中的均值为 0.904，最低值为 0.68，表明同一所高校中，教师对于组织评价制度的认知具有共享性。ICC（1）=0.129、ICC（2）=0.638，优于标准 ICC（1）>0.05 和 ICC（2）>0.50（James，1982）。因此，将个体层面的回答聚合到组织层面得到评价制度得分。

表 5-8　　　　　　　　评价制度方差分析（人文社会科学）

层面	平方和	自由度	均方	F	显著性
组间	69.998	29	2.414	2.760	0.000
组内	286.002	327	0.875		

---

① 组内方差 ssw、组内自由度 df、组间方差 ssb、组间自由度 df 计算 ICC1 和 ICC2：

ICC1：$(MSB - MSW) / \{MSB + [(k-1) \times MSW]\}$

ICC2：$(MSB - MSW) / MSB$

$MSB = ssb/df$，$MSW = ssw/df$；k = 平均组规模

rwg（j）= $J[1 - (m/2)] / \{J[1 - (m/2)] + m/2\}$，m 代表各项目观测方差的平均数，J 代表项目数量。

续表

层面	平方和	自由度	均方	F	显著性
总计	356.000	356			

资料来源：正式调研数据。

表 5 - 9 显示，规范信念的组间均方与组内均方的差异显著（F（29，327）＝6.678，p＜0.001）。规范信念的 rwg 在 30 个高校中的均值为 0.927，最小值为 0.700，表明同一所高校中，教师对于领导、同事期望的感知具有共享性。ICC（1）＝0.323、ICC（2）＝0.850，优于标准 ICC（1）＞0.05 和 ICC（2）＞0.50（James，1982）。因此，将个体层面的回答聚合到组织层面得到规范信念值。

表 5 - 9　　　　　　　规范信念方差分析（人文社会科学）

层面	平方和	自由度	均方	F	显著性
组间	132.415	29	4.566	6.678	0.000
组内	223.585	327	0.684		
总计	356.000	356			

资料来源：正式调研数据。

表 5 - 10 显示，顺从动机的组间均方与组内均方的差异显著（F（29，327）＝6.625，p＜0.001）。顺从动机的 rwg 在 30 个高校中的均值为 0.944，最小值为 0.75，表明同一所高校中，教师对于领导、同事建议的接受程度表现共同性。ICC（1）＝0.321、ICC（2）＝0.849，优于标准 ICC（1）＞0.05 和 ICC（2）＞0.50（James，1982）。因此，将个体层面的回答聚合到组织层面得到顺从动机值。

表 5 - 10　　　　　　　顺从动机方差分析（人文社会科学）

层面	平方和	自由度	均方	F	显著性
组间	131.759	29	4.543	6.625	0.0000
组内	224.241	327	0.686		
总计	356.000	356			

资料来源：正式调研数据。

5.3.1.3　人文社会科学学科样本数据正态性检验

多水平结构方程模型有多种估计方法，常见的方法主要有 MLR、ML、WL - SM（V）、WLS 和 BAYES。每种估计方法都有相应的使用条件，其中，

MLR 是较为通用的估计方法，适用于非正态数据；ML 适用于多元正态分布数据；WLSM（V）在模型复杂时运算速度较快，适用于类别变量和不完整数据；WLS 只有族群非常大的时候才可以使用；BAYES 在样本量小、迭代困难时适用（王孟成、毕向阳，2018）。

研究对样本数据进行了正态性检验，表 5 – 11 显示，偏度系数绝对值在 0.125 ~ 2.028 之间，峰度系数绝对值在 0.113 ~ 5.905 之间，基本服从正态分布；但变量平均值与标准差之比在 0.620 ~ 6.462 之间，部分变量小于 3.00；K-S、S-W 检验结果表明，各个变量均不服从正态分布（p < 0.001）。据此，人文社会科学学科的模型估计采用稳健极大似然估计 MLR。

表 5 – 11　　　　　　学术参与模型变量的正态性检验（人文社会科学）

变量	M/SD	偏度	峰度	K-S 统计值（df = 357）	K-S 显著性	s-W 统计值（df = 357）	s-W 显著性
1BEI	0.620	2.028	5.905	0.202	0.000	0.787	0.000
2BED	1.074	0.869	0.484	0.103	0.000	0.931	0.000
3BE	0.831	1.544	3.789	0.129	0.000	0.879	0.000
4IE	5.955	− 1.283	1.114	0.227	0.000	0.803	0.000
5ATT	6.204	− 1.209	0.693	0.218	0.000	0.810	0.000
6SNb	5.001	− 0.680	0.113	0.182	0.000	0.882	0.000
7SNc	5.069	0.306	2.796	0.184	0.000	0.915	0.000
8PBC	4.071	− 0.684	0.877	0.085	0.000	0.954	0.000
9ES	6.462	− 0.290	1.245	0.097	0.000	0.960	0.000
10FAC	5.987	0.125	− 0.273	0.096	0.000	0.979	0.000
11U_sty	1.600	0.226	− 0.803	0.243	0.000	0.889	0.000
12sex	1.236	− 0.432	− 1.824	0.395	0.000	0.62	0.000
13title	1.755	− 0.186	− 0.840	0.226	0.000	0.877	0.000
14exper	1.155	0.568	− 0.135	0.201	0.000	0.862	0.000

资料来源：正式调研数据。

5.3.2　人文社会科学学科学术参与计划行为模型

5.3.2.1　模型检验

为了提高模型拟合度，在理论模型的基础上，参考相关研究提出三个竞争模型，见表 5 – 12。

表 5 - 12　学术参与与计划行为模型（人文社会科学）

因变量	模型1 IE 组内	模型1 IE 组间	模型1 BE 组内	模型1 BE 组间	模型2 IE 组内	模型2 IE 组间	模型2 BE 组内	模型2 BE 组间	模型3 IE 组内	模型3 IE 组间	模型3 BE 组内	模型3 BE 组间
Level - 1												
IE			0.112 (0.078)				0.112 (0.078)				0.097 (0.071)	0.255 (0.155)
ATT	0.771*** (0.075)		0.172* (0.071)		0.766*** (0.073)		0.172* (0.072)		0.760*** (0.073)		0.158* (0.071)	
PBC	0.126 (0.111)		0.146*** (0.037)		0.138 (0.107)		0.146*** (0.037)		0.137 (0.107)		0.135*** (0.044)	
sex	0.147 (0.124)		0.012 (0.058)				0.014 (0.058)				0.011 (0.049)	
title	-0.127+ (0.069)		0.179*** (0.056)		-0.117+ (0.066)		0.179*** (0.056)		-0.114+ (0.065)		0.163** (0.052)	
exper	0.094+ (0.057)		0.426*** (0.073)		0.106+ (0.057)		0.426*** (0.073)		0.110+ (0.057)		0.389*** (0.097)	
Level - 2												
SNB		0.007 (0.216)				0.053 (0.210)				0.012 (0.217)		0.163 (0.208)
SNC		0.083 (0.195)				0.024 (0.186)				0.100 (0.191)		0.344+ (0.208)
U_sty		-0.096 (0.076)				-0.096 (0.075)				-0.096 (0.074)		0.058 (0.062)

续表

中介效应

因变量	模型1				模型2				模型3			
	IE		BE		IE		BE		IE		BE	
	组内	组间	组内	组间	组内	组间	组内	组间	组内	组间	组内	组间
ATT→IE→BE			0.087 (0.060)				0.086 (0.060)				0.074 (0.054)	
PBC→IE→BE			0.014 (0.017)				0.015 (0.017)				0.013 (0.015)	
SNB→IE→BE				0.001 (0.024)				0.006 (0.023)				0.001 (0.021)
SNC→IE→BE				-0.009 (0.024)				0.003 (0.021)				0.010 (0.022)

Model Fit

模型1		模型2		模型3	
χ^2 9.897	AIC 2116.237	χ^2 10.119	AIC 2119.128	χ^2 20.739	AIC 2185.257
df 5	BIC 2205.425	df 6	BIC 2200.560	df 11	BIC 2320.978
χ^2/df 1.979	SRMR-W 0.027	χ^2/df 1.687	SRMR-w 0.029	χ^2/df 1.885	SRMR-W 0.033
LL-H0 -1035.118	SRMR-B 0.009	LL-H0 -1038.564	SRMR-B 0.004	LL-H0 -1057.628	SRMR-B 0.172
LL-H1 -1025.739	CFI 0.989	LL-H1 -1026.503	CFI 0.990	LL-H1 -1039.817	CFI 0.980
RMSEA 0.052	TLI 0.952	RMSEA 0.044	TLI 0.967	RMSEA 0.050	TLI 0.940

注: + 表示 $p < 0.1$, * 表示 $p < 0.05$, *** 表示 $p < 0.01$, **** 表示 $p < 0.001$; 省略截距项; 括号内为内标准误 S. E.。

资料来源: 正式调研数据。

竞争模型 1 在计划行为理论的基础上，考察学术参与态度、知觉行为控制、主观规范对学术参与意向的影响作用，学术参与意向和学术参与行为的关系，知觉行为控制对于学术参与行为的作用，以及学术参与意向的中介效应。同时，依据阿扎格拉·卡罗、阿尔汉格尔斯克、阿沁塔基斯、古铁雷斯·格拉西亚（Joaquin M Azagra-Caro，Archontakis F & Gutiérrez-Gracia A，2006），博德曼（Boardman P C，2008），本特勒和斯佩克特（Bentler P M & Speckart G，1979），德斯特和帕特尔（D' Este P & Patel P，2007）的相关研究，将教师性别、职称、产学合作经验和高校类型分别作为 Level – 1、Level – 2 控制变量放入模型。

考虑到不显著变量对于模型拟合效果的影响，研究对于模型 1 中控制变量进行了反复调整，最终在竞争模型 1 的基础上删除学术参与意向模型中的性别变量，得到的竞争模型 2，χ^2/df、RMSEA、CFI 和 TLI 等多项拟合指标明显改善，说明人文社会科学中，性别对于高校教师学术参与意向没有显著作用。

竞争模型 3 在竞争模型 2 的基础上，进一步分析组间层面学术参与意向、规范信念、顺从动机、高校类型对于学术参与行为的影响作用。检验结果显示，除了顺从动机具有微弱负向作用之外，其余变量对于人文社会科学学科教师学术参与行为并没有显著作用，同时模型的各项指标拟合效果明显降低，这与表 5 – 2 中 BEI 检验结果相一致，主要是由于人文社科类高校教师创新型学术参与行为过少、组间差异过低，导致组间分析中以上变量对于学术参与行为整体影响不显著。

综合以上检验结果，各个模型与数据拟合较好，研究结论基本一致，相比较而言，模型 2 的拟合度更优。

5.3.2.2　假设检验

人文社会科学学科高校教师学术参与计划行为模型的检验结果（见图 5 – 5）显示，学术参与态度是学术参与意向的关键决定因素，学术参与规范信念、学术参与顺从动机和学术参与知觉行为控制对于学术参与意向的作用不显著，学术参与意向无法预测学术参与行为，学术参与知觉行为控制直接作用学术参与行为。

此外，实证结果还表明，性别和高校类型并没有对于高校教师学术参与

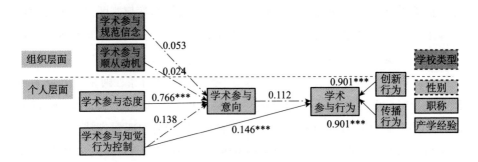

图 5 - 5　学术参与计划行为模型（人文社会科学）

注：*** 表示 p＜0.001；实线箭头代表作用显著，虚线箭头代表作用不显著。
资料来源：正式调研数据。

意向和行为产生影响，职称负向微弱影响教师学术参与意向（r = - 0.117，p＜0.1）、显著正向影响高校教师的学术参与行为（r = 0.179，p＜0.001）、产学合作经验正向微弱影响教师的学术参与意向（r = 0.106，p＜0.1）、显著正向影响教师的学术参与行为（r = 0.426，p＜0.001）。

（1）学术参与态度对于学术参与意向的影响。假设 H1 提出，学术参与态度显著正向影响学术参与意向。通过多水平结构方程检验研究假设 H1，组内在控制了性别、职称、产学合作经验、知觉行为控制变量后，结果如表 5 - 12 和图 5 - 5 所示，组内学术参与态度显著正向影响学术参与意向（r = 0.766，p＜0.001），假设 H1 得到验证。

（2）学术参与主观规范对于学术参与意向的影响。假设 H2 - 1 提出，学术参与规范信念显著正向影响学术参与意向。本书通过多水平结构方程模型检验研究假设 H2 - 1，在组间控制了高校类型变量之后，结果如表 5 - 12 和图 5 - 5 所示，学术参与规范信念对于学术参与意向的影响并不显著（r = 0.053，p＞0.1），假设 H2 - 1 在组织层面没有得到验证。

假设 H2 - 2 提出，顺从动机显著正向影响学术参与意向。通过多水平结构方程检验假设 H2 - 2，在控制了高校类型变量后，结果如表 5 - 12 和图 5 - 5 所示，组间顺从动机对于学术参与意向影响并不显著（r = 0.024，p＞0.1），假设 H2 - 2 在组织层面没有得到验证。

（3）学术参与知觉行为控制对于学术参与意向的影响。假设 H3 提出，学术参与知觉行为控制显著正向影响学术参与意向。通过结构方程模型检验研究假设 H3，组内在控制了性别、职称、产学合作经验、态度变量后，结果如表 5 – 12 和图 5 – 5 所示，学术参与知觉行为控制对于学术参与意向产生正向影响，但结果并不显著（r = 0.138，p > 0.1），假设 H3 在个体层面没有得到验证。

（4）学术参与意向对于学术参与行为的直接作用。假设 H4 提出，高校教师学术参与意向越高，越有可能实践学术参与行为。通过结构方程模型检验假设 H4，在组内控制了性别、职称、产学合作经验、学术参与态度、学术参与知觉行为变量之后，结果如表 5 – 12 和图 5 – 5 所示，组内学术参与意向对于学术参与行为具有正向影响但效果不显著（r = 0.112，p > 0.1），组间在控制了高校类型、规范信念、顺从动机之后，学术参与意向对于行为的影响也不显著（r = 0.255，p > 0.1），假设 H4 在组内和组间均没有得到验证。

（5）学术参与意向的中介作用。假设 H5 – 1 提出，学术参与态度通过学术参与意向间接影响学术参与行为，学术参与意向具有显著正向中介作用。如表 5 – 12 所示，学术参与意向对于学术参与态度和行为关系的中介效应不显著（r = 0.086，p > 0.1），假设 H5 – 1 没有得到验证。

假设 H5 – 2 提出，学术参与知觉行为控制通过学术参与意向间接影响学术参与行为，学术参与意向具有显著正向中介作用。如表 5 – 12 所示，学术参与意向对于学术参与知觉行为控制和学术参与行为关系的中介效应并不显著（r = 0.015，p > 0.1），假设 H5 – 2 没有得到验证。

假设 H5 – 3 提出，学术参与规范信念通过学术参与意向间接影响学术参与行为，学术参与意向具有显著正向中介作用。如表 5 – 12 所示，学术参与意向对于学术参与规范信念和学术参与行为关系的中介效应不显著（r = 0.006，p > 0.1），假设 H5 – 3 没有得到验证。

假设 H5 – 4 提出，学术参与顺从动机通过学术参与意向间接影响学术参与行为，学术参与意向具有显著正向中介作用。结果如表 5 – 12 所示，学术参与意向对于学术参与顺从动机和学术参与行为关系的中介效应不显著（r = 0.003，p > 0.1），假设 H5 – 4 没有得到验证。

研究依据舒鲁和博尔格（Shrout P E & Bolger N，2002）的建议，对于学术参与意向的中介效应进一步验证：如果 90% 置信区间和 95% 置信区间包括 0，则认为中介效应不显著；反之，如果置信区间不包括 0，则认为中介效应显著。

表 5 - 13 显示：学术参与态度通过学术参与意向影响教师学术参与行为的间接效应为 0.086，90% 置信区间为 [- 0.012，0.184]，包含 0，95% 置信区间 [- 0.031，0.203]，包含 0，表明学术参与意向在学术参与态度和学术参与行为之间的正向中介效应不显著；学术参与知觉行为控制通过学术参与意向影响学术参与行为的间接效应为 0.015，90% 置信区间为 [- 0.013，0.044]，包含 0，95% 置信区间为 [- 0.019，0.049]，包含 0，意味着学术参与意向在学术参与知觉行为控制和行为之间的正向中介效应不显著；学术参与规范信念通过学术参与意向影响教师学术参与行为的间接效应为 0.006，90% 置信区间为 [- 0.034，0.036]，包含 0，95% 置信区间为 [- 0.041，0.043]，包含 0，意味着学术参与意向在学术参与规范信念和学术参与行为之间的中介效应不显著；学术参与顺从动机通过学术参与意向影响教师学术参与行为的间接效应为 0.003，90% 置信区间为 [- 0.046，0.026]，包含 0，95% 置信区间为 [- 0.052，0.033]，包含 0，意味着学术参与意向在学术参与顺从动机和学术参与行为之间的中介效应不显著。

表 5 - 13　　学术参与计划行为模型估计结果置信区间（人文社会科学）

中介效应	Estimate	S. E.	Z	p	95%		90%	
					Lower	Upper	Lower	Upper
ATT→IE	0.766	0.073	10.493	0.000	0.617	0.904	0.640	0.881
PBC→IE	0.138	0.107	1.290	0.202	- 0.073	0.347	- 0.039	0.313
SNB→IE	0.053	0.210	0.252	0.955	- 0.412	0.437	- 0.344	0.368
SNC→IE	0.024	0.186	0.129	0.601	- 0.473	0.274	- 0.413	0.214
IE→BE	0.112	0.078	1.436	0.152	- 0.041	0.266	- 0.017	0.241
PBC→BE	0.146	0.037	3.902	0.000	0.073	0.219	0.084	0.207
IE 中介效应								
ATT→IE→BE	0.086	0.060	1.433	0.150	- 0.031	0.203	- 0.012	0.184
PBC→IE→BE	0.015	0.017	0.882	0.379	- 0.019	0.049	- 0.013	0.044
SNB→IE→BE	0.006	0.023	0.261	0.956	- 0.041	0.043	- 0.034	0.036
SNC→IE→BE	0.003	0.021	0.143	0.656	- 0.052	0.033	- 0.046	0.026

资料来源：正式调研数据。

以上研究结果表明，学术参与意向在"学术参与态度、学术参与知觉行为控制、学术参与规范信念、学术参与顺从动机和学术参与行为之间"的中介效应不显著，假设 H5 – 1 至假设 H5 – 4 没有得到支持。

（6）学术参与知觉行为控制对于学术参与行为的影响。假设 H6 提出，高校教师的学术参与知觉行为控制对学术参与行为具有显著正向作用。通过结构方程模型检验假设 H6，组内在控制了性别、职称、产学合作经验、学术参与意向、学术参与态度后，表 5 – 12 和图 5 – 5 显示，组内学术参与知觉行为控制对学术参与行为产生显著直接作用（r = 0.146，p < 0.001），假设 H6 得到验证。

5.3.3　人文社会科学学科高校教师学术参与意向和学术参与行为的一致性检验

艾奇森（Ajzen I，1985）指出，如果想要行为按照意向执行，意向必须是行为发生之前的意向，意向如果发生了改变，它对行为的预测力将大大降低；此外，行为必须是意志控制下的行为，非意志因素影响下行为将很难按照意向执行，非意志因素的存在表明意向行为转化需要条件。研究借鉴法比安·埃切加雷和弗朗切斯卡·瓦莱丽娅·汉斯坦（Fabian Echegaray & Francesca Valeria Hansstein，2017）、耿纪超（2017）、徐冬梅（2018）等在分析电子垃圾回收、绿色出行、农村林地转让中行为和意向背离问题的研究思路，利用意向与行为分值的比较、非意志因素的显著性等，检验高校教师学术参与意向和行为的一致性。

表 5 – 14 显示，人文社会科学学科学术参与意向和行为之间存在缺口：（1）高校教师学术参与意向均值和学术参与行为均值差距较大，教师参与意向普遍较高，而实际行为较少。学术参与意向量表设置 4 个题项正面测试被试对于各种学术参与行为的态度，量表评分设置 1 ~ 5 级，分别表示"非常不同意" = 1，"基本不同意" = 2，"不同意也不反对" = 3，"基本同意" = 4，"非常同意" = 5，学术参与意向均值为 4.454，表明人文社科学学科多数教师非常愿意从事各类学术参与活动。学术参与行为量表分为 5 个等级度量被试过去两年各类学术参与行为的发生次数，即"0 代表参与 0 次、1 代表参与 1 ~ 2 次、2 代表参与 3 ~ 5 次、3 代表参与 6 ~ 9 次、4 代表参与 ≥10 次"，各类学术参与行为均值为 0.696，表明多数教师没有从事学术参与行为，过去两年单个教师学术参与行为实际发生不到 1 次，尤其创新

型学术参与行为频率非常低，BEI 均值只有 0.420。（2）各类学术参与活动教师参与率较低。学术参与行为总体概况显示（见图 5－1），人文社会科学学科多数学术参与行为教师参与率不足 50%，最低只有 14.286%，较高的学术参与意向和极低行为发生频率形成鲜明对比，说明人文社会科学学科高校教师学术参与意向→行为转化面临困境。（3）学术参与意向对于学术参与行为的影响不显著（$r = 0.112$，$p > 0.1$）。由于学术参与行为发生频次过低，学术参与意向无法解释学术参与行为，学术参与意向和学术参与行为弱相关，相关系数仅为 0.162。（4）大量非意志因素显著影响学术参与行为。研究结果显示，知觉行为控制（$r = 0.146$，$p < 0.001$）、职称（$r = 0.179$，$p < 0.001$）、产学合作经验（$r = 0.426$，$p < 0.001$）显著影响学术参与行为，说明学术参与行为属于非意志控制行为，学术参与意向→行为转化受到个体能力、职称和产学合作经验等条件的限制。

表 5－14　　学术参与意向和学术参与行为的一致性检验（人文社会科学）

评价指标	Mean	IE	ATT	PBC	SNB	SNC	sex	title	exper	U_sty
IE	4.454	—	+	0	0	0	0	—	+	0
BE	0.696	0	+	+	0	0	0	+	+	0

注："0"表示影响不显著，"＋"表示显著正向影响。
资料来源：正式调研数据。

　　学术参与意向和行为的缺口表明，仅有学术参与意向并不能保证学术参与行为的发生，专业知识、创新能力、资历与产学合作经验等要素对于学术参与行为目标的实现具有关键意义。

5.3.4　人文社会科学学科组织环境的调节效应

5.3.4.1　模型检验

　　对于意向和行为的差距，研究进一步从高校管理视角寻找原因。本书以高校评价制度、易用条件为调节变量分析其在意向→行为转化过程中的调节作用。其中，易用条件包括与学术参与活动相关的分配制度、规范制度和部门设置。

　　为验证评级制度和易用条件的调节效应，研究同样构建了两个竞争模型，模型 1 在上一步骤构建的计划行为模型基础上，加入评价制度和易用条件调节变量，考察二者对意向→行为转化的跨层调节作用，研究发现（见表 5 – 15）学术参与知觉行为控制对于学术参与行为的作用不在显著，易用条件对于意向→行为转换的调节作用显著，但是评价制度的调节作用不显著；考虑到评价制度和易用条件的协同作用，模型 2 在模型 1 的基础上将评价制度与易用条件乘积项纳入模型当中，结果显示，模型 2 的 LL、AIC 和 BIC 各项指标明显好于模型 1，评价制度、易用条件及二者的乘积项对于学术参与意向→行为转化的调节作用正向且显著，知觉行为控制对于学术参与行为的作用也再次表现显著，因此，可以认为模型 2 对于数据的拟合效果更好，研究结果更为可靠，据此认为，评价制度和易用条件不仅各自发挥调节作用，而且表现协同效应。

表 5 – 15　　　　　评价制度和易用条件的调节效应（人文社会科学）

因变量	模型 1		模型 2	
	IE	BE	IE	BE
Fix effect				
Intercepts（BEI）		− 1. 578 （3. 459）		− 0. 804 （3. 793）
Intercepts（BED）		− 1. 518 （2. 343）		− 1. 085 （2. 220）
Intercepts（IE）	0. 583 （0. 679）		0. 578 （0. 671）	
IE		0. 217 * （0. 070）		0. 239 ** （0. 075）
ATT	0. 762 *** （0. 074）	0. 176 *** （0. 066）	0. 762 *** （0. 074）	0. 179 ** （0. 067）
PBC	0. 136 （0. 107）	0. 684 （1. 621）	0. 137 （0. 107）	0. 177 ** 0. 058
sex		0. 090 （0. 058）		0. 090 （0. 058）
title	− 0. 115 + （0. 066）	0. 140 ** （0. 048）	− 0. 114 + （0. 066）	0. 142 ** （0. 048）

续表

因变量	模型 1		模型 2	
	IE	BE	IE	BE
Fix effect				
exper	0.110 + (0.059)	0.322 ** (0.114)	0.109 + (0.059)	0.319 ** (0.112)
SNB	0.016 (0.222)	0.102 (0.273)	0.019 (0.222)	0.096 (0.271)
SNC	0.102 (0.193)	0.155 (0.389)	0.104 (0.194)	0.171 (0.405)
FAC		0.184 (0.890)		0.032 (0.967)
ES		0.455 (0.713)		0.253 (0.771)
FAC × ES				0.076 (0.232)
U_typ	−0.094 (0.076)	0.123 (0.084)	−0.094 (0.076)	0.127 (0.083)
IE × ES		0.425 + (0.231)		0.481 * (0.222)
IE × FAC		0.722 * (0.297)		0.788 ** (0.291)
IE × ES × FAC				0.188 ** (0.068)
Random effect				
Intercepts（BE）	0.018 (0.042)		0.019 (0.045)	
Intercepts（IE）	0.136 * (0.061)		0.136 * (0.061)	
IE	0.017 (0.012)		0.018 (0.012)	

续表

因变量	模型 1		模型 2	
	IE	BE	IE	BE
Random effect				
PBC	0. 025 $^+$ (0. 014)		0. 025 $^+$ (0. 013)	
Residual（BEI）	0. 538 *** (0. 122)		0. 538 *** (0. 122)	
Residual（BED）	0. 113 (0. 106)		0. 110 (0. 105)	
Residual（IE）	0. 255 *** (0. 036)		0. 254 *** (0. 035)	
Residual（BE）	0. 077 (0. 057)		0. 078 (0. 058)	
Model Fit				
	N	357	N	357
	LL	– 1029. 540	LL	– 1029. 096
	AIC	2155. 080	AIC	2153. 392
	BIC	2341. 212	BIC	2335. 646

注：+ 表示 $p < 0.1$，* 表示 $p < 0.05$，** 表示 $p < 0.01$，*** 表示 $p < 0.001$；省略截距；括号内为标准误；跨层调节效应分析中。

资料来源：正式调研数据。

5.3.4.2　假设检验

（1）评价制度对于学术参与意向→学术参与行为转化的跨层调节效应。假设 H7 – 1 提出，评价制度跨层正向调节学术参与意向和学术参与行为之间的关系。表 5 – 15 中模型 2 显示，IE × ES 的路径系数为 0. 481、显著性水平 $p < 0.05$，表明人文社会科学学科高校评价制度对于学术参与意向→学术参与行为的转化具有显著正向调节作用，假设 H7 – 1 得到验证。

（2）易用条件对于学术参与意向→学术参与行为转化的跨层调节作用。假设 H8 – 1 提出，易用条件正向调节高校教师学术参与意向和学术参与行为之间的关系。表 5 – 15 中模型 2 结果显示，IE × FAC 的系数为 0. 788、显著性水平 $p < 0.01$，表明人文社会科学学科高校的易用条件对于学术参与意

向→学术参与行为的转化具有显著正向调节作用，假设 H8 – 1 得到验证。

此外，检验结果显示（见表 5 – 15）评价制度和易用条件对于学术参与意向→学术参与行为的转化还具有协同调节作用，IE × ES × FAC 的系数为 0.188、显著性水平 p < 0.01。比较"学术参与计划行为模型"和"评价制度和易用条件的调节效应模型"发现，在考虑评价制度和易用条件的调节作用下，学术参与意向对于学术参与行为的影响作用明显增加，由路径系数 0.112 增加到 0.239，显著性水平由 p > 0.1 提升到 p < 0.01。这说明评价制度和易用条件显著改善了学术参与意向对于学术参与行为的预测能力。

图 5 – 6 显示，弱易用条件（均值减去一个标准差）下，评价制度评分由低（均值减去一个标准差）到高（均值加上一个标准差），回归曲线明显上扬、随机斜率显著增加；强易用条件（均值加上一个标准差）下，评价制度由低（均值减去一个标准差）到高（均值加上一个标准差），以上变化更加明显、回归曲线更加陡峭、随机斜率变化显著；弱评价制度下，易用条件评分由低到高，导致随机斜率显著变化，回归曲线交叉现象突出；强评价制度下，回归曲线更加陡峭、易用条件的不同取值引发随机斜率的显著变化；此外，评价制度和易用条件的同时调整带来的随机斜率变动同样非常显著。比较发现，在固定评价制度强度的前提下，易用条件的不同取值导致回归曲线斜率的变化更为明显，说明易用条件的调节作用更为突出。此外，在比较 IE × FAC（r = 0.788，p < 0.001）和 IE × ES（r = 0.481，p < 0.05）回归系数和显著性水平的基础上，可以获得同样结论。

表 5 – 16 显示，人文社会科学学科，评价制度 ES 对 IE→BE 关系的调节效应为 0.481，90% 置信区间为 [0.115，0.846]，不包含 0，95% 置信区间 [0.045，0.916]，不包含 0，表明评价制度对于学术参与意向和学术参与行为关系具有显著正向跨层调节作用；易用条件 FAC 对 IE→BE 关系的调节效应为 0.788，90% 置信区间为 [0.310，1.266]，不包含 0，95% 置信区间 [0.218，1.358]，不包含 0，表明易用条件对于学术参与意向和学术参与行为关系具有显著正向跨层调节作用；评价制度、易用条件乘积项 ES × FAC 对 IE → BE 关系的调节效应为 0.188，90% 置信区间为 [0.077，0.300]，不包含 0，95% 置信区间 [0.055，0.321]，不包含 0，表明评价制度、易用条件乘积项对于学术参与意向和学术参与行为关系具有显著正向跨层调节作用。

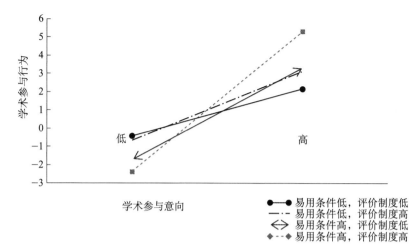

图 5 - 6　评价制度和易用条件的双调节效应（人文社会科学）

资料来源：正式调研数据。

表 5 - 16　评价制度和易用条件调节效应估计结果的置信区间（人文社会科学）

调节效应	Estimate	S. E.	Z	p	95%		90%	
					Lower	Upper	Lower	Upper
ES 对 IE→BE 关系的调节效应	0.481	0.222	2.161	0.031	0.045	0.916	0.115	0.846
FAC 对 IE→BE 关系的调节效应	0.788	0.291	2.710	0.007	0.218	1.358	0.310	1.266
ES × FAC 对 IE→BE 关系的调节效应	0.188	0.068	2.773	0.006	0.055	0.321	0.077	0.300

资料来源：正式调研数据。

5.4　研究二：自然科学学科教师学术参与行为生成机理分析

与人文社会科学学科实证研究数据筛选标准相同，自然科学学科模型检验和假设验证所用数据也以单组样本 5 个以上为标准，共获取 38 所高校的 418 个有效样本，具体步骤同上。

5.4.1 自然科学学科模型变量描述性统计与正态检验

5.4.1.1 样本结构与相关性矩阵

研究首先对样本的人口结构特征进行分析，主要指标包括性别、职称和产学经历。

表 5 - 17 显示，自然科学学科样本中男性教师居多，占 69.139%；调研对象中高级职称教师占比较高，副高和正高样本占比 64.115%；多数教师有过产学经历，占 81.579%。

表 5 - 17 自然科学学科样本结构

题项	类别	人数（人）	占比（%）	题项	类别	人数（人）	占比（%）
性别	男	289	69.139	职称	初级	40	9.569
	女	129	30.861		中级	110	26.316
产学合作经历	有	341	81.579		副高	153	36.603
	无	77	18.421		正高	115	27.512

资料来源：正式调研数据。

表 5 - 18 列出了自然科学学科学术参与行为模型各个变量的均值、标准差，以及各变量之间的相关系数。

表 5 - 18 显示，自然科学学科创新型学术参与行为均值（BEI）为 1.048，明显高于社会科学领域（0.420），传播型学术参与行为（BED）均值为 1.313，与社会科学领域相当（1.11）；样本学术参与模式分布较均衡，但与学术参与行为量表评分最高值 "4" 相比，自然科学学科教师学术参与行为均值明显较低；高校教师参与意向较高、态度较为积极，平均值在 4.3 以上；教师规范信念和顺从动机平均值分别为 4.008、3.876，表明关键人物对于教师期望较高，教师对于是否接受关键人物建议还不确定；知觉行为控制均值为 3.796，表明高校教师学术参与自我效能感一般；教师对于学校的评价制度、相关分配制度和规范制度、部门设置评价不够满意，均值在 3.6 左右；自然科学学科高校样本办学层次较高，U_sty 均值为 2.268，

表 5－18

学术参与模型变量均值、标准差与相关性分析（自然科学）

变量	Mean	SD	1BEI	2BED	3BE	4IE	5ATT	6SNb	7SNc	8PBC	9ES	10CS	11RS	12DEP	13FAC	14sex	15title	16exp
1BEI	1.048	1.076	(0.851)															
2BED	1.313	1.198	0.709 ***	(0.800)														
3BE	1.154	1.126	0.925 ***	0.925 ***	(0.893)													
4IE	4.346	0.915	0.253 ***	0.070 +	0.175 ***	(0.850)												
5ATT	4.340	0.939	0.271 ***	0.089 *	0.195 ***	0.827 ***	(0.875)											
6SNb	4.008	0.994	0.078 *	0.032	0.059 *	0.578 ***	0.600 ***	(0.840)										
7SNc	3.876	0.970	0.225 ***	0.098 *	0.175	0.482	0.487 ***	0.522 ***	(0.761)									
8PBC	3.796	1.007	0.200 ***	0.256 ***	0.247 ***	0.503 ***	0.504 ***	0.515 ***	0.419 ***	(0.849)								
9ES	3.566	0.589	0.026	0.161 ***	0.073 +	0.305 ***	0.339 ***	0.355 ***	0.193 ***	0.281 ***	(0.959)							
10CS	3.655	0.487	0.039	0.031	0.005	0.295 ***	0.373 ***	0.262 ***	0.345 ***	0.208 ***	0.259 ***	(0.769)						
11RS	3.696	0.550	0.206 ***	0.052	0.139 **	0.352 ***	0.41 ***	0.321 ***	0.352 **	0.132 **	0.644 ***	0.453 ***	(0.898)					
12DEP	3.608	0.541	0.106 *	0.065 +	0.022	0.307 ***	0.349 ***	0.380 ***	0.257 ***	0.252 ***	0.765 ***	0.309 ***	0.753 ***	(0.893)				
13FAC	3.657	0.529	0.151 ***	0.014	0.174 ***	0.385 ***	0.455 ***	0.392 ***	0.381 ***	0.234 ***	0.701 ***	0.661 ***	0.920 ***	0.867 ***	(0.898)			
14sex	0.699	0.475	0.040	0.122 **	0.088 *	0.075 +	0.086 *	0.047	0.032	0.208 **	0.116 **	0.132 **	0.083 *	-0.005	0.078 +			
15title	1.821	0.944	0.177 ***	0.289 ***	0.252 ***	0.255 ***	0.267 ***	0.139 **	0.108 *	0.326 ***	0.091 *	0.076 +	0.042	0.132 **	0.1 *	0.141 **		
16exper	1.622	1.140	0.471 ***	0.486 ***	0.518 ***	0.131 **	0.039	0.05	-0.054	0.404 ***	0.078 +	-0.114 **	-0.188 ***	0.003	-0.121 **	0.148 ***	0.431 ***	
17U_sty	2.268	1.146	0.525 ***	0.407 ***	0.504 ***	-0.288 ***	-0.271 ***	-0.19 ***	-0.157 ***	0.072 +	-0.218 ***	0.124 ***	-0.278 ***	-0.165 ***	-0.155 ***	0.074 +	0.129 ***	0.274 ***

注：+ 表示 p＜0.1，* 表示 p＜0.05，** 表示 p＜0.01，*** 表示 p＜0.001，括号内数字为 α 系数。

资料来源：正式调研数据。

好于人文社科学学科样本；调研样本中男性高校教师偏多，性别均值为 0.699，中级及副高职称教师居多，职称 title 均值为 1.821，教师产学合作经验不足，exper 均值为 1.622。各个变量标准差在 0.475～1.198 之间。

研究结果显示，学术参与意向和学术参与态度（$r = 0.827$，$p < 0.001$）、学术参与规范信念（$r = 0.578$，$p < 0.001$）、学术参与知觉行为控制（$r = 0.503$，$p < 0.001$）显著正相关，与学术参与顺从动机（$r = 0.482$，$p > 0.1$）相关性不显著，与假设检验结果基本一致。学术参与意向（$r = 0.175$，$p < 0.001$）、学术参与知觉行为控制（$r = 0.247$，$p < 0.001$）与学术参与行为显著相关，与理论假设一致。评价制度与学术参与行为微弱正相关（$r = 0.073$，$p < 0.1$）；易用条件（$r = 0.174$，$p < 0.05$）与学术参与行为显著正相关。分配制度、规范制度和部门设置与二阶因子易用条件相关系数为 0.661～0.920，且 $p < 0.001$，说明易用条件对于三个因子具有较强的代表性；学术参与行为综合指标 BE 和创新型学术参与行为 BEI、传播型学术参与行为 BED 高度相关，相关系数均为 0.925、显著性水平 $p < 0.001$，说明 BE 可以有效解释 BEI 和 BED，二阶模型可以识别。

各潜变量 α 系数均大于 0.7，具有较好的内部一致性。

5.4.1.2　聚合检验

自然科学学科建模中，在对组织层面数据进行平均化之前，同样需对变量学术参与规范信念、学术参与顺从动机、评价制度和易用条件的团队内部一致性 Rwg 和组内相关系数 ICC1、ICC2 进行检验分析，以判断是否可以将个体层面回答聚合到组织层面。检验结果如表 5 - 19 至表 5 - 22 所示。

表 5 - 19 显示，规范信念的组间均方与组内均方的差异显著 [$F_{(37, 380)} = 7.233$，$p < 0.001$]。规范信念的 rwg 在 38 个高校中的均值为 0.826，最低值为 - 0.71，表明同一所高校中，教师对于领导和同事期望的感知表现出共同性。ICC（1）= 0.361、ICC（2）= 0.862，优于标准 ICC（1）> 0.05 和 ICC（2）> 0.50（James，1982）。因此，可以将个体层面的回答聚合到组织层面得到规范信念得分。

表 5 – 19　　　　　　　　　　规范信念方差分析（自然科学）

层面	平方和	自由度	均方	F	显著性
组间	172. 326	37	4. 657	7. 233	0. 000
组内	244. 674	380	0. 644		
总计	417. 000	417			

资料来源：正式调研数据。

表 5 – 20 显示，顺从动机的组间均方与组内均方的差异显著（F（37，380）= 6.367，p < 0.001）。顺从动机 rwg 在 38 个高校中的均值为 0.802，最低值为 – 0.500，表明同一所高校的教师对于领导和同事建议的接受程度表现共同性。ICC（1）= 0.327、ICC（2）= 0.843，优于标准 ICC（1）> 0.05 和 ICC（2）> 0.50（James，1982）。因此，可以将个体层面的回答聚合到组织层面得到顺从动机得分。

表 5 – 20　　　　　　　　　　顺从动机方差分析（自然科学）

层面	平方和	自由度	均方	F	显著性
组间	159. 585	37	4. 313	6. 367	0. 000
组内	257. 415	380	0. 677		
总计	417. 000	417			

资料来源：正式调研数据。

表 5 – 21 显示，评价制度组间均方与组内均方的差异显著（F（37，380）= 5.220，p < 0.001）。评价制度的 rwg 在 38 个高校中的均值为 0.789，最低值为 – 0.050，表明同一所高校的教师对于学校评价制度的感知呈现共享性特征。ICC（1）= 0.276、ICC（2）= 0.808，优于标准 ICC（1）> 0.05 和 ICC（2）> 0.50（James，1982）。因此，可以将个体层面的回答聚合到组织层面得到评价制度得分。

表 5 – 21　　　　　　　　　　评价制度方差分析（自然科学）

层面	平方和	自由度	均方	F	显著性
组间	140. 516	37	3. 798	5. 220	0. 000
组内	276. 484	380	0. 728		
总计	417. 000	417			

资料来源：正式调研数据。

表 5 – 22 显示，易用条件组间均方与组内均方的差异显著（F（37，

380）＝3.648，p＜0.001）。易用条件的 rwg 在38个高校中的均值为0.804，最低值为－0.800，表明同一所高校的教师对于学校易用条件的感知具有共享性。此外，ICC（1）＝0.193、ICC（2）＝0.726，优于标准 ICC（1）＞0.05和 ICC（2）＞0.50。因此，可以将个体层面的回答聚合到组织层面得到易用条件得分。

表5－22 易用条件方差分析（自然科学）

层面	平方和	自由度	均方	F	显著性
组间	109.289	37	2.954	3.648	0.000
组内	307.711	380	0.810		
总计	417.000	417			

资料来源：正式调研数据。

5.4.1.3 自然科学学科样本数据正态性检验

为了保证模型估计方法的可靠性，对于自然科学学科样本数据同样要进行正态性检验。

表5－23显示，各变量偏度系数绝对值在0.051～1.296之间，峰度系数绝对值在0.121～4.477之间，基本服从正态分布；但各个变量平均值与标准差之比在0.974～6.913之间，部分变量小于3.00；K-S、S-W 检验结果表明，各个变量均不服从正态分布（p＜0.001），因此，模型估计应采用稳健极大似然估计 MLR。

表5－23 学术参与模型变量的正态性检验（自然科学）

变量	M/SD	偏度	峰度	K-S 统计值（df＝418）	K-S 显著性	s-W 统计值（df＝418）	s-W 显著性
1BEI	0.974	0.547	－0.529	0.099	0.000	0.942	0.000
2BED	1.096	0.608	－0.322	0.114	0.000	0.948	0.000
4BE	1.025	0.363	－0.956	0.085	0.000	0.950	0.000
6IE	4.750	－1.143	0.759	0.233	0.000	0.822	0.000
7ATT	4.622	－1.296	1.348	0.195	0.000	0.824	0.000
8SNb	4.032	－0.557	－0.186	0.159	0.000	0.915	0.000
9SNc	3.996	－0.051	4.477	0.139	0.000	0.922	0.000

续表

变量	M/SD	偏度	峰度	K-S 统计值 （df＝418）	K-S 显著性	s-W 统计值 （df＝418）	s-W 显著性
10PBC	3.770	－ 0.468	0.121	0.096	0.000	0.960	0.000
12FAC	6.913	－ 0.154	0.292	0.112	0.000	0.972	0.000
13ES	6.054	－ 0.120	0.735	0.122	0.000	0.972	0.000
11U_sty	1.979	－ 0.174	－ 0.722	0.167	0.000	0.912	0.000
12sex	1.472	－ 0.665	－ 1.027	0.429	0.000	0.616	0.000
13tech	1.929	－ 0.323	－ 0.840	0.217	0.000	0.866	0.000
14exper	1.423	0.253	－ 0.772	0.193	0.000	0.907	0.000

资料来源：正式调研数据。

5.4.2　自然科学学科学术参与计划行为模型

5.4.2.1　模型检验

为了提高模型拟合度，在相关研究、理论模型的基础上研究提出三个竞争模型，具体见表 5－24。

竞争模型 1 在计划行为理论的基础上，考察学术参与态度、学术参与知觉行为控制、学术参与规范信念、学术参与顺从动机对学术参与意向的影响，学术参与意向和学术参与知觉行为控制对于学术参与行为的作用，以及学术参与意向在"学术参与态度、学术参与知觉行为控制、学术参与规范信念、学术参与顺从动机和学术参与行为"之间的中介作用，构建学术参与计划行为模型。依据阿扎格拉·卡罗、阿尔汉格尔斯克、阿沁塔基斯和古铁雷斯·格拉西亚（Azagra-Caro M，Archontakis F & Gutiérrez-Gracia A，2006），博德曼（Boardman P C，2008），本特勒和斯佩克特（Bentler P M & Speckart G，1979），德斯特和帕特尔（D'Este P & Patel P，2007）等的相关研究，本书将教师性别、职称、产学合作经验作为 Level－1 控制变量，将高校类型作为 Level－2 控制变量。竞争模型 2 在竞争模型 1 的基础上，进一步对学术参与行为进行组间分析，考察组织层面学术参与意向对于学术参与行为的影响作用。

考虑到不显著变量对于模型拟合效果的影响，研究对于模型 2 中控制变

表 5-24　学术参与与计划行为模型（自然科学）

因变量	模型1 IE 组内	模型1 IE 组间	模型1 BE 组内	模型1 BE 组间	模型2 IE 组内	模型2 IE 组间	模型2 BE 组内	模型2 BE 组间	模型3 IE 组内	模型3 IE 组间	模型3 BE 组内	模型3 BE 组间
Level-1												
IE			0.465*** (0.123)	0.425*** (0.103)			0.451*** (0.092)	0.425*** (0.103)			0.451*** (0.093)	0.424*** (0.103)
ATT	0.085 (0.061)		0.068 (0.048)		0.204** (0.071)		0.100 (0.074)		0.204** (0.071)		0.099 (0.071)	
PBC	0.172** (0.052)		0.184** (0.049)		0.119* (0.052)		0.140** (0.046)		0.119* (0.052)		0.140** (0.045)	
sex	0.144* (0.064)		0.057+ (0.032)		0.222*** (0.069)		0.075+ (0.039)		0.223*** (0.069)		0.075+ (0.039)	
title	0.256* (0.106)		-0.016 (0.067)		0.214** (0.090)		0.012 (0.079)		0.214** (0.090)			
exper	0.754*** (0.132)		0.335*** (0.094)		0.530*** (0.129)		0.376*** (0.094)		0.530*** (0.129)		0.374*** (0.095)	
Level-2												
SNB	0.120 (0.110)					0.288* (0.138)		0.120* (0.053)		0.288* (0.138)		0.120* (0.053)
SNC	0.070 (0.192)					0.027 (0.264)		0.033 (0.076)		0.027 (0.264)		0.032 (0.075)
U_sty	0.140*** (0.044)					0.352*** (0.075)		0.093+ (0.053)		0.352*** (0.075)		0.093+ (0.053)

续表

因变量	模型 1 IE 组内	模型 1 IE 组间	模型 1 BE 组内	模型 1 BE 组间	模型 2 IE 组内	模型 2 IE 组间	模型 2 BE 组内	模型 2 BE 组间	模型 3 IE 组内	模型 3 IE 组间	模型 3 BE 组内	模型 3 BE 组间
中介效应												
ATT→IE→BE			0.040 (0.031)				0.092** (0.033)				0.092** (0.033)	
PBC→IE→BE			0.080** (0.027)				0.054** (0.013)				0.054** (0.013)	
SNB→IE→BE				0.056 (0.051)				0.130* (0.065)				0.130* (0.065)
SNC→IE→BE				0.033 (0.094)				0.012 (0.120)				0.012 (0.120)

Model Fit

模型拟合度检验

	模型 1 IE 组间		模型 1 BE 组间	模型 2 IE 组间		模型 2 BE 组间	模型 3 IE 组间		模型 3 BE 组间
χ²	36.577***	AIC	3221.248	23.459***	AIC	2988.629	23.324**	AIC	2812.586
df	7	BIC	3334.241	8	BIC	3133.906	9	BIC	2933.651
χ²/df	5.225	SRMR–W	0.054	2.932	SRMR–w	0.058	2.592	SRMR–W	0.058
LL–H0	−1582.624	SRMR–B	0.073	−1458.314	SRMR–B	0.120	−1376.293	SRMR–B	0.100
LL–H1	−1553.101	CFI	0.882	−1437.779	CFI	0.934	−1357.748	CFI	0.941
RMSEA	0.101	TLI	0.595	0.065	TLI	0.782	0.062	TLI	0.904

注：+ 表示 p<0.1，* 表示 p<0.05，** 表示 p<0.01，*** 表示 p<0.001；省略截距；括号内为标准误。
资料来源：正式调研数据。

量做进一步调整，最终在竞争模型 2 的基础上删除学术参与行为模型中的职称变量，得到的竞争模型 3，其χ^2/df、RMSEA、CFI 和 TLI 等各项指标明显优于模型 2，说明自然科学领域，职称对于高校教师学术参与行为影响不显著。

以上结果表明，模型 1 多个指标没有达标，模型 2、模型 3 与样本数据拟合较好，二者检验结果基本一致，相比较而言，模型 3 的拟合效果更好，以下分析采用模型 3 的检验结果。

5.4.2.2　假设检验

由表 5–24、图 5–7 可知，学术参与态度、学术参知觉行为控制、学术参与规范信念是学术参与意向生成的直接诱因，学术参与顺从动机对于学术参与意向影响不显著，学术参与意向和学术参与知觉行为控制共同驱动学术参与行为的发生。

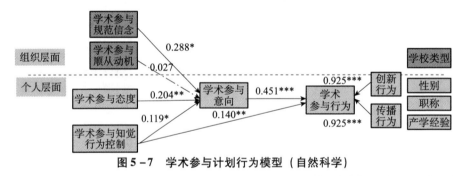

图 5–7　学术参与计划行为模型（自然科学）

注：* 表示 p < 0.05，** 表示 p < 0.01，*** 表示 p < 0.001；实线箭头代表作用显著，虚线箭头代表作用不显著。

资料来源：正式调研数据

研究同时发现，自然科学学科中性别、产学合作经验、高校类型不同程度地影响学术参与意向和学术参与行为，而职称仅仅对学术参与意向具有显著作用。

（1）学术参与态度对于学术参与意向的影响。假设 H1 提出，学术参与态度显著正向影响学术参与意向。通过结构方程模型检验假设 H1，组内在控制了性别、职称、产学合作经验、知觉行为变量之后，结果如表 5–24 和图 5–7 所示，学术参与态度显著正向影响学术参与意向（r = 0.204，p < 0.01），假设 H1 在组内得到验证。

（2）学术参与主观规范对于学术参与意向的影响。假设 H2－1 提出，学术参与规范信念显著正向影响学术参与意向。通过结构方程模型检验假设 H2－1，在组间控制了高校类型、学术参与顺从动机变量之后，结果如表 5－24 和图 5－7 所示，学术参与规范信念对于学术参与意向产生显著正向作用（r＝0.288，p＜0.05），假设 H2－1 在组间得到验证。

假设 H2－2 提出，学术参与顺从动机显著正向影响学术参与意向。通过结构方程模型检验假设 H2－2，在组间控制了高校类型、学术参与规范信念变量后，结果如表 5－24 和图 5－7 所示，组间学术参与顺从动机对于学术参与意向影响不显著（r＝0.027，p＞0.1），假设 H2－2 在组间没有得到验证。

（3）学术参与知觉行为控制对于学术参与意向的影响。假设 H3 提出，学术参与知觉行为控制显著正向影响学术参与意向。通过结构方程模型检验假设 H3，在组内控制了性别、职称、产学合作经验、学术参与态度变量后，结果如表 5－24 和图 5－7 所示，学术参与知觉行为控制对于学术参与意向影响正向且显著（r＝0.119，p＜0.05），假设 H3 在组内得到了验证。

（4）学术参与意向对于学术参与行为的作用。假设 H4 提出，高校教师学术参与意向越高，越有可能实践学术参与行为。通过结构方程模型检验假设 H4，组内在控制了性别、产学合作经验、学术参与态度、学术参与知觉行为变量后，结果如表 5－24 和图 5－7 所示，组内学术参与意向对于学术参与行为影响显著（r＝0.451，p＜0.001）；组间在控制了学校类型、学术参与规范信念、学术参与顺从动机之后，学术参与意向对于学术参与行为的影响也显著（r＝0.424，p＜0.001），假设 H4 在组内和组间均得到验证。

（5）学术参与意向的中介效应。假设 H5－1 提出，学术参与态度通过学术参与意向间接影响学术参与行为，学术参与意向具有显著正向中介作用。如表 5－24 显示，学术参与意向对于学术参与态度和学术参与行为关系的中介作用显著为正（r＝0.092，p＜0.01），假设 H5－1 得到验证。

假设 H5－2 提出，学术参与知觉行为控制通过学术参与意向间接影响学术参与行为，学术参与意向具有显著正向中介作用。如表 5－24 显示，学术参与意向对于学术参与知觉行为控制和学术参与行为关系的中介作用显著为正（r＝0.054，p＜0.01），假设 H5－2 得到验证。

假设 H5 - 3 提出，学术参与规范信念通过学术参与意向间接影响学术参与行为，学术参与意向具有显著正向中介作用。如表 5 - 24 所示，学术参与意向对于学术参与规范信念和学术参与行为关系的中介作用显著为正（r = 0.130，p < 0.05），假设 H5 - 3 得到验证。

假设 H5 - 4 提出，学术参与顺从动机通过学术参与意向间接影响学术参与行为，学术参与意向具有显著正向中介作用。如表 5 - 24 所示，学术参与意向对于学术参与顺从动机和学术参与行为关系的中介作用不显著（r = 0.012，p > 0.1），假设 H5 - 4 没有得到验证。

学术参与计划行为模型估计结果的置信区间显示（见表 5 - 25），学术参与态度通过学术参与意向影响教师学术参与行为的间接效应为 0.092，90% 置信区间为 ［0.039，0.146］，不包含 0，95% 置信区间为 ［0.028，0.156］，不包含 0，意味着学术参与意向在学术参与态度和学术参与行为之间的正向中介效应显著；学术参与知觉行为控制通过学术参与意向影响学术参与行为的间接效应为 0.054，90% 置信区间为 ［0.037，0.067］，不包含 0，95% 置信区间为 ［0.030，0.075］，不包含 0，意味着学术参与意向在学术参与知觉行为控制和学术参与行为之间的中介效应显著；学术参与规范信念通过学术参与意向影响学术参与行为的间接效应为 0.130，90% 置信区间为 ［0.023，0.238］，不包含 0，95% 置信区间 ［0.002，0.258］，不包含 0，意味着学术参与意向在学术参与规范信念和学术参与行为之间的中介效应显著；学术参与顺从动机通过学术参与意向影响学术参与行为的间接效应为 0.012，90% 置信区间为 ［-0.185，0.210］，包含 0，95% 置信区间为 ［-0.223，0.248］，包含 0，意味着学术参与意向在学术参与顺从动机和学术参与行为之间的中介效应不显著。因此，学术参与意向的中介效应主要体现在"学术参与态度、学术参与知觉行为控制、学术参与规范信念和学术参与行为关系之中"。

表 5 - 25 学术参与计划行为模型估计结果置信区间（自然科学）

中介效应	Estimate	S. E.	Z	p	95%		90%	
					Lower	Upper	Lower	Upper
ATT→IE	0.204	0.071	2.878	0.004	0.065	0.343	0.088	0.321
PBC→IE	0.119	0.052	2.288	0.011	0.066	0.121	0.082	0.105
SNB→IE	0.288	0.138	2.094	0.036	0.018	0.558	0.062	0.515

续表

中介效应	Estimate	S. E.	Z	P	95%		90%	
					Lower	Upper	Lower	Upper
SNC→IE	0.027	0.264	0.104	0.917	−0.490	0.545	−0.407	0.462
IE→BE	0.451	0.092	4.864	0.000	0.269	0.633	0.299	0.604
PBC→BE	0.140	0.045	3.113	0.002	0.003	0.250	0.027	0.231
IE 中介效应								
ATT→IE→BE	0.092	0.033	2.830	0.005	0.028	0.156	0.039	0.146
PBC→IE→BE	0.054	0.013	4.154	0.009	0.030	0.075	0.037	0.067
SNB→IE→BE	0.130	0.065	1.989	0.047	0.002	0.258	0.023	0.238
SNC→IE→BE	0.012	0.120	0.103	0.918	−0.223	0.248	−0.185	0.210

资料来源：正式调研数据。

（6）知觉行为控制对于学术参与行为的影响。假设 H6 提出，学术参与知觉行为控制显著正向影响学术参与行为。通过结构方程模型检验假设 H6，组内在控制了性别、职称、产学合作经验、学术参与态度变量之后，结果如表 5 – 24 和图 5 – 8 所示，组内学术参与知觉行为控制对于学术参与行为的影响显著（r = 0.140，p < 0.01），假设 H6 在组内得到验证。

5.4.3 自然科学学科高校教师学术参与意向和学术参与行为的一致性检验

表 5 – 26 显示，自然科学学科教师学术参与意向对学术参与行为的影响显著，学术参与意向可以预测学术参与行为，学术参与知觉行为控制、学术参与规范信念、性别、产学合作经验、高校类型变量在影响学术参与意向的同时也影响学术参与行为，学术参与意向具有部分中介的作用。

表 5 – 26　　学术参与意向和学术参与行为的一致性检验（自然科学）

评价指标	Mean	IE	ATT	PBC	SNB	SNC	sex	title	exper	U_sty
IE	4.346		+	+	+	0	+	+	+	+
BE	1.154	+	0	+	+	0	+	0	+	+

注："0" 表示影响不显著，" + " 表示显著正向影响。

资料来源：正式调研数据。

然而，学术参与意向并不是学术参与行为的"必然"决定因素，学术参与意向和行为之间仍然存在一定程度差距：（1）学术参与意向和学术参与行为均值存在较大差距，意向均值为 4.346（意向量表分为 1~5 级），而行为均值仅为 1.154（行为量表分为 0~4 级），表明自然科学学科教师学术参与意向普遍较高，而过去两年自然科学学科教师学术参与行为发生频次偏低，各类学术参与行为发生次数不到 3 次①，图 5-4 显示，企业兼职、合著论文、联合申请专利活动最少，人均参与次数不到 2 次。（2）学术参与意向和学术参与行为相关程度较低，相关系数仅为 0.175（p < 0.001）、远远小于 0.5，说明学术参与意向是学术参与行为的次要因素，只能微弱影响学术参与行为。（3）学术参与活动概括分析中发现，自然科学学科教师学术参与率为 56.938%~77.751%（见图 5-3 分析结果），说明现实当中只有部分教师从事学术参与行为。（4）"学术参与知觉行为控制、学术参与规范信念、性别、产学经验和高校类别"变量显著影响学术参与行为，表明学术参与意向并不是学术参与行为的决定因素，学术参与行为的发生还受到个体能力、社会压力、产学合作经验和高校资源等主客观条件的限制。由此可见，自然科学学科高校教师学术参与行为属于非完全意志控制行为。

5.4.4 自然科学学科组织环境的调节效应

5.4.4.1 模型检验

本阶段在上一步骤学术参与计划行为模型的基础上逐步引入评价制度、易用条件调节变量，具体结果见表 5-27。

表 5-27　　　　　　　　评价制度和易用条件的调节效应（自然科学）

因变量	模型 1		模型 2	
	IE	BE	IE	BE
Fix effect				
Intercepts（BEI）		1.103 (0.769)		1.131 (1.865)

———————————

① 根据学术参与行为量表换算得出：行为量表分为 5 个等级，表示高校教师过去两年学术参与的次数，分别为 0 代表 0 次、1 代表 1~2 次、2 代表 3~5 次、3 代表 6~9 次、5 代表 ≥10 次。

续表

因变量	模型 1		模型 2	
	IE	BE	IE	BE
Intercepts（BED）		1.110 (0.807)		1.508 (2.097)
Intercepts（IE）	−3.520* (1.428)		−3.321* (1.688)	
IE		0.546** (0.183)		0.580*** (0.141)
ATT	0.204** (0.070)	0.015 (0.068)	0.204** (0.072)	0.014 (0.146)
PBC	0.118* (0.052)	0.171** (0.073)	0.119* (0.052)	0.190** (0.055)
sex	0.226*** (0.065)	0.090** (0.035)	0.227*** (0.066)	0.092+ (0.049)
title	0.216* (0.090)		0.217* (0.089)	
exper	0.538*** (0.126)	0.323** (0.123)	0.535*** (0.129)	0.362** (0.136)
SNB	0.300* (0.134)	0.337* (0.141)	0.288*（0.141）	0.243 (0.265)
SNC	0.040 (0.260)	0.206 (0.180)	0.000 (0.305)	0.253 (0.275)
FAC		0.866* (0.396)		0.696 (0.833)
ES		0.531 (0.390)		0.306 (0.855)
FAC×ES				0.081 (0.674)
U_typ	0.341*** (0.096)	0.093+ (0.053)	0.314* (0.137)	0.093+ (0.053)
IE×ES		0.250* (0.125)		0.276+ (0.165)
IE×FAC		0.342* (0.168)		0.293 (0.353)

因变量	模型 1		模型 2	
	IE	BE	IE	BE
IE × ES × FAC			0.058 (0.189)	
Random effect				
Intercepts（BE）	0.207 * (0.094)		0.179 (0.235)	
Intercepts（IE）	0.243 ** (0.078)		0.246 ** (0.082)	
IE	0.043 (0.035)		0.065 (0.143)	
PBC	0.017 (0.015)		0.016 (0.021)	
Residual（BEI）	0.678 *** (0.152)		0.665 *** (0.152)	
Residual（BED）	0.188 * (0.093)		0.163 (0.112)	
Residual（IE）	0.438 *** (0.059)		0.437 *** (0.059)	
Residual（BE）	0.068 (0.077)		0.101 (0.114)	
Model Fit				
模型拟合 检验	N	418	N	418
	LL	– 1411.141	LL	– 1491.777
	AIC	2922.283	AIC	2985.554
	BIC	3124.057	BIC	3191.363

注：+ 表示 $p < 0.1$，* 表示 $p < 0.05$，** 表示 $p < 0.01$，*** 表示 $p < 0.001$；省略截距；括号内为标准误。

资料来源：正式调研数据。

竞争模型 1 将评价制度和易用条件作为独立变量检验其调节作用，竞争模型 2 在竞争模型 1 的基础上引入评价制度和易用条件的乘积项，检验双调节变量的协同作用。检验结果显示，模型 2 在加入评价制度和易用条件的乘积项 ES×FAC 以后，非但评价制度和易用条件的协同作用没有得到验证，反而降低了 IE×ES 和 IE×FAC 的显著性水平，模型 1 与样本数据拟合效果更好，指标 LL、AIC 和 BIC 明显优于模型 2，说明自然科学领域评价制度和易用条件的调节作用不具有协同性。

5.4.4.2　假设检验

（1）评价制度对于学术参与意向和学术参与行为关系的跨层调节效应。假设 H7 提出，评价制度对于学术参与意向和学术参与行为之间的关系具有跨层正向调节作用。表 5-27 模型 1 结果显示，IE×ES 的系数为 0.250，显著性水平为 p<0.05，说明自然科学学科高校评价制度对于学术参与意向→学术参与行为转化具有显著正向调节作用，假设 H7 得到验证。

（2）易用条件对于学术参与意向和学术参与行为关系的跨层调节作用。假设 H8 提出，易用条件正向调节高校教师学术参与意向和学术参与行为之间的关系。表 5-27 中模型 1 结果显示，IE×FAC 的回归系数为 0.342、p<0.05，表明自然科学学科易用条件对于学术参与意向→行为的转化具有跨层调节作用，假设 H8 得到验证。

综合分析评价制度、易用条件的调节作用，图 5-8 显示，控制易用条件的前提下，评级制度的调节作用非常显著：弱易用条件（均值减去一个标准差）下，评价制度由弱（均值减去一个标准差）到强（均值加上一个标准差），随机斜率显著增加、回归曲线明显上扬；强易用条件（均值加上一个标准差）下，评价制度由弱（均值减去一个标准差）到强（均值加上一个标准差），随机斜率发生类似变化；控制评价制度前提下，易用条件的调节效应也非常明显：弱评价制度下易用条件值由低到高，导致的随机斜率变化较大；强评价制度下，易用条件的不同取值带来的随机斜率差异也较为显著。从表 5-28 及图 5-8 可以判断，比较而言，易用条件的调节效应略微突出。

表 5-28 显示，自然科学学科，评价制度 ES 对 IE→BE 关系的调节效应为 0.250，90% 置信区间为 [0.044，0.456]，不包含 0，95% 置信区间 [0.004，0.495]，不包含 0，表明评价制度对于学术参与意向和学术参与行为关系具有显著正向跨层调节作用；易用条件 FAC 对 IE→BE 关系的调节效应为 0.342，90% 置信区间为 [0.066，0.618]，不包含 0，95% 置信区间

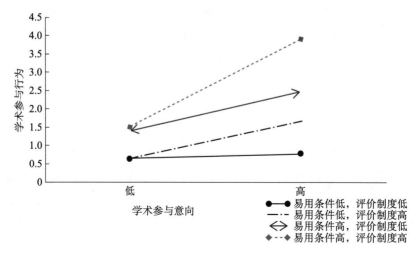

图5-8 评价制度、易用条件的双调节效应（自然科学）

资料来源：正式调研数据。

[0.013，0.671]，不包含0，表明易用条件对于学术参与意向和学术参与行为关系具有显著正向跨层调节作用。

表5-28 评价制度和易用条件调节效应估计结果的置信区间（自然社科）

调节效应	Estimate	S. E.	Z	p	95%		90%	
					Lower	Upper	Lower	Upper
ES 对 IE→BE 关系的调节效应	0.250	0.125	1.995	0.046	0.004	0.495	0.044	0.456
FAC 对 IE→BE 关系的调节效应	0.342	0.168	2.040	0.041	0.013	0.671	0.066	0.618

资料来源：正式调研数据。

5.5 研究结果

本书依据相关行为理论、借鉴产学合作、知识共享相关研究构建学术参与行为机理模型，通过问卷调查收集数据、验证模型，探明高校教师学术参与意向和行为的影响因素、检验学术参与意向和学术参与行为的一致性，揭示组织制度和基础设施的弥合作用，依据实证研究结果修正理论模型，梳理不同学科学术参与行为生成机理，比较不同学科研究结果的基础上，解析学科环境的作用路径，构建学术参与综合模型。

5.5.1　人文社会科学学科高校教师学术参与行为生成机理

人文社会科学学科的实证研究结果表明，人文社会科学学科高校教师学术参与态度是高校教师学术参与意向的决定因素，学术参与规范信念、学术参与顺从动机和学术参与知觉行为控制对于学术参与意向影响不显著；高校教师学术参与意向对于学术参与行为作用不显著，学术参与意向和学术参与行为存在严重缺口；学术参与知觉行为控制直接作用学术参与行为，评价制度和易用条件对于"学术参与意向和行为"的缺口具有弥合作用，评价制度和易用条件显著增强了学术参与意向对于学术参与行为的预测能力，二者的调节作用表现一定协同性。路径系数比较结果显示，易用条件的调节作用更突出。

此外，高校类型、性别对于人文社会科学学科高校教师学术参与意向和学术参与行为的影响不显著，职称负向影响学术参与意向、正向影响学术参与行为，产学经验对于学术参与意向和学术参与行为均具有显著作用。

由此可见，人文社会科学学科高校教师学术参与行为的生成更多是能力驱动，学术参与意向和学术参与行为存在差距，有意向无行为的现象比较突出，积极的评价制度和易用条件对于教师学术参与意向兑现具有关键意义。

依据人文社会科学学科实证分析结果修正学术参与行为理论模型，人文社会科学学科高校教师学术参与行为的生成机理如图 5-9 所示。

5.5.2　自然科学学科高校教师学术参与行为生成机理

自然科学学科实证研究结果表明，自然科学学科高校教师学术参与态度、学术参与规范信念、学术参与知觉行为控制是高校教师学术参与意向的决定因素，学术参与顺从动机对于学术参与意向影响不显著；高校教师学术参与意向对于学术参与行为具有一定预测作用，但学术参与意向和学术参与行为之间仍然存在一定差距；学术参与知觉行为控制是学术参与行为的非意志影响因素，评价制度、易用条件跨层调节学术参与意向→行为

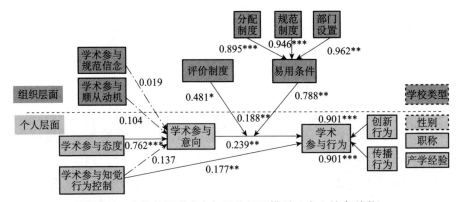

图 5 – 9 高校教师学术参与行为机理模型（人文社会科学）

注：＊表示 $p < 0.05$，＊＊表示 $p < 0.01$，＊＊＊表示 $p < 0.001$；实线箭头代表作用显著，虚线箭头代表作用不显著。

资料来源：正式调研数据。

关系，对于意向和行为缺口具有一定弥合作用，路径系数比较结果显示，易用条件的调节作用更突出。

此外，性别、产学经验职称、高校类型同时影响学术参与意向和学术参与行为，职称仅对学术参与意向具有显著作用。

由此可见，自然科学学科高校教师学术参与行为是在意向和能力双重驱动下生成，意向和行为之间也存在一定程度差距，学术参与只是部分教师行为，积极的评价制度和易用条件有助于高校教师学术参与意向转化为现实行为。

依据自然科学学科实证研究结果修正学术参与行为理论模型，自然科学学科高校教师学术参与行为的生成机理如图 5 – 10 所示。

5.5.3 学科属性对于学术参与意向和学术参与行为的影响

人文社会科学学科教师和自然科学学科教师分属不同"学科社区"，遵循各自行为准则，表现不同的学术行为（Crane D，1972）。贝克尔斯和博达斯·弗雷塔斯（Bekkers R & Bodas Freitas I，2008）、路易斯等（Louis K S et al.，2001）发现，学科属性影响大学向企业知识转移渠道的选择。贝克尔斯和博达斯·弗雷塔斯（Bekkers R & Bodas Freitas I，2008）、博德曼（Boardman P C，2008）、博兹曼和高根（Bozeman B & Gaughan M，2007）、布兰科·波诺马廖夫和布兰科（Ponomariov B & Branco L，2008）的研究显示，

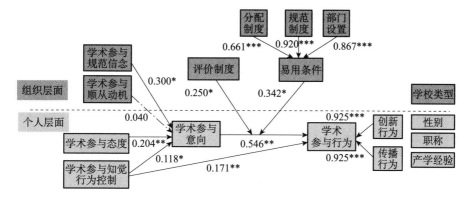

图 5 - 10　高校教师学术参与行为机理模型（自然科学）

注：∗ 表示 p < 0.05，∗∗ 表示 p < 0.01，∗∗∗ 表示 p < 0.001；实线箭头代表作用显著，虚线箭头代表作用不显著。

资料来源：正式调研数据。

工程专业等应用学科领域更有可能与企业合作。本书实证研究结果与上述研究基本一致：学科属性不仅影响学术参与频度，还影响学术参与广度，自然科学学科教师学术参与更活跃，人文社会科学学科教师学术参与行为的均值为 0.696，自然科学学科教师学术参与行为均值为 1.154；人文社会科学学科教师更多从事传播型学术参与活动：BEI = 0.42、BED = 1.11，自然科学学科教师学术参与活动类型较均衡：BEI = 1.048、BED = 1.313。

比较人文社会科学学科和自然科学学科学术参与行为机理模型发现，多处路径系数显著性水平存在差异（见表 5 - 29），据此认为学科属性对于高校教师学术参与行为的调节效应显著：第一，自然科学学科高校教师的学术参与规范信念、学术参与知觉行为控制显著影响学术参与意向，假设 H2 - 1、假设 H3 在自然科学学科得到验证，而在人文社会科学学科该假设不成立；第二，人文社会科学学科教师学术参与意向对于学术参与行为的影响不显著，而自然科学学科教师学术参与意向对于学术参与行为作用显著，假设 H4 得到自然科学学科实证研究的支持，在人文社会科学学科中没有得到验证，人文社会科学学科学术参与意向和行为差距问题更为突出；第三，由于人文与自然科学学科学术参与意向对于学术参与行为作用的不同，导致以学术参与意向为核心的中介效应显著性水平在不同学科表现差异，学术参与态度→学术参与意向→学术参与行为、学术参与规范信念→学术参与意向→学术参与行为、学术参与知觉行为控制→学术参与意向→

学术参与行为的中介效应在自然科学学科表现显著，而在人文社会科学学科中表现不显著；第四，人文社会科学领域，评价制度、易用条件的调节效应表现一定的协同性，而自然科学领域，评价制度和易用条件各自独立发挥调节作用。

表 5 - 29　　　　　　　　　　假设检验结果

因素	序号	研究假设	学科	结论
学术参与意向形成机理	H1	学术参与态度→学术参与意向	自然科学	支持
			人文社科	支持
	H2 - 1	学术参与规范信念→学术参与意向	自然科学	支持
			人文社科	不支持
	H2 - 2	学术参与顺从动机→学术参与意向	自然科学	不支持
			人文社科	不支持
	H3	学术参与知觉行为控制→学术参与意向	自然科学	支持
			人文社科	不支持
学术参与行为生成机理	H4	学术参与意向→学术参与行为	自然科学	支持
			人文社科	不支持
	H5 - 1	学术参与态度→学术参与意向→学术参与行为	自然科学	支持
			人文社科	不支持
	H5 - 2	学术参与知觉行为控制→学术参与意向→学术参与行为	自然科学	支持
			人文社科	不支持
	H5 - 3	学术参与规范信念→学术参与意向→学术参与行为	自然科学	支持
			人文社科	不支持
	H5 - 4	学术参与顺从动机→学术参与意向→学术参与行为	自然科学	不支持
			人文社科	不支持
	H6	学术参与知觉行为控制→学术参与行为	自然科学	支持
			人文社科	支持
组织环境调节作用	H7	评价制度显著正向调节高校教师学术参与意向和学术参与行为之间的关系	自然科学	支持
			人文社科	支持
	H8	易用条件显著正向调节高校教师学术参与意向和学术参与行为之间的关系	自然科学	支持
			人文社科	支持

资料来源：根据实证研究结果整理获得。

此外，在自然科学学科当中，性别、职称、高校类型显著正向影响高校教师的学术参与意向，性别和高校类型同时影响学术参与行为；而在人文社会科学学科当中，性别和高校类型对于学术参与意向和行为的影响均不显著，职称显著负向影响学术参与意向、显著正向影响学术参与行为。

需要强调的是，不同学科学术参与行为也存在一些共性：（1）学术参与态度是学术参与意向的直接决定因素；（2）学术参与意向和学术参与行为之间存在差异；（3）学术参与知觉行为控制是学术参与行为的非意志决定因素；（4）产学合作经验对于学术参与意向和学术参与行为均产生显著正向作用；（5）评价制度、易用条件对于"学术参与意向和学术参与行为关系"具有正向调节作用，其中，易用条件的调节效应更突出。

综合以上研究，本章构建综合的学术参与行为生成机理模型，见图 5 - 11。

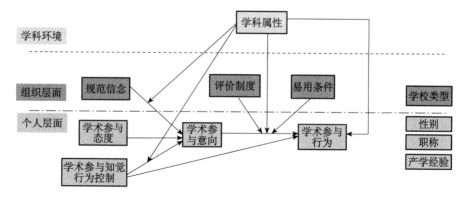

图 5 - 11　综合的研究模型（自然科学和人文社会科学）

资料来源：根据实证研究结果整理获得。

5.6　本章小结

在调研的基础上，本章利用样本数据分析不同学科学术参与行为，对理论模型进行检验、对研究假设进行验证：首先，统计分析不同学科高校教师学术参与行为的频率和广度，发现人文社会科学学科教师学术参与频次更低、学术参与模式以知识传播型为主，自然科学学科教师学术参与行为累计频次相对更高，但总体参与率仍然偏低，学术参与模式较为均衡，结合学科属性相关研究，提出分学科验证理论模型的必要性；由于理论模型复杂、变量处于不同层面以及 ICC、deff 检验结果，研究选择多水平结构方程模型进行实证分析；针对人文社会科学学科、自然科学学科，分别构建学术参与计划行为模型，揭示学术参与意向的形成诱因，验证学术参与意向和学术参与行为的一致性，检验评价制度和易用条件的调节效应；梳理人文社会科学学科、自然科学学科高校教师学术参与行为生成机理，对比不同学科实证研究结果，总结学科环境对于学术参与行为的调节效应。

实证结果表明，学术参与顺从动机不是高校教师学术参与意向形成的主要诱因，学术参与态度是学术参与意向的近端决定因素，学科属性显著调节学术参与规范信念→学术参与意向、学术参与知觉行为控制→学术参与意向之间的关系；学术参与意向和学术参与行为之间存在差距，评价制度、易用条件、学科属性调节学术参与意向→学术参与行为关系；学科属性、学术参与知觉行为控制直接作用学术参与行为。综合以上研究，本章构建综合的学术参与行为生成机理模型。

第6章

研究结论与未来展望

本章首先基于理性行为理论、计划行为理论、社会认知理论、人际行为理论讨论实证研究结果，分析高校教师学术参与行为的生成机理。在此基础上，提出推动高校教师学术参与行为的管理建议。最后，反思研究当中存在的不足，展望未来研究方向。

6.1　结果讨论

实证研究的结果表明，人文社会科学与自然科学的学术参与活动遵循各自不同规律，学科环境在学术参与行为决策和执行的不同阶段具有调节作用。

6.1.1　人文社会科学学科检验结果分析

6.1.1.1　学术参与态度对于学术参与意向的影响

理性行为理论认为，人是理性的，在行动之前会综合考虑行为的结果和意义，当个体预期行为带来的结果有价值、行为本身有意义时，就会为行为目标的实现做准备。赛尔特和古德曼（Cyert R M & Goodman P S, 1997）的研究表明，高校教师与产业界互动是因为可以获得产业资助、推进研究、培养学生等。据此，本书认为，积极的学术参与态度是学术参与意向产生的直接原因。哈格和查齐萨兰提斯（Hagger M S & Chatzisarantis N L D, 2005）指出，应该从工具性（有价值—无价值）和情感性（喜欢—厌恶）两个维度测评态度。据此，本书从有用性和兴趣两个维度测评高校教师的学术参与态度。人文社会科学学科实证研究结果显示，学术参与态度对于学术参与意向具有显著正向作用（r = 0.766，p < 0.001），假设 H1 得到人文社会科学学科研究结果的支持。这说明人文社会科学学科高校教师对于学术参与社会价值、科研价值的预期以及较高的兴趣是参与意向生成的关键诱因。

6.1.1.2 学术参与规范信念对学术参与意向的影响

规范信念是来自社会的影响，是个体对于社会压力的感知。理性行为理论指出，社会影响对于意向具有决定性作用。学术参与规范信念是高校教师感知到的领导和同事的期望，本书据此认为，学术参与规范信念对于学术参与意向具有提升作用，提出假设 H2 - 1。但是，人文社会科学学科实证研究结果并不支持研究假设，学术参与规范信念对于学术参与意向的影响不显著（r = 0.053，p > 0.1），假设 H2 - 1 不成立。这与安卡拉和艾尔·塔巴（S Ankrah，O Al-Tabbaa，2015）、范慧明（2014）研究结论不一致，这可能是因为以上学者的研究以自然科学学科教师为样本，由于研究对象不同导致研究结论差异。这说明不同学科环境下学术参与规范信念对于学术参与意向的作用不同，人文社会科学学科中领导和同事的期望不足以提升高校教师学术参与意向。

6.1.1.3 学术参与顺从动机对学术参与意向的影响

顺从动机是个体服从参考者建议的动机，理性行为理论认为，个体针对特定群体建议的顺从动机与行为意向成正比。据此，研究认为，高校教师学术参与顺从动机显著正向影响学术参与意向，提出理论假设 H2 - 2。人文社会科学学科实证结果表明，学术参与顺从动机对于学术参与意向影响不显著（r = 0.024，p > 0.1），假设 H2 - 2 在人文社会科学学科中不成立。这说明高校教师学术参与活动更多是一种自主选择行为。学术自由理念由来已久，早在 1670 年，斯宾诺莎（Spinoza）就提出"探讨的自由"的精神，经由启蒙运动及洪堡等学者的宣扬，学术自由精神现已成为大学的核心理念、被广泛接受。

6.1.1.4 学术参与知觉行为控制对于学术参与意向和学术参与行为的作用

知觉行为控制是个体对于自身行为能力的感知。计划行为理论认为，自信可以完成任务目标的个体的行为意向更高，也更有可能实现行为目标。社会认知理论认为，自我效能感是意向之外的主观信念，是主体系统中的动力核心，对于行为的发生具有重要影响。学术参与知觉行为控制是高校教师关于获取学术参与机会、帮助企业解决实际问题能力的自我效能感。本书据此认为，高校教师学术参与知觉行为控制显著正向影响学术参与意向，学术参与知觉行为控制促进学术参与行为发生，并据此提出理论假设H3 和假设 H6。人文社会科学学科实证结果表明，学术参与知觉行为控制对于学术参与意向影响不显著（$r = 0.138$，$p > 0.1$），而是直接作用学术参与行为（$r = 0.146$，$p < 0.001$），人文社会科学学科中假设 H3 不成立、假设 H6 成立。

综合研究结果发现，对于人文社会科学学科教师而言，积极的态度是学术参与意向形成的关键要素，社会影响、个体能力不是学术参与意向形成的主要诱因。学术参与知觉行为控制对于学术参与行为影响的显著性表明，专业技能和参与机会可以直接驱动学术参与行为的发生。

6.1.1.5 学术参与意向和学术参与行为的一致性分析

行为意向是个体执行特定行为的自我指导，理性行为理论认为，人们更倾向于执行计划内行为，意向对于行为具有预测作用。据此，本书认为，高校教师学术参与意向越高，学术参与行为越有可能发生，据此提出研究假设 H4。人文社会科学学科的实证研究结果显示，学术参与意向对学术参与行为的作用不显著（$r = 0.112$，$p > 0.1$），假设 H4 在人文社会科学学科研究中没有得到验证。表明人文社会科学学科高校教师学术参与意向和行为之间存在缺口，较高的学术参与意向并不能保证学术参与行为一定发生。计划行为理论指出，有些行为更多表现为控制问题，这些控制因素表现为内部的个体归因、信息、能力、技术，以及外部的机会、时间、对他人的依靠等，控制问题往往导致意向的改变，影响行为发生的时间（Ajzen I，1985）。学术参与知觉行为控制（$r = 0.146$，$p < 0.001$）、职称（$r = 0.179$，$p < 0.001$）和产学合作经验（$r = 0.426$，$p < 0.001$）对于学术参与行为的显著影响，表明学术参与行为控制问题突出，能力、资历、经验是人文社会科学学科教师从事学术参与的约束因素。

6.1.1.6　学术参与意向的中介作用

计划行为理论指出，行为的生成分为决策阶段和执行阶段，学术参与意向作为核心内容中介具有"态度和行为""规范信念和行为""顺从动机和行为""知觉行为控制和行为"的关系。据此，本书认为，学术参与意向对于"学术参与态度和学术参与行为""学术参与规范信念和学术参与行为""学术参与顺从动机和学术参与行为""学术参与知觉行为控制和学术参与行为"的关系具有中介作用，提出研究假设 H5 – 1、假设 H5 – 2、假设 H5 – 3 和假设 H5 – 4。人文社会科学学科的实证研究结果表明，学术参与态度→学术参与意向→学术参与行为（$r = 0.086$，$p > 0.1$）、学术参与知觉行为控制→学术参与意向→学术参与行为（$r = 0.015$，$p > 0.1$）、学术参与规范信念→学术参与意向→学术参与行为（$r = 0.006$，$p > 0.1$）、学术参与顺从动机→学术参与意向→学术参与行为（$r = 0.003$，$p > 0.1$）的中介效应不显著，这主要是因为学术参与意向对于学术参与行为的作用不显著。

6.1.1.7　评价制度和易用条件的调节作用

社会认知理论认为，环境作为行为对象或外部条件，决定着行为的方向和强度。人际行为理论指出，时间、指导、制度、资源等有利条件使行为的发生更加便捷、快速。据此，本书认为，当高校的评价制度鼓励学术参与行为，并且为推进学术参与行为提供了必要条件，那么学术参与行为发生的可能性将明显提升，提出理论假设 H7 和假设 H8。人文社会科学学科研究结果表明，评价制度（$r = 0.481$，$p < 0.05$）和易用条件（$r = 0.788$，$p < 0.01$）以及二者的乘积项（$r = 0.188$，$p < 0.01$）显著正向调节学术参与意向和学术参与行为的关系。这说明同等学术参与意向水平下，积极的评价制度和易用条件可以有效增强学术参与行为发生的可能性，评价制度和易用条件强化了学术参与意向对于学术参与行为的驱动力。

6.1.1.8　控制变量的影响

人文社会科学学科实证研究结果显示，性别对于高校教师学术参与意向（$r = 0.147$，$p > 0.1$）和行为（$r = 0.014$，$p > 0.1$）影响不显著，与刘京、周丹和陈兴等的研究结果不一致，这可能是因为研究对象不同所致，上述研究以自然科学学科高校教师为研究对象，自然科学学科中男性教师居多，性别差异问题更突出；职称微弱负向影响学术参与意向（r = − 0.117，p < 0.1），表明人文社会科学学科高级职称教师更愿意进行传统学术研究，学术参与意向不积极；产学合作经验微弱正向影响学术参与意向（r = 0.106，p < 0.1），与贝尔科维茨和费尔德曼（Bercovitz J & Feldman M，2003）的研究结果一致，表明丰富的产学合作经验增加了教师继续从事学术参与的预期；高校类型对于教师的学术参与意向（r = − 0.096，p > 0.1）和学术参与行为（r = 0.058，p > 0.1）影响不显著，与布兰科·波诺马廖夫（Ponomariov B，2008）的研究结论不同，这可能是因为人文社会科学学科教师与产业界互动不需要太多实验设备等高校资源支持。

综上所述，人文社会科学学科学术参与态度是学术参与意向的决定因素，学术参与行为主要是在能力驱动下生成，学术参与意向和行为之间存在缺口，有意向无行为的问题比较突出，积极的评价制度和易用条件对于学术参与意向和学术参与行为缺口的弥合至关重要，强化了学术参与意向对于学术参与行为的驱动作用。为进一步提升高校教师学术参与意向、推进高校教师学术参与行为，未来的高校管理应以培养教师学术参与意识、提升学术参与能力、改革评价制度、创造易用条件为核心，并注意发挥评价制度和易用条件的协同性。

6.1.2 自然科学学科检验结果分析

6.1.2.1 学术参与态度对学术参与意向的影响

自然科学学科实证研究结果显示，学术参与态度显著正向影响学术参与意向，路径系数为 0.204，显著性水平为 p < 0.01，假设 H1 得到自然科学学科实证研究的支持。这表明，自然科学学科中高校教师积极的学术参与态度对于学术参与意向的生成至关重要。

6.1.2.2 学术参与规范信念对学术参与意向的影响

实证研究结果显示，自然科学学科学术参与规范信念正向作用学术参与意向（r = 0.288，p < 0.05），与霍伊斯勒和科利瓦斯（Haeussler & Colyvas，2011）的研究结论一致，假设 H2 − 1 在自然科学学科中得到验证。这说明

自然科学学科领导和同事的期望对高校教师构成外在压力，从而提升高校教师的学术参与积极性。

6.1.2.3 学术参与顺从动机对学术参与意向的影响

实证结果表明，学术参与顺从动机对于学术参与意向的影响在自然科学学科当中也没有得到验证，学术参与顺从动机→学术参与意向的路径系数为 0.027、显著性水平为 p > 0.1，假设 H2 – 2 不成立。这表明教师"是否接受领导、同事的建议"和"是否愿意从事学术参与行为"没有必然的联系，高校教师在最终决策时更多追随"学术自由精神"。1988 年联合国《利马宣言》指出，通过探查、研究、教学、写作等追求发展与传授知识的自由是学者的一种基本权利。时至今日，自由探讨、生产、交流知识的诉求渗透于高校教师教学、科研、服务社会的各项活动当中。

6.1.2.4 学术参与知觉行为控制对于学术参与意向和学术参与行为的作用

自然科学学科的研究结果显示，学术参与知觉行为控制显著正向影响学术参与意向（r = 0.119，p < 0.05），且显著直接作用学术参与行为（r = 0.140，p < 0.01）。这表明学术参与能力对于学术参与意向的生成至关重要，学术参与的自我效能感是学术参与行为发生的内驱力。这主要是因为自然科学的学术研究与企业生产实践互补性更强，精深的专业技能可以激活高校教师学术参与意向，增加学术参与行为目标实现的可能性，而在专业知识欠缺、能力不足的情况下高校教师的自我筛选程序就会启动，即使在机会面前高校教师也通常会选择放弃。

6.1.2.5 学术参与意向和学术参与行为的一致性分析

自然科学学科实证研究结果显示，学术参与意向对于学术参与行为的作用在组内（r = 0.451，p < 0.001）、组间（r = 0.424，p < 0.001）均显著，假设 H4 在自然科学研究中得到验证，表明学术参与意向对于学术参与行为具有一定预测能力。但是，学术参与意向和行为的均值差距较大，学术参与意向的均值为 4.346，学术参与行为的均值仅为 1.154，表明尽管高校教师学术参与意向非常高，但是学术参与行为实际发生频次非常低。此外，

学术参与知觉行为控制（r = 0.140，p < 0.01）、性别（r = 0.075，p < 0.1）、产学合作经验（r = 0.374，p < 0.001）、高校类型（r = 0.093，p < 0.1）等非意志因素正向影响学术参与行为，说明学术参与行为的发生需要条件，各种主客观条件的缺失约束了学术参与行为的发生。最后，学术参与意向和学术参与行为较低的相关程度（相关系数仅为 0.175），也证实学术参与意向对于学术参与行为的解释能力非常有限。综上所述，本书认为，自然科学学科高校教师的学术参与意向对于学术参与行为具有一定预测能力，但是两者并不完全一致，学术参与意向和学术参与行为之间仍然存在差距。

6.1.2.6　学术参与意向的中介作用

自然科学学科实证研究结果表明，学术参与态度→学术参与意向→学术参与行为（r = 0.092，p < 0.01）、学术参与知觉行为控制→学术参与意向→学术参与行为（r = 0.054，p < 0.01）、学术参与规范信念→学术参与意向→学术参与行为（r = 0.130，p < 0.05）的中介效应显著，假设 H5 - 1、假设 H5 - 2 和假设 H5 - 4 在自然科学学科研究中得到验证，表明自然科学学科教师的学术参与态度、学术参与规范信念、学术参与知觉行为控制通过学术参与意向间接影响学术参与行为。由于学术参与顺从动机对于学术参与意向的作用不显著，学术参与顺从动机→学术参与意向→学术参与行为的中介效应不显著（r = 0.012，p > 0.1），假设 H5 - 3 在自然科学学科研究中没有得到验证。

6.1.2.7　评价制度和易用条件的调节作用

自然科学学科实证结果表明，评价制度（r = 0.250，p < 0.05）和易用条件（r = 0.342，p < 0.05）跨层调节"学术参与意向和学术参与行为之间的关系"，但二者没有表现协同性（乘积项 r = 0.058，p > 0.1），假设 H7 和假设 H8 在自然科学学科实证研究中得到验证。评价制度的作用在于激励教师在行为执行过程中投入更多时间和精力，以保证学术参与行为目标的实现，易用条件的作用则表现为通过制度完善、服务体系的建设为高校教师提供指导、咨询服务、搭建协作平台、协调各方利益，降低学术参与行为的风险与难度、减少教师顾虑。

6.1.2.8 控制变量的影响

研究中还发现，自然科学学科中的教师性别（$r = 0.223$，$p < 0.001$）、职称（$r = 0.214$，$p < 0.01$）、产学经验职称（$r = 0.530$，$p < 0.001$）、高校类型（$r = 0.352$，$p < 0.001$）显著正向影响学术参与意向。这表明自然科学学科男性教师更愿意从事学术参与活动，高级职称、产学经验丰富的教师学术参与意向更积极，高校学术水平有助于提升教师参与意向。

综上所述，自然科学学科中学术参与态度、学术参与规范信念、学术参与知觉行为控制是学术参与意向生成的内在诱因，学术参与行为是在学术参与意向和学术参与能力双重驱动下生成，学术参与意向和行为之间存在一定程度差距，评价制度和易用条件对于学术参与意向→学术参与行为的转化具有促进作用；此外，高校科技资源为教师外部参与提供了支持。因此，未来高校管理应以提升教师学术参与意向、培养学术参与能力为内核，以营造组织氛围、改革评价制度、创造易用条件为抓手，同时，注重加强高校整体科研水平的提升，以进一步增进高校教师学术参与意向，推进高校教师学术参与行为。

6.1.3 学科环境的作用机理分析

自然科学学科和人文社会科学学科内部运行遵循各自不同规则，这些普遍存在的行为规则约束和规范了高校教师学术参与行为。学科环境对于学术参与行为的影响体现在多个方面，不仅决定了高校教师学术参与渠道的选择，而且分化了不同学科学术参与行为的生成逻辑。

6.1.3.1 学科属性对于学术参与行为的影响

本书调研对象分为两组，自然科学学科和人文社会科学学科。不同学科研究对象不同、研究目的存在较大差异。人文社会科学以人类的活动为研究对象，以揭示社会发展规律、处理"人与人"和"人与社会"关系为目的，注重思想层面的服务、方法论指导；自然科学探讨的是自然规律，解决的是人与自然的关系问题，以使自然造福于人类为研究目的（李庆豪，2007）。因此，人文社会科学学科高校教师创新型学术参与行为较少（BEI均值 = 0.420），以知识传播型学术参与行为（BED 均值 = 1.11）为主，而自然科学学科两种行为比较均衡，创新型学术参与行为 BEI 均值为 1.048，传播型学术参与行为 BED 均值为 1.313。

6.1.3.2　学科属性对于"学术参与意向→学术参与行为"的调节作用

相对而言，自然科学学科的学术研究与产业部门需求更贴近，研究成果具有更多的应用价值，可以创造更多经济效应，而人文社会科学的研究成果与产业生产实践联系不是特别紧密，经济效益不易测算（Perkmann M，King Z & Pavelin S，2011；Van De，Ven A H & Johnson P E，2006）。因此，产业界对于自然科学学科创新知识需求更为强烈，教师学术参与机会更多，同等意向水平下，自然科学学科高校教师学术参与意向更有可能转化为实际行为。实证结果表明，人文社会科学学科学术参与行为均值（0.696）低于自然科学学科学术参与行为均值（1.154），人文社会科学学科学术参与意向无法预测学术参与行为，而自然科学学科学术参与意向显著影响学术参与行为。

6.1.3.3　学科属性对于"学术参与规范信念→学术参与意向""学术参与知觉行为控制→学术参与意向"关系的调节作用。

也正是由于不同学科专业知识与产业需求互补性不同（Perkmann M，King Z & Pavelin S，2011），学术研究对产业资源的依赖程度存在差异，从而导致学术参与规范信念、学术参与知觉行为控制对于学术参与意向的影响在不同学科表现差异。自然科学学科的学术研究往往与产业界尖端技术密切相关，如目前 AI、大数据分析、云计算技术广泛应用于医疗、交通运输、制造业、农业等多个领域，学者的许多研究成果需要通过产业活动进行实地验证（Owen-Smith J，2003）。自然科学学术研究对于产业资源的高度依赖增强了学术参与规范信念、学术参与知觉行为控制对于学术参与意向的影响作用，在领导和同事建议之下、在具备学术参与能力的条件下自然科学学科高校教师学术参与意向更积极。而在人文社会科学学科，产业参与对于学术研究的推进作用不明显，二者互补性不强，甚至在时间方面存在冲突，因此，即使周围关键人物期望高校教师从事学术参与活动，教师也确信自己有能力帮助企业解决实际问题，但是考虑到无助于发表论文、申请课题，甚至会耽误科研进程（Lee Y S，1996）、职称晋升，高校教师的学术参与意向不积极。

6.1.3.4 学科属性的其他影响

学科属性的影响还体现在"性别""职称""高校类型"等变量在不同学科作用的差异。性别对于学术参与意向和行为的影响在人文社会科学学科中表现不显著，但在自然科学学科中作用显著，表明自然科学学科学术参与中存在显著性别差异，男性教师更有可能从事学术参与，这种性别差异在人文社会科学学科中不突出；自然科学学科高校学术水平可以提升教师学术参与意向、增加学术参与行为发生的可能性，而在人文社会科学学科中教师的学术参与行为没有表现出这种依赖性；职称变量在人文社会科学学科中负向影响高校教师学术参与意向，而在自然科学学科中却正向作用学术参与意向，这是由于人文社会科学学科的学术研究与产学合作实践互补性不强，甚至存在时间冲突，职称越高的教师科研任务越重，学术参与和科研任务的冲突越突出，因此，职称对于学术参与意向具有反向作用，而在自然科学学科，学术研究和学术参与的互补性较强，学术参与有助于推进学术研究，为了推进科学研究，自然科学学科教师愿意从事学术参与行为，职称较高的教师这种需求更突出，因此，职称正向作用学术参与意向。职称作用的分化再次验证不同学科研究对象和目的的差异性。

综上所述，由于研究对象和研究目的的不同，人文社会科学学科和自然科学学科内部运行遵从不同规律。人文社会科学学科与自然科学学科的学术参与活动不仅模式不同，而且内在机理也存在明显差异。因此，高校管理未来的改革方向应体现多元化、差异性，针对不同学科制定相应的政策，以有效推进高校教师学术参与行为。

6.2 推进高校教师学术参与行为的策略建议

研究结果表明，积极的学术参与态度、凸显的规范信念、较强的学术参与能力是学术参与意向生成的关键诱因，学术参与意向和学术参与知觉行为控制是学术参与行为的内在驱动力，评价制度和易用条件可以强化学术参与意向对于学术参与行为的作用，对于学术参与意向和学术参与行为的缺口具有弥合作用，在自然科学学科高校类型显著影响学术参与意向和

学术参与行为。据此，本书认为，高校管理应以提升学术参与意向、增强
学术参与知觉行为控制为核心，以改善行为认知、发挥领导同事作用、营
造积极的组织氛围、提供专业知识和协作技能培训为举措，针对不同类型
的高校、不同学科制定有针对性的推进政策。

考虑到办学思想对于高校管理和教师行为的指引作用，建议高校首先
应该合理定位自身发展方向，理顺教学、科研、服务社会之间的关系，为
制度和基础设施的建设提供指导，协调教学、科研、产学合作活动之间的
关系。基于以上思路，研究构建学术参与行为双轮驱动模型，见图 6-1。

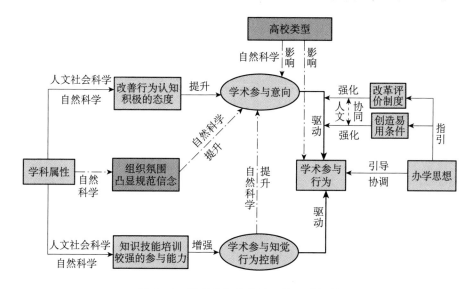

图 6-1　学术参与行为的双轮驱动机制

注：箭头表示各学科的管理路径；浅色方框表示人文社会科学学科和自然科学学科学术参与
活动的共同影响因素；深色方框表示自然科学学科学术参与活动的特有影响因素。
资料来源：结果讨论的基础上整理提出。

6.2.1　合理定位高校发展方向，理顺教育、科研和服务社会的关系

高校的发展史表明，任何高校都无法脱离社会、独善其身，高校使命
由最初的人才培养、传播知识，逐步拓展为科学研究、服务社会，社会对
于高校寄予越来越多的期望，高校肩负越来越多的使命。然而，由于资源
和能力的限制、政策的引导作用，高校只能有选择地确定未来发展方向，

不同高校办学宗旨不同。在我国，"985""211"高校作为研究型大学将知识创新、探索未知作为核心任务，双非一本重点院校、普通本科院校在科研与服务社会之间有所权衡，职业院校以培养专业技术人才为主要任务。

6.2.1.1　办学宗旨对于制度章程、组织设计、教师行为的引领作用

办学宗旨浸透着高校的哲学信仰，是高校办学实践中的价值追求，是高校处理内部、外部各种关系的根本准则和基本态度。高校的制度章程、组织架构是办学宗旨的现象形态，办学宗旨是高校制度章程的援引和依据。办学宗旨可以保证各部门工作协同一致、各项规章制度和谐统一。高校事务繁杂，规章制度很难触及所有细节，当遇到具体行为没有制度援引和依据时，办学宗旨为规章制度的准确实施提供了指导和裁量空间。办学宗旨是高校管理制度和组织架构的精神内核，引领办学方向、统领办学秩序、指导办学实践（许庆豫、孙卫华、俞冰，2012）。

管理制度的作用在于规范和引导员工行为，组织架构的作用在于贯彻落实制度政策、任务分工、协调组织活动和员工行为。教职员工通过高校制度章程与管理实践不断领会、记忆、传承高校办学思想，逐步将高校办学思想内化为终身实践的价值观。

鉴于办学宗旨、制度章程、组织架构和教师行为之间的逻辑关系，本书建议，学术参与行为的推进应以办学思想、发展方向为指引，制定制度章程，设立职能部门，协调组织活动，引导教师行为。

6.2.1.2　教学、科研与服务社会的互惠关系

不同高校办学宗旨不同，或者以人才培养为核心，或者以学术研究为首要任务，或者将服务社会作为主要办学目的。不同办学宗旨体现教学、科研和服务社会使命之间的主次关系，但并不代表教学、科研和服务社会之间非此即彼、不可兼容。威斯康星大学建校之初就以服务地方经济、为州人民创造福祉为己任，但这并没有影响其世界著名研究型大学地位。佩克曼、金和帕夫林（Perkmann M，King Z & Pavelin S，2011）的研究表明，高校教师在学术参与中可以发现新的研究问题、验证创新理论、为科学研究争取产业资助、安排学生实习等。由此可见，学术参与的意义不仅仅在于服务社会，其科研价值、人才培养的作用也很突出。

教育、科研、服务社会是高校肩负的三大使命，虽然人们对于这三大使命的认识有先后之分，但本质上三者是辩证统一的整体，彼此之间存在着相辅相成的内在关系（见图6-2）。科研对于服务社会的作用显而易见，纯科学研究是技术开发的基础，大量科研创新推动高校教师走向企业推广科技成果、传播创新知识、帮助企业解决生产技术问题；高校课程体系的设置、培养方案的设计需改变传统的本位主义思想，应该根据科学发现、社会需要不断更新、重新设计，科学研究中的新发现可以丰富教学内容，更新专业知识；服务社会中可以发现社会对专业知识与专业人才需求的异动，及时调整专业培养方案，增强学生就业能力；教学中"以问题为中心"的项目式教学方法，提倡学生在导师带领下参与课题研究、进入企业实习、参与企业创新项目，在提高学生创新能力、解决实际问题的能力的同时，推进了科学研究、激活了产业参与。

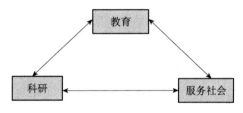

图6-2 教学、科研、社会服务的互惠关系

资料来源：在已有文献的基础上整理获得。

6.2.1.3 办学宗旨统领下的教育、科研、学术参与行为

经过两次学术革命，高等教育的内涵与使命得到极大丰富，培养精英人才、进行知识探索、服务社会是当代高校的担当和使命。然而，过分强调纯学术研究是学术界普遍存在的现象，即便在高等教育发达的美国，大学教师职责体系中科研任务也始终排在突出位置（许方舟等，2015），各种评价体系以科研成果为核心，甚至有超越人才培养使命的趋势。尤其，针对学术研究和产业参与的关系，理论界一直争论不休，关于"洪堡精神"和"学术资本主义"关系的讨论呈现"二元对立"态势（王骥，2011）。实践当中，教师需在教学、科研、学术参与之间分配时间，繁重的教学、科研任务削弱了教师学术参与的意向和精力（Arvanitis S，Kubli U & Woerter M，2008；胡国平、陈卓和秦鑫，2016）。学术界对于产学合作价值的质疑，

实践中教学、科研、服务社会任务之间的时间冲突，使得学术参与的合法地位难以确立。

与此同时，高校在越来越多社会期待中从社会边缘走向社会核心，高校已无法在"象牙塔"中超然自居。为保证高校追求学术自由与适应社会的辩证统一，高校的办学宗旨应该遵循丰富性原则、体现包容性（Gomez-Gras J M & Lapera D R G, 2008）。高校可以以人才培养、探索未知为办学宗旨，但这并不排斥服务社会使命的履行。

依据教育、科研、服务社会之间的互惠关系，教师完全可以在学术参与过程中履行人才培养、科学研究职责；学术参与中教师可以发现新的课题、验证创新理论，为科学研究注入新的活力。学术参与不是要求学者放弃学术自由、迎合社会需求，而是为了实现纯科学研究与技术研究的融合；学术参与中教师可以利用外部资源，收集教学案例和实验数据、丰富教学内容；学术参与中教师可以组织学生到企业实习、参与企业项目，增强学生理论联系实践分析问题、解决问题的能力，培养学生的创新能力。

为推进学术参与，本书建议高校合理确定发展方向，在体制层面理顺人才培养、学术研究、服务社会之间的关系，协调统一教学、科研、服务社会各项任务，为高校教师学术参与提供便利，解决高校教师学术参与中面临的制度困境。

6.2.2 提升学术参与意向，驱动学术参与行为

行为意向是执行特定行为以获取结果、产出的自我指导（Paschal Shee-ran, Thomas L & Webb, 2016）。行为是个体在特定时间与环境内对特定目标做出的外显的可观测的反应（Ajzen I, 1985）。菲什拜因和艾奇森（Fish-bein M & Ajzen I, 1975）指出，人是个体的人，按照自身自由意志行动，在了解事物因果关系之后，行为主体进行有意识、有目的的选择和判断，形成实现目标的想法，实现个体目标。由此可见，行为意向对于行为的发生至关重要，是行为生成的内在驱动力。

自然科学学科实证研究结果显示，学术参与意向显著正向作用学术参与行为（组内 $r = 0.451$，$p < 0.001$；组间 $r = 0.424$，$p < 0.001$），人文社会科学研究结果也显示，学术参与意向在评价制度和易用条件的调节作用下，对于学术参与行为的影响也显著（组内 $r = 0.239$，$p < 0.01$），这说明学术

参与意向是学术参与行为的内在动力源，学术参与行为的推进应以学术参与意向的提升为核心。

6.2.2.1　改善行为认知，重塑积极的学术参与态度

人文社会科学学科（组内 r = 0.766，p < 0.001）和自然科学学科（组内 r = 0.204，p < 0.01）实证研究结果显示，学术参与态度显著正向影响学术参与意向，表明学术参与态度是学术参与意向的关键决定因素，学术参与意向的提升应从改善行为认知、重塑积极的学术参态度入手。

学术参与并不意味着大学基本精神的沦丧、科学研究陷入"功利化"泥潭，相反，学术参与可以给科学研究注入新的活力，在科研遇到"瓶颈"时，学术参与可以发现更多可能性；学术参与更多符合开放科学精神、遵循莫顿定律，是洪堡精神的传承与超越；学术参与中高校将课堂移至企业，高校教师在培训、技术服务、交流当中完成传播知识、培养人才、开启民智、继续教育的使命，此时，吸收知识、掌握技能的学生是广大产业工人、技术人员。可以说，学术参与具有教学、科研、服务社会多方面意义，高校应当鼓励教师学术参与行为。

理性行为理论指出，行为信念是有关行为可能结果的信念，态度以行为信念为基础（Fishbein M & Ajzen I，1975）。凸显积极的行为结果信念是树立积极的学术参与态度的关键，高校管理可以通过领导和同事的示范、典型人物宣传、成功案例嘉奖等多种渠道宣扬学术参与的多方面贡献，改善教师对于学术参与行为的认知。

6.2.2.2　营造组织氛围，凸显领导和同事的影响作用

自然科学的实证结果显示，规范信念显著影响学术参与意向（r = 0.288，p < 0.05），表明领导和同事的期望是自然科学学科高校教师意向形成的重要诱因，高校应通过突显规范信念提升教师学术参与意向。

（1）营造良好的组织氛围。组织氛围与组织价值观、理念密切相关，是组织文化的重要组成部分，在成员之间的交流与互动中逐步形成。组织氛围是个体规范信念的形成基础，主要由领导和同事的影响构成，对于组织成员行为意向的形成具有重要作用，在组织制度不健全的情况下，组织氛围的作用尤为突出。因此，自然科学学科学术参与活动的推进需要发挥

领导和同事的作用，在组织氛围影响之下凸显规范信念，增强高校教师的学术参与动机。

（2）领导的支持和引导作用。调研中发现，部分院校评价制度并不鼓励教师学术参与，规范制度、分配制度和基础设施不支持教师产学互动。不确定性环境下领导的作用至关重要，领导艺术的超常发挥对于组织成员行为的引导作用尤为突出（Bercovitz J & Feldman M，2008）。安卡拉和艾尔·塔巴（S Ankrah，O Al-Tabbaa，2015）的研究表明，领导和管理层的许可与支持促进了高校教师学术参与。范慧明（2014）在访谈中发现，教师对于领导作用的预期较高，通常将领导的态度作为学校发展的风向标，多数学校的领导表示鼓励和支持学术参与，但实际当中部分领导却表现"不担当""不作为"，领导的言行不一致导致教师无法准确判断领导态度。因此，充分沟通和行为示范对于领导影响力的发挥至关重要，学院和学校领导可以通过各种组织活动传达学校的指导思想，明确自身学术参与态度，甚至可以身先士卒带动员工参与。威斯康星大学历任校长不仅号召教师履行服务社会使命，而且身体力行、知行统一，有效发挥了先行者和典范的作用。

（3）发挥同行效应。塔尔塔里、佩克曼和萨尔特（Tartari V，Pperkmann M & Salter A，2014）基于社会比较理论指出，教师的学术参与行为较多地受到同等条件同事的影响，尤其对于职业生涯早期的教师，同事的学术参与行为可形成对教师的鼓励和示范作用，增加了教师学术参与的信心。罗青兰等（2013）的研究也表明，当同事认同和鼓励知识共享行为时，主观规范对于知识共享意向的影响就开始发挥作用。据此，高校可以借助组织活动、协作平台，增进教师之间的经验交流与互助，突显教师对于同事期望的感知。

6.2.2.3 区分高校类型，支持学术参与

自然科学学科研究结果显示，高校类型对于学术参与意向（r = 0.352，p < 0.001）具有显著影响，研究结果与赵志艳、蔡建峰（2018）的研究一致，这表明"985""211"等研究型高校的教师学术参与意向更高。因此，对于管理者来说，应根据高校学术水平的高低，制定有针对性的管理政策：对于学术水平较高的研究型大学，应更多考虑职能部门的设置、服务体系的完善、制度流程的简化，为高校教师学术参与提供更多便利；而对于学

术水平一般的普通院校，应以学术水平、科研能力的提升为首要目标，在此基础上提高教师学术参与意向，进而推动学术参与行为。

6.2.3 改革评价制度、创造易用条件，强化学术参与意向驱动力

人文社会科学学科与自然科学学科的实证结果证明，高校教师学术参与意向和学术参与行为之间存在差距，学术参与意向→学术参与行为的转化存在困境。而评价制度和易用条件对于学术参与意向→学术参与行为具有正向调节作用，一定程度上弥合了意向和行为之间的缺口。据此研究认为，改善评价制度、创造易用条件可以增强学术参与意向的驱动作用，对于推进学术参与意向→学术参与行为转化具有重要意义。

6.2.3.1 创建易用条件，降低学术参与成本

（1）搭建创新协作平台。产学研合作跨越高校、企业、研究机构、政府部门不同组织边界，贯穿研究、开发、商业化、市场化过程，合作过程中不同利益主体的价值取向存在差异，文化冲突和信息不对称大大降低了合作成功的可能性。刘兰剑、党兴华（2007）的研究表明，由于研发与市场界面间的冲突，导致 21% 的研发项目部分失败、68% 的研发项目完全失败。创新协作平台的组建可以实现信息的充分流动、有效协调各方利益、减少文化冲突。然而，目前校企合作平台的建设进程远远跟不上产业实际需求，古安、雅姆和莫克（Guan J，Yam R & Mok C，2005）针对北京制造型企业的调查表明，高校和企业之间缺乏联系。吴维平和周宇（Weiping Wu & Yu Zhou，2012）针对上海私营企业的调研结果显示，高校与企业缺乏互动、对接平台。技术转移办公室、成果转化办公室、孵化基地、大学科技园的主要功能在于推进科技成果的商业化，且主要集中于"985""211"高校当中，我国多数普通院校没有设立专门的产学合作管理机构，校企合作、企业培训、技术服务等学术参与活动挂靠于高校科研管理部门，由于不是核心业务，学术参与活动通常得不到科研管理部门的足够重视。

随着产学合作事业的蓬勃发展，学术参与俨然已经演变成一个庞大的社会体系，包括创新人才、高校、企业、信息、资金、设备、成果等众多要素，这一"航母"的启动高度依赖健全的制度和科学的管理。学术参与

活动的推进亟待高校加快产学合作平台建设，建立人才供需信息发布机制，提供专业化服务体系。

需要强调的是，由于人文和自然科学学科学术参与模式的差异，高校在搭建协作平台、提供服务时应体现学科差异，如对于自然科学学科教师应给予更多知识产权、法律、市场信息方面的指导和建议，对于人文社科学科教师则应更加注重打造信息通道，降低信息不对称问题。

（2）改革收益分配制度。学术参与创造的收益可以增加高校经费来源，为教师未来科学研究提供资金、增加个人收益。产学合作中，高校教师往往成为企业廉价劳动力，学术参与回报非常低。此外，学校和教师关于学术参与的收益分成也存在分歧，高校提取的横向课题管理经费往往高于纵向课题，降低了教师可支配收益，进而削弱了教师学术参与的积极性。关于学术参与中的收益，高校管理部门应该维护教师权益，在产权界定、外部交涉中为教师争取应有的收益；降低横向课题管理费用，提高教师收益分成比率。

（3）明确规范制度，简化办事流程。人文与自然科学实证研究表明，规范制度在易用条件中的相对重要性突出，相关系数在 0.9 以上，是易用条件构建的重要内容。统计分析结果显示，被试评分均值在 3.6 左右，说明被试对于现有规范制度并不满意（4 代表基本同意），而调研样本中重点院校占比较高，这些院校制度较为健全、管理体系较为成熟，所以实际情况比被试评价还低。刘京（2018）的研究也显示，高校教师对学校制度评分仅为 2.29，高校现有制度安排严重阻碍了教师外部参与。

制度和规范界定了组织成员的行为边界，是组织引导员工的主要工具（Powell W W，2012）。制度的有效性不应以内容的多少为标准，繁文缛节、官僚主义只会抑制高校教师学术参与行为。高校管理制度应以简单、便捷为特征，减少烦琐的审批程序，为教师从事学术参与提供明确的指导，降低教师学术参与过程中的不确定性，合理安排教学和科研任务，协调教师内部事务与外部活动之间的关系。

6.2.3.2　改革评价制度，认可学术参与价值

人文社会科学学科（$r = 0.481$，$p < 0.05$）和自然科学学科（$r = 0.250$，$p < 0.05$）实证结果均证实了评价制度对于学术参与意向和学术参与行为关

系的正向调节作用，表明制定积极的评价制度对于学术参与意向→学术参与行为的转化具有推动作用。调研中发现，被试对于现有的评价制度并不满意，人文社会科学学科 ES 均值为 3.677、自然科学学科 ES 均值为 3.566，说明现有评价制度有待改进（4 代表基本同意）。

高校的评价制度主要包括聘任制度、考核制度、职称评审制度，其促进作用主要源自对于学术参与行为价值的认可及其背后的报酬体系。访谈中多数教师反映，高校现有的评价制度唯 SCI、SSCI、CSSCI、纵向课题，较少考虑学术参与的价值。埃德温·曼斯菲尔德（Edwin Mansfield，1995）的研究也显示，精英大学一般不愿为了推进产学合作而将专利发明等纳入职称评聘当中。职称评定、聘期考核、年度考核承载教师太多的未来，不仅关系到教师的经济收入，还直接影响研究生招收资格、纵向课题的申报，甚至住房问题。现有的评价制度并不重视学术参与行为，将学术参与置于极其次要的位置，严重挫败了高校教师学术参与积极性，教师即使有意向从事学术参与，也会因为评价制度的不认可，最终没有实践学术参与行为。

行文至此，本书认为，为了推进学术参与行为，高校应改革现有评价体系，不唯论文、唯纵向课题定业绩、定能力，将学术参与纳入各项评价制度，与教师收益和个人发展相挂钩，为教师构建不同的职业发展通道，建立人尽其才的大学评价体系。

需要强调的是，由于学科差异，人文社会科学和自然科学学科学术参与模式和频次存在明显差异，这要求高校在设计评价指标、确定评价标准时应体现学科差异。

6.2.3.3　发挥评价制度与易用条件的协同作用

人文社会科学学科的实证研究结果表明，评价制度和易用条件的乘积项显著影响学术参与意向和学术参与行为之间的关系（r = 0.118，p < 0.01），表明评价制度和易用条件的调节作用具有一定协同性，对于人文社会科学学科教师的学术参与行为的推进应注重评价制度与易用条件的互动性。

期望理论认为，人们之所以从事特定的行为，是因为行为目标的达成有助于个人目标的实现，满足自己某一方面的需求，制度的激励效果取决于效价和期望值。其中，效价是奖励本身对于个体的有用性，期望值是个体对于完成任务能力的自我判断。期望理论包括三种关系：努力和绩效之间的关系；绩效与组织奖励之间的关系；组织奖励与个人目标之间的关系（董克用和李超平，2019）。高校评价制度的激励效力取决于"教师对于行为结果的主观评价"和"实现学术参与行为目标可能性的判断"。易用条件的作用在于提高教师成功实践学术参与行为的期望值，建立个人努力和绩效之间的关系；将学术参与纳入职务聘任、职称评审、年度考核制度当中，是在绩效和组织奖励、组织奖励和个人目标之间建立起联系，增强评价制度的效价。组织奖励的效价越高、完成任务的期望值越大，制度的激励效果就越好，效价或期望值之间相辅相成，任何要素的缺失都会导致制度激励作用的丧失。评价制度和易用条件是一种相互依存的关系，发挥两者的协同作用对于人文社会科学学科教师学术参与行为具有显著推进作用。

评价制度以激励为主，从内部推动学术参与行为，易用条件以降低教师学术参与难度为目的，从外部拉动教师学术参与。评价标准的设定应该基于现有的办学条件和基础设施，贝茨（Bates J A，1979）的研究显示，依任务而定的外部诱因虽然可以督促行为规律性发生，但往往以降低教师兴趣为代价，而以能力而定的外部诱因在推进参与行为方面可以取得更好业绩。易用条件中的分配制度、规范制度、部门设置要素构成高校教师学术参与的组织条件。评价标准过高，而组织条件不支持，只会增加教师的挫败感，降低学术参与积极性。易用条件的成功打造，可以协调利益关系、简化办事流程、提高教师学术参与行为的便捷性，对于任务目标的实现、制度激励效果的提升具有重要意义。

6.2.4 培养学术参与能力、增强学术参与知觉行为控制的驱动力

知觉行为控制是个体对于自身行为能力的感知，计划行为理论认为，个体更倾向于从事自己力所能及的事。人文社会科学学科实证结果显示，学术参与知觉行为控制对于学术参与行为具有直接作用（$r = 0.146$，$p < 0.001$），自然科学学科的实证结果表明，学术参与知觉行为控制直接作用于学术参与行为（$r = 0.140$，$p < 0.01$）的同时，通过学术参与意向间接影响学术参与行为（$r = 0.054$，$p < 0.01$）。由此可见，学术参与知觉行为控制是学术参与行为发生的内在动力源，培养学术参与能力对于学术参与行为

的推进具有关键意义。

统计分析结果显示，人文社会科学学科高校教师学术参与知觉行为控制 PBC 均值仅为 3.786，自然科学高校教师学术参与知觉行为控制 PBC 均值仅为 3.796，表明高校教师对于自身学术参与能力信心不足，高校教师学术参与能力的培养具有必要性。

高校教师的学术参与能力主要体现在两个方面：帮助企业解决实际问题的能力和知识传播能力。前者以高校教师的专业知识水平和创新能力为基础，同时强调知识技能的应用性；后者主要体现为社会资本和沟通技巧。高校教师学术参与能力的培养应该首先从专业知识的培养、创新能力的提升开始，因为这是高校教师学术参与的前提和保障，该方面能力的提升可以有效控制学术参与过程中的风险。对此，高校可以通过专项资金支持教师读博、访学、参加各类学术性质培训和学术会议等，给予教师更多机会汲取最新知识、了解研究前沿，从而实现专业知识水平和科研创新能力的提升。其次，是知识传播能力的培养。刘继红、喻学佳（2016）的研究表明，组织差距严重影响产学知识转移，高校教师和产业技术人员由于价值取向不同、任务冲突甚至关系冲突导致的合作失败屡见不鲜，加强教师协作沟通能力的培养对于降低学术参与成本、推进学术参与行为具有关键意义。知识传播的成功需要大量参与机会和参与渠道，借助高校协作平台和职能部门的信息传播功能，年轻教师可以顺利地与企业对接，与产学合作经验丰富的教师合作，以弥补自身社会资本和合作经验方面的不足。

6.3 研究的创新点

本书创新点主要体现在以下几个方面。

（1）研究识别了人文社会科学学科和自然科学学科高校教师学术参与意向的前因变量，阐释了学术参与态度、学术参与能力、组织氛围、学科环境对于学术参与意向的作用机理。这一理论贡献弥补了"学术参与决策过程"的研究不足，丰富了理性行为理论和计划行为理论内涵。相关研究结论，对于深入理解学术参与意向的生成逻辑具有参考价值，对于管理政策的制定具有指导意义。

（2）研究以"学术参与意向和学术参与行为差距"为切入点，揭示了高校教师学术参与意向→学术参与行为转化存在的困境，在此基础上，验证并诠释了高校评价制度、易用条件对于"意愿—行为"缺口的弥合作用，实现了研究视角的创新。这一研究创新缩小了理论研究与实践活动之间的差距，增强了理论研究对于管理实践的指导意义，拓展了计划行为理论模型，增强了计划行为理论在不同行为研究中的解释能力。

（3）研究构建了人文社会科学学科和自然科学学科高校教师学术参与行为机理模型。在比较不同学科研究结果的基础上，建构了综合的学术参与行为生成机理模型。以上理论研究，厘清了变量之间的因果关系，增强了现有研究的系统性，为全面、深入理解学术参与行为生成逻辑提供了清晰的思路；弥补了人文社会科学学科学术参与的研究不足，推进了学科环境的作用研究；为学术参与行为的过程控制提供了理论支持。

6.4　研究不足与未来展望

6.4.1　研究的不足

由于公共数据的缺失，本书参考以往研究，利用问卷调查、自我报告的方式追踪核心变量相关信息，问卷调查提供了丰富的数据资源、大大增加了研究的可行性，但也充满各种的挑战，要求未来的研究工作应着力于研究结果质量、可靠性等方面的改进。

6.4.1.1　样本抽取的局限性

为增强研究结论的可推广性，本书抽取样本覆盖"985"、"211"、一般本科院校和高职高专院校，但由于时间和能力限制，样本分布并不均衡，"985""211"大学本科院校较多，高职高专样本占比偏低，从而导致制度、基础设施等多个变量评分偏高。本书为控制区域环境的影响、增强样本的代表性，选取东部地区高校作为样本，从而影响研究结论的普遍指导意义。虽然本书理论模型通过检验，研究假设多数都得到验证，但相应结论在高职高专院校中的指导作用可能受到限制，在中西部地区高校的管理实践中需进一步考虑区域环境因素。

6.4.1.2　模型变量的局限性

学术参与是跨越高校、企业组织边界的产学知识转移行为，受个体、高校、企业、区域环境多种因素影响。研究参考理性行为理论、计划行为理论、社会认知理论、人际行为理论，借鉴产学合作和知识共享相关研究选取变量：学术参与态度、学术参与主观规范、学术参与知觉行为控制、评价制度、易用条件（分配制度、规范制度、基础设施）。除此之外，领导方式、地方政策、经济环境等都会对教师学术参与意向和行为产生影响，不同的影响因素作用路径存在明显差异，这些都是未来有待进一步探讨的领域。

6.4.1.3　研究结论基于静态数据

和所有大规模调查基础上的研究相同，本书研究建立在截面数据基础上，因此，在推断变量之间的因果关系方面存在局限性。基于截面数据的静态研究假定意向及其影响因素固定不变，在此基础上，认为态度、主观规范、知觉行为控制决定意向，意向决定行为。但个体心理特征和行为是一个动态变化过程，教师可能因为政策变化、内在诉求而主观改变原有偏好和意向，也有可能因为实际从事学术参与活动而改变学术参与态度和意向，导致意向不再是原有意向，意向和行为关系有所不同。这种个体认知、意向的动态转变在本书中尚未涉足。

6.4.2　未来研究方向

针对本书中存在的不足，未来研究可以通过以下几个方面工作进行补充和完善。

6.4.2.1　扩大调研范围、均衡样本分布

未来研究可进一步扩充高职高专院校的样本，增强样本分布的均衡性，使研究结论可以在不同类型院校中推广，更具普遍指导意义。此外、未来研究可将调研范围扩展至东北、中部和西部地区，进一步考虑区域环境对

于学术参与行为的影响。不过，更多解释变量的加入，同样需要扩充样本量、收集更多问卷，以保证研究结论的稳定性和可靠性。此时，可以考虑不同高校之间的校际合作、建立虚拟研究团队，以增强样本收集能力，同时可以集思广益，对相关因素的影响机理做出更加深入的解析。

6.4.2.2 扩展研究领域

意向的形成有多种影响因素，模型中的变量只是部分因素，态度、规范信念、顺从动机和知觉行为控制是在凸显信念的基础上产生，多种因素可能导致以上变量的变动，从而引发学术参与意向的不同。本书较多关注学术参与行为的实现，对于态度、主观规范、知觉行为控制的形成还缺乏足够的关注，而行为的推进从意向开始更具可持续性，所以针对学术参与意向的前因研究具有更多理论和实践意义。

随着样本量的扩大，在样本充足的情况下，可进一步探讨不同类型高校学术参与行为和意向的差异性，分析高校类型在学术参与意向和学术参与行为生成过程的调节作用；随着调研区域的扩大，将区域经济、政策因素引入行为模型，分析区域、组织、个体因素的交互作用，可提升对学术参与认识的系统性和全面性。

6.4.2.3 探讨学术参与意向、行为的动态变化过程

针对截面数据在动态研究中的局限性，未来研究可通过多阶段调研跟踪、实验方法，分析区域环境、组织环境、领导方式等因素变化的情况下，个体意向的转变机制及行为可能发生的变化。简单的实验研究可以从高校管理制度开始，通过实验干扰观察不同制度下高校教师心理和行为的动态变化过程，解析制度环境如何影响学术参与意向和行为。

6.5 本章小结

本章在研究结果讨论的基础上提出管理建议。研究结果表明，人文社会科学学科教师学术参与态度是学术参与意向的决定因素，学术参与行为主要是在学术参与知觉行为控制驱动下生成，学术参与意向无法预测学术

参与行为，学术参与意向和行为之间存在的明显差距，评价制度和易用条件对于学术参与意向和学术参与行为的缺口具有弥合作用，同时表现协同效应，在评价制度和易用条件的调节作用下学术参与意向对于学术参与行为的影响显著；自然科学学科学术参与态度、学术参与规范信念、学术参与知觉行为控制共同作用学术参与意向，学术参与行为在学术参与意向和学术参与知觉行为控制双重驱动下生成，学术参与意向可以预测学术参与行为，但是二者之间仍然存在一定差距，评价制度和易用条件对于学术参与意向和学术参与行为差距具有一定弥合作用；学科环境在学术参与意向生成阶段、学术参与意向→学术参与行为转化阶段具有调节作用，并且直接影响学术参与行为模式和频率。

据此，研究建议建立双轮驱动学术参与机制：学术参与行为的推进以办学思想为指引，以学术参与意向、学术参与知觉行为控制为核心驱动力，以改善行为认知、营造组织氛围、培养学术参与能力为抓手，同时强调不同学科、不同类型高校管理策略的差异性。最后，总结研究创新之处，反思研究中的不足，展望未来研究方向。

附录 1

调研高校名单

预调研 52 所高校名单

"985"	"211"	双非一本院校	二本院校	高职专科院校
北京大学	北京工业大学	北京工商大学	淮阴工学院	北京工业职业技术学院
上海交通大学	北京科技大学	燕山大学	淮阴师范学院	天津电子信息职业技术学院
南京大学	东华大学	东北电力大学	山东工商学院	安徽商贸职业技术学院
浙江大学	中国矿业大学	东北林业大学	安徽科技学院	淮南职业技术学院
山东大学	南京航空航天大学	东北农业大学	蚌埠学院	芜湖职业技术学院
四川大学	河海大学	浙江工业大学	淮南师范学院	商丘职业技术学院
华南理工大学	南京师范大学	江苏大学	河南工程学院	
重庆大学	安徽大学	江苏科技大学	商丘师范学院	
	合肥工业大学	江苏师范大学	荆楚理工学院	
	西安科技大学	济南大学		
	陕西师范大学	安徽理工大学		
	西北大学	安徽建筑大学		
	广西大学	安徽财经大学		
		阜阳师范大学		
		河南科技大学		
		河南理工大学		

附表 1 - 2　　　　　　　　　　　正式调研 52 所高校名单

地区	高校	地区	高校
北京	中国地质大学（北京）	上海	上海交通大学
	中国矿业大学（北京）		东华大学
	中国石油大学（北京）		上海电机学院
	北京大学	江苏	中国矿业大学（徐州）
	北京科技大学		南京航空航天大学
	北京工业大学		南京大学
	北京工商大学		南京师范大学
	北京工业职业技术学院		河海大学
	北京联合大学		江苏大学
天津	天津农学院		江苏科技大学
	天津职业技术师范大学		江苏师范大学
	天津工业大学		连云港职业技术学院
	天津理工大学		徐州工业职业技术学院
河北	河北工业大学		徐州工程学院
	河北工程大学		徐州医科大学
	河北民族师范学院		常州工学院
	华北电力大学（保定）		盐城工学院
	燕山大学		淮阴师范学院
	廊坊师范学院		淮阴工学院
山东	山东大学	浙江	浙江大学
	山东工商学院		浙江工业大学
	济南大学		绍兴文理学院
	山东劳动职业技术学院		温州科技职业学院
广东	中山大学	海南	海南大学
	华南理工大学		
	广东石油化工学院		海南医学院
	深圳职业技术学院		

附表 1-3　　　　　　　　　　**建模所用 42 所高校名单**

地区	高校	地区	高校
北京	中国地质大学（北京）	上海	上海交通大学
	中国矿业大学（北京）		东华大学
	中国石油大学（北京）	江苏	中国矿业大学（徐州）
	北京大学		南京航空航天大学
	北京科技大学		南京大学
	北京工业大学		南京师范大学
	北京工商大学		河海大学
	北京工业职业技术学院		江苏大学
天津	天津市农学院		江苏科技大学
	天津职业技术师范大学		江苏师范大学
	天津工业大学		连云港职业技术学院
河北	河北工业大学		徐州工业职业技术学院
	河北工程大学		徐州医科大学
	河北民族师范学院		盐城工学院
	华北电力大学（保定）		淮阴师范学院
	燕山大学		淮阴工学院
	廊坊师范学院	浙江	浙江大学
山东	山东大学		浙江工业大学
	山东工商学院	海南	海南大学
	济南大学		
广东	中山大学		海南医学院
	华南理工大学		

调查问卷

高校教师学术参与初始调查问卷

尊敬的老师:

您好!产学知识转移在推进高效科技成果转化、提升创新资源利用效率和企业创新能力方面具有重要意义,而高校教师学术参与行为是产学知识转移的关键路径。本问卷旨在调查高校教师学术参与一般状况、学术参与意愿与行为产生的诱因。问卷及数据是本人博士论文和相关研究课题核心内容,调查结果仅用于学术研究,问卷答题没有对错之分、填写采用匿名方式、个人信息绝对保密。因此,本次调研不会对您造成任何影响。由于您的作答对于本人的研究至关重要,直接决定最终结论的真实性和科学性。在此,敬请您放心、如实填写,万分感谢您的合作!

友情提示:学术参与主要指向 1 ~ 10 题所示行为。

第一部分:学术参与行为

近两年您从事下述学术参与行为的频次是多少? (在相应的位置打"√")

序号	学术参与行为表现形式	0 次	1 ~ 2 次	3 ~ 5 次	6 ~ 9 次	≥10 次
Q1 - 1	参与企业合作研发项目(企业出资)					
Q1 - 2	承担企业委托研究项目					

续表

序号	学术参与行为表现形式	0 次	1~2 次	3~5 次	6~9 次	≥10 次
Q1-3	与企业联合申请、共同研发政府资助项目					
Q1-4	为企业提供技术咨询服务					
Q1-5	为企业提供培训服务					
Q1-6	在企业兼职次数					
Q1-7	为企业员工提供非正式建议					
Q1-8	出席产业界主办或产学联合承办的会议及论坛					
Q1-9	与产业界人士合作发表学术论文					
Q1-10	与企业联合申报专利等知识产权					

以下题项采用李克特五级量表评分，1~5 分别代表"非常不同意"到"非常同意"，表示您在多大程度上赞同以下观点。

第二部分：学术参与意向

序号	以下题项是您的学术参与意向，请根据本人实际情况在相应的等级上打"√"	1	2	3	4	5
Q2-1	我愿意参与企业委托项目或合作项目，研发更多具有商业价值的技术成果					
Q2-2	我愿意通过企业兼职或技术服务，帮助企业解决技术问题					
Q2-3	我愿意为企业提供建议或培训服务，传播专业知识					
Q2-4	我愿意与企业保持密切联系、进行学术交流					

第三部分：学术参与态度

序号	以下题项关于以上学术参与行为的态度，请根据本人实际情况在相应的等级上打"√"	1	2	3	4	5
Q3-1	上述学术参与活动符合社会需求、有意义					

续表

序号	以下题项关于以上学术参与行为的态度，请根据本人实际情况在相应的等级上打"√"	1	2	3	4	5
Q3－2	上述学术参与活动对我很有价值					
Q3－3	从事学术参与活动是明智的举动					
Q3－4	学术参与活动是一种令人愉快的体验					
Q3－5	我对研究领域的产业界动态很感兴趣					
Q3－6	我喜欢挑战自己原来不熟悉的技术应用和市场化、产业化					

第四部分：学术参与主观规范

序号	以下题项，是您感知到的周围群体对您产生的社会压力，请根据本人实际情况在相应的等级上打"√"	1	2	3	4	5
Q4－1	学校领导认为我们应该从事学术参与					
Q4－2	院系领导认为我们应该从事学术参与					
Q4－3	我的同事认为我应该从事学术参与					
Q4－4	一般而言，我试图遵循学校领导的决策和意向					
Q4－5	一般而言，我接受并愿意执行院系领导的决定					
Q4－6	一般而言，我会尊重并采纳同事的建议					

第五部分：学术参与知觉行为控制

序号	请根据本人实际情况在相应的等级上打"√"	1	2	3	4	5
Q5－1	我具有企业需要的知识和技能					
Q5－2	我可以为企业答疑解惑、解决技术问题					
Q5－3	我能为企业创新做出一份独特的贡献					
Q5－4	我拥有丰富的产学知识转移经验和技巧					
Q5－5	我拥有大量的知识转移渠道和机会					

第六部分：学术参与的组织环境

序号	针对学校的制度和基础设施是否有效，请根据实际情况在相应的等级上打"√"	1	2	3	4	5
Q6－1	针对学术参与，学校的收入分配依据合理					
Q6－2	针对学术参与，学校收取的管理费用合理					
Q6－3	学术参与中，教师获得的个人收益合理					
Q6－4	学术参与是本校聘任合同中重要内容					
Q6－5	学术参与是本校职称评审中重要内容					
Q6－6	学术参与是本校年度考核中重要内容					
Q6－7	所在学校学术参与相关规定内容明确					

续表

序号	针对学校的制度和基础设施是否有效，请根据实际情况在相应的等级上打"√"	1	2	3	4	5
Q6 – 8	所在学校的学术参与活动审批程序简单、便捷					
Q6 – 9	所在学校关于学术参与活动的任务要求合理					
Q6 – 10	学术参与活动与本校"教学、科研任务"不冲突					
Q6 – 11	所在学校设置了独立的学术参与管理部门					
Q6 – 12	所在学校的学术参与管理部门的职责明确					
Q6 – 13	所在学校提供的学术参与服务内容全面					
Q6 – 14	学术参与管理部门的工作人员经验丰富、专业素质高					

第七部分：个体基本情况

ID – 1　性别：□男　　　　□女

ID – 2　年龄：＿＿＿＿＿＿

ID – 3　您的专业：＿＿＿＿＿＿＿＿＿＿＿＿＿＿＿＿＿

ID – 4　您所在的高校名称：＿＿＿＿＿＿＿＿＿＿＿＿＿＿

ID – 5　您的专业技术职称：
　　　　□初级及以下　　□中级　　　□副高级　　　□正高级

ID – 6　2018 年之前您的产学合作经历：
　　　　□没有　　　　　□很少　　　□一般　　　　□频繁
　　　　□非常频繁

问卷到此结束，万分感谢您的耐心参与！如果您对问卷有建议，请将具体内容写于下方：

_____

_____

_____

高校教师学术参与正式调查问卷

尊敬的老师：

您好！产学知识转移在推进高效科技成果转化、提升创新资源利用效率和企业创新能力方面具有重要意义，而高校教师学术参与行为是产学知识转移关键路径。本问卷旨在调查高校教师学术参与一般状况、学术参与意愿与行为产生的诱因。问卷及数据是本人博士论文和相关研究课题核心内容，调查结果仅用于学术研究，问卷答题没有对错之分、填写采用匿名方式、个人信息绝对保密。因此，本次调研不会对您造成任何影响。由于您的作答对于本人的研究至关重要，直接决定最终结论的真实性和科学性。在此，敬请您放心、如实填写，万分感谢您的合作！

友情提示：学术参与主要指向 1～10 题所示行为。

第一部分：学术参与行为

近两年您从事下述学术参与行为的频次是多少？（在相应的位置打"√"）

序号	学术参与行为表现形式	0 次	1～2 次	3～5 次	6～9 次	≥10 次
Q1-1	参与企业合作研发项目（企业出资）					
Q1-2	承担企业委托研究项目					

序号	学术参与行为表现形式	0 次	1～2 次	3～5 次	6～9 次	≥10 次
Q1－3	与企业联合申请、共同研发政府资助项目					
Q1－4	为企业提供技术咨询服务					
Q1－5	为企业提供培训服务					
Q1－6	在企业兼职，担任专家、特聘教授或技术顾问					
Q1－7	为企业员工提供非正式建议					
Q1－8	出席产业界主办或产学联合承办的会议及论坛					
Q1－9	与产业界人士合作发表学术论文					
Q1－10	与企业联合申报专利等知识产权					

以下题项采用李克特五级量表评分，1～5 分别代表"非常不同意"到"非常同意"，表示您在多大程度上赞同以下观点。

第二部分：学术参与意向

序号	以下题项是您的学术参与意向，请根据本人实际情况在相应的等级上打"√"	1	2	3	4	5
Q2－1	我愿意参与企业委托项目或合作项目，研发更多具有商业价值的技术成果					
Q2－2	我愿意通过企业兼职或技术服务，帮助企业解决技术问题					
Q2－3	我愿意为企业提供建议或培训服务，传播专业知识					
Q2－4	我愿意与企业保持密切联系、进行学术交流					

第三部分：学术参与态度

序号	以下题项关于以上学术参与行为的态度，请根据本人实际情况在相应的等级上打"√"	1	2	3	4	5
Q3-1	上述学术参与活动符合社会需求、有意义					
Q3-2	上述学术参与活动对我很有价值					
Q3-3	从事学术参与活动是明智的举动					
Q3-4	学术参与活动是一种令人愉快的体验					
Q3-5	我对研究领域的产业界动态很感兴趣					

第四部分：学术参与主观规范

序号	以下题项，是您感知到的周围群体对您产生的社会压力，请根据本人实际情况在相应的等级上打"√"	1	2	3	4	5
Q4-1	学校领导认为我们应该从事学术参与					
Q4-2	院系领导认为我们应该从事学术参与					
Q4-3	我的同事认为我应该从事学术参与					
Q4-4	一般而言，我试图遵循学校领导的决策和意向					
Q4-5	一般而言，我接受并愿意执行院系领导的决定					
Q4-6	一般而言，我会尊重并采纳同事的建议					

第五部分：学术参与知觉行为控制

序号	请根据本人实际情况在相应的等级上打"√"	1	2	3	4	5
Q5-1	我具有企业需要的知识和技能					
Q5-2	我可以为企业答疑解惑、解决技术问题					
Q5-3	我能为企业创新做出一份独特的贡献					
Q5-4	我拥有丰富的产学知识转移经验和技巧					
Q5-5	我拥有大量的知识转移渠道和机会					

第六部分：学术参与的组织环境

序号	针对学校的制度和基础设施是否有效，请根据实际情况在相应的等级上打"√"	1	2	3	4	5
Q6-1	针对学术参与，学校的收入分配依据合理					
Q6-2	针对学术参与，学校收取的管理费用合理					
Q6-3	学术参与中，教师获得的个人收益合理					
Q6-4	学术参与是本校聘任合同中重要内容					
Q6-5	学术参与是本校职称评审中重要内容					
Q6-6	学术参与是本校年度考核中重要内容					

续表

序号	针对学校的制度和基础设施是否有效，请根据实际情况在相应的等级上打"√"	1	2	3	4	5
Q6-7	所在学校学术参与相关规定内容明确					
Q6-8	所在学校的学术参与活动审批程序简单、便捷					
Q6-9	所在学校关于学术参与活动的任务要求合理					
Q6-10	学术参与活动与本校"教学、科研任务"不冲突					
Q6-11	所在学校设置了独立的学术参与管理部门					
Q6-12	所在学校的学术参与管理部门的职责明确					
Q6-13	所在学校提供的学术参与服务内容全面					

第七部分：个体基本情况

ID-1　性别：□男　　　　□女

ID-2　年龄：_____

ID-3　您的专业：_____

ID-4　您所在的高校名称：_____

ID-5　您的专业技术职称：

　　　□初级及以下　　□中级　　　　□副高级　　　　□正高级

ID-6　2018 年之前您的产学合作经历：

　　　□没有　　　　□很少　　　　□一般　　　　□频繁

　　　□非常频繁

　　问卷到此结束，万分感谢您的耐心参与！如果您对问卷有建议，请将具体内容写于下方：

　　_____

　　_____

　　_____

参考文献

［1］［美］阿尔伯特·班杜拉. 思想和行为的社会基础：社会认知论 ［M］. 林颖，等译. 上海：华东师范大学出版社，2018：19－32.

［2］陈劲. 新形势下产学研战略联盟创新与发展研究 ［M］. 北京：中国人民大学出版社，2009：15－20.

［3］董洁，黄付杰. 中国科技成果转化效率及其影响因素研究——基于随机前沿函数的实证研究 ［J］. 软科学，2012，26（10）：15－20.

［4］董克用，李超平. 人力资源管理概论 ［M］. 北京：中国人民大学出版社，2019：52－53.

［5］杜强，贾丽艳. SPSS 统计分析从入门到精通 ［M］. 北京：人民邮电出版社，2009：139－140.

［6］段文婷，江光荣. 计划行为理论述评 ［J］. 心理科学进展，2008，16（2）：315～320.

［7］范惠明. 高校教师参与产学合作的机理研究 ［D］. 杭州：浙江大学，2014.

［8］傅利平，周小明，罗月丰. 产学研合作创新网络知识溢出的发生机制与影响因素研究 ［J］. 天津大学学报（社会科学版），2013，15（4）：293－297.

［9］耿纪超. 多元动机视角下城市居民出行方式选择及其引导政策研究 ［D］. 徐州：中国矿业大学，2017：57.

［10］关涛. 跨国公司知识转移：知识特性与组织情境研究 ［J］. 科学学研究，2010，28（6）：902－911.

［11］海本禄. 大学科研人员合作研究参与意愿的实证研究 ［J］. 科学学研究，2013，31（4）：578－584.

［12］郝远. 高校科技成果转化的障碍与途径 ［J］. 清华大学教育研

究，2004，25（3）：97-101.

［13］胡国平，陈卓，秦鑫. 高校教师参与产学研合作的两阶段模型及实证研究［J］. 研究与发展管理，2016，28（1）：112-120.

［14］黄海洋. 我国大学技术创新的扩散机理与模式研究［D］. 上海：上海交通大学，2017.

［15］黄顺铭. 虚拟社区里的知识分享：基于两个竞争性计划行为理论模型的分析［J］. 新闻与传播研究，2018（6）：52-76.

［16］教育部科技司. 高等学校科技统计资料汇编-2018［M］. 北京：高等教育出版社，2019：11，68-75.

［17］李枫，赵海伟. 高水平行业特色高校发展的探索［J］. 江苏高教，2012（1）：66-67.

［18］李庆豪. 提高人文社科类大学服务社会的质量［J］. 江苏高教，2007（2）：49-51.

［19］李永壮，李颖，王勇. 高校教师兼职及管理的理论分析［J］. 清华大学教育研究，2006，27（5）：107-111.

［20］刘国瑜. 关于行业特色高校建设与发展的战略思考［J］. 中国高教研究，2008（4）：22-24.

［21］刘继红，喻学佳. 校企知识转移途径的影响因素研究：基于高校科研人员视角［J］. 江苏社会科学，2016（3）：264-272.

［22］刘进. 大学教师流动与学术劳动力市场［M］. 北京：商务印书馆，2015：148.

［23］刘京，周丹，陈兴. 大学科研人员参与产学知识转移的影响因素——基于我国行业特色型大学的实证研究［J］. 科学学研究，2018，36（2）：279-287.

［24］刘兰剑，党兴华. 合作技术创新界面管理研究及其新进展［J］. 科研管理，2007，28（3）：1-7.

［25］刘叶. 面向农村的高校知识转移行为影响因素研究［D］. 镇江：江苏大学，2017.

［26］罗青兰，庞馨悦，王春艳，等. 基于TPB视域的高校教师知识共享行为研究［J］. 情报科学，2013，31（7）：55-58.

［27］孟庆伟，樊波. 技术创新中基于知识流动的人才柔性流动［J］.

自然辩证法, 2006 (12): 104 - 108.

[28] 宁滨. 在选择中追求卓越在贡献中谋划发展: 行业特色高校如何发挥学科优势和特色的思考 [J]. 学位与研究生教育, 2009 (1): 1 - 4.

[29] 祁红梅, 黄瑞华. 影响知识转移绩效的组织情境因素及动机机制实证研究 [J]. 研究与发展管理, 2008, 20 (2): 58 - 63.

[30] 饶燕婷. "产学研" 协同创新的内涵、要求与政策构想 [J]. 高教探索, 2012 (4): 29 - 32.

[31] 宋姝婷, 吴绍棠. 日本官产学合作促进人才开发机制及启示 [J]. 科技进步与对策, 2013 (9): 143 - 147.

[32] 石洪景. 基于 "行为意向—行为" 缺口修复视角的低碳消费促进策略 [J]. 资源开发与市场, 2018, 34 (9): 1304 - 1308.

[33] 苏竣, 何晋秋. 大学与产业合作关系: 中国大学知识创新及科技产业研究 [M]. 北京: 中国人民大学出版社, 2009: 272 - 283.

[34] 万亚胜, 程久苗, 吴九兴, 等. 基于计划行为理论的农户宅基地退出行为意向与退出行为差异研究 [J]. 资源科学, 2017, 39 (7): 1282 - 1290.

[35] 王骥. 从洪堡精神到学术资本主义——对大学知识生产模式转变的再审视 [J]. 高教探索, 2011 (1): 16 - 19.

[36] 王孟龙. 潜变量建模与 Mplus 应用·基础篇 [M]. 重庆: 重庆大学出版社, 2014: 97, 126.

[37] 王孟成, 毕向阳. 潜变量建模与 Mplus 应用·进阶篇 [M]. 重庆: 重庆大学出版社, 2018: 137, 138, 213.

[38] 温忠麟, 刘红云, 侯杰泰. 调节效应和中介效应分析 [M]. 北京: 教育科学出版社, 2012: 86.

[39] 吴明隆. SPSS 统计应用实务 [M]. 北京: 中国铁道出版社, 2003: 63.

[40] 解水青, 秦惠民. 创业型大学对大学 "第三使命" 的影响——基于资源依赖理论的视角 [J]. 教育发展研究, 2016 (19): 30 - 36, 47.

[41] 徐冬梅. 农户转出林地产权的行为研究 [D]. 石河子市: 石河子大学, 2018.

[42] 徐全忠, 邹晓春. 组织行为学——理论、工具、测评、案例

［M］．北京：化学工业出版社，2014：62.

［43］徐云杰．社会调查设计与数据分析——从立题到发表［M］．重庆：重庆大学出版社，2011：57，65.

［44］许庆豫，孙卫华，俞冰．试论大学宗旨的意义、性质及形成原则［J］．教育研究，2012，33（12）：53－58.

［45］余荔，沈红．中国高校教师兼职的实证研究［J］．教育发展研究，2016（21）：56－63.

［46］原长弘，赵文红，周林海．政府支持，市场不确定性对校企知识转移效率的影响［J］．科研管理，2012，33（10）：106－113.

［47］原长弘，孙会娟，王涛．存在双元：政府支持与高校知识创造转移效率［J］．科学学研究，2012，30（9）：1397－1404.

［48］张鹏，党延忠，赵晓卓．基于组织行为理论的企业员工知识共享行为影响因素实证分析［J］．科学学与科学技术管理，2011，32（11）：166－172.

［49］赵曙明．泛长三角人才培养、开发和流动机制研究［J］．安徽大学学报（哲学社会科学版），2009，33（3）：119－126.

［50］赵志艳，蔡建峰．组织环境，自我效能感与学者的产业参与行为［J］．当代经济管理，2018，40（10）：15－22.

［51］赵志艳，蔡建峰．学科环境、部门学术质量与学者的产业参与行为［J］．科学学研究，2018，36（1）：11－20.

［52］赵志艳，蔡建峰，刘启雷．组织环境与学者的产业参与行为——基于 HLM 的探索性研究［J］．企业经济，2019（1）：73－81.

［53］中国科技部．中国科技统计年鉴－2018［M］．北京：中国统计出版社，2019：3.

［54］仲伟俊，梅姝娥，黄超．国家创新体系与科技公共服务［M］．北京：科学出版社，2013：211.

［55］朱雪春，杜建国，陈万明，等．实践社群成员知识流动行为形成机理研究——基于计划行为理论和 Triandis 模型的视角［J］．预测，2017，36（4）：22－28.

［56］Abraham C & Sheeran P. Deciding to exercise：The role of anticipated regret［J］．British Journal of Health Psychology，2004，9（2）：269－278.

[57] Ajzen I. From intentions to actions: A theory of planned behavior [M]. Heidelberg, Germany: Springer, 1985: 11 – 39.

[58] Ajzen I. The Theory of Planned Behavior [J]. Organizational Behavior and Human Decision Processes, 1991 (50): 179 – 211.

[59] Ajzen I. Residual effects of past on later behavior: Habituation and reasoned action perspectives [J]. Personality and Social Psychology Review, 2002 (6): 107 – 122.

[60] Ajzen I. TPB measurement: Conceptual and methodological considerations. [EB/OL]. (2006 – 01 – 07) [2006 – 03 – 07]. http://www.people. umass. edu/aizen/pdf/ tpb. measurement. pdf.

[61] Albert N. Link, Donald S. Siegel, Barry Bozeman. An empirical analysis of the propensity of academics to engage in informal university technology transfer [J]. Industrial and Corporate Change, 2007, 16 (4): 641 – 655.

[62] Albert N. Link & Donald S. Siegel. Generating Science-Based Growth: An Econometric Analysis of the Impact of Organizational Incentives on University-Industry Technology Transfer [J]. European Journal of Finance, 2005 (11): 169 – 182.

[63] Alessandro Muscio. What drives university use of technology transfer offices? Evidence from Italy [J]. Journal of Technology Transfer, 2010, 35 (2): 181 – 202.

[64] Alessandro Muscio, Davide Quaglione, Giovanna Vallantiy. University regulation and university-industry interaction: A performance analysis of Italian academic departments [J]. Industrial and Corporate Change, 2015, 24 (5): 1047 – 1079.

[65] Allan J L, Johnston M & Campbell N. Missed by an inch or a mile? Predicting the size of intention-behaviour gap from measures of executive control [J]. Psychology & Health, 2011, 26 (6): 635 – 650.

[66] Ammo J. Salter, Ben R. Martin. The economic benefits of publicly funded basic research: A critical review [J]. Research Policy, 2001, 30 (3): 509 – 532.

[67] Samuel Ankrah, Omar Al-Tabbaa. Universities-industry collaboration:

A systematic review [J]. Scandinavian Journal of Management, 2015, 31 (3): 387 – 408.

[68] Annalee Saxenien A. Inside-out: Regional networks and industrial adaptation in silicon valley and route 128 [J]. A Journal of Policy Development and Research, 1996, 2 (2): 41 – 60.

[69] Arundel A, Geuna A, Pavitt K et al. Proximity and the use of public science by innovative European firms [J]. Economics of Innovation and New Technology, 2004, 13 (6): 559 – 580.

[70] Arvanitis S, Kubli U, Woerter M. University-industry knowledge and technology transfer in Switzerland: What university scientists think about coopera-tion with private enterprises [J]. Research Policy, 2008, 37 (10): 1865 – 1883.

[71] Bagozzi R P. The self-regulation of attitudes, intentions and behavior [J]. Social Psychology Quarterly, 1992 (55): 178 – 204.

[72] Bagozzi R P, Ue H M, Van Loo M E. Decisions to donate bone mar-row: The role of attitudes and subjective norms across cultures [J]. Psychology and Health, 2001, 16: 29 – 56.

[73] Bandura A, Jeffery R W. Role of symbolic coding and rehearsal processes in observational learning [J]. Journal of Personality and Social Psychol-ogy, 1973 (26): 122 – 130.

[74] Bandura A. Social learning theory [M]. Englewood Cliffs, NJ: Prentice-Hall, 1977.

[75] Bandura A. Self-efficacy mechanism in human agency [J]. American Psychologist, 1982 (37): 122 – 147.

[76] Bandura A. Temporal dynamics and decomposition of reciprocal deter-minism: A reply to Phillips and Orton [J]. Psychological Review, 1983 (90): 166 – 170.

[77] Bandura A. Social-cognitive theory of self-regulation [J]. Organiza-tional Behavior and Human Decision Processes, 1991 (50): 248 – 287.

[78] Barnes T, Pashby I & Gibbons A. Effective university—industry inter-action: A multi-case evaluation of collaborative R&D projects [J]. European

Management Journal, 2002, 20: 272 - 285.

[79] Barry Bozeman, Monica Gaughan. Impacts of grants and contracts on academic researchers' interactions with industry [J]. Research Policy 2007, 36 (5): 694 - 707.

[80] Bart Clarysse, Mike Wright, and Lockett A et al. Spinning out new ventures: A typology of incubation strategies from European research institutions [J]. Journal of Business Venturing, 2005, 20 (2): 183 - 216.

[81] Bates J A. Extrinsic reward and intrinsic motivation: A review with implications for the classroom [J]. Review of Educational Research, 1979 (49): 557.

[82] Baumeister R F, Bratslavsky E, Muraven M & Tice D M. Ego-depletion: Is the active self a limited resource? [J]. Journal of Personality and Social Psychology, 1998 (74): 1252 - 1265.

[83] Bentler P M & Speckart G. Models of attitude-behavior relations [J]. Psychological Review, 1979 (86): 452 - 464.

[84] Bercovitz J, Feldman M. Academic entrepreneurs: organizational change at the individual level [J]. Organization Science, 2008 (19): 69 - 89.

[85] Blumenthal D. Academic—industrial relationships in the life sciences [J]. New England Journal of Medicine, 2003, 349: 2452 - 2459.

[86] Bock G W, Kim Y G. Breaking the myths of rewards: an exploratory study of attitudes about knowledge sharing [J]. Information Resources Management Journal, 2002, 15 (2): 14 - 21.

[87] Bock G W, Zmud R W, Kim Y G et al. Behavioral intention formation in knowledge sharing: examining the roles of extrinsic motivators, social-psychological forces, and organizational climate [J]. MIS Quarterly, 2005, 29 (1): 87 - 111.

[88] Bonaccorsi A, Piccaluga A. A theoretical framework for the evaluation of university-industry relationships [J]. R&D Management, 1994 (24): 229 - 247.

[89] Bond R, Paterson L. Coming down from the ivory tower? Academics' civic and economic engagement with the community [J]. Oxford Review of Edu-

cation, 2005, 31 (3): 331 –351.

[90] Branco Ponomariov. Effects of university characteristics on scientists' interactions with the private sector: An exploratory assessment [J]. The Journal of Technology Transfer, 2008, 33 (5): 485 –503.

[91] Branco Ponomariov & P. Craig Boardman. The effect of informal industry contacts on the time university scientists allocate to collaborative research with industry [J]. The Journal of Technology Transfer, 2008 (33): 301 –313.

[92] Brown L. Television: The business behind the box [M]. San Diego, CA: Harcourt Brace Jovanovich, 1971.

[93] Buehler R, Griffin D & Ross M. Exploring the "planning fallacy": Why people underestimate their task completion times [J]. Journal of Personality and Social Psychology, 1994 (67): 366 –381.

[94] Caldera A and Debande O. Performance of Spanish universities in technology transfer: an empirical analysis [J]. Research Policy, 2010, 39 (9): 1160 –1173.

[95] Carolin Haeussler, Jeannette A. Colyvas. Breaking the ivory tower: Academic entrepreneurship in the life sciences in UK and Germany [J]. Research Policy, 2011, 40 (1): 41 –54.

[96] Carver C S. Pleasure as a sign you can attend to something else: Placing positive feelings within a general model of affect [J]. Cognition and Emotion, 2003 (17): 241 –261.

[97] Chan D K, Fishbein M. Determinants of college women's intentions to tell their partners to use condoms [J]. Journal of Applied Social Psychology, 1993 (23): 1455 –1470.

[98] Chatzisarantis N L & Hagger M S. Mindfulness and the intention-behavior relationship within the theory of planned behavior [J]. Personality and Social Psychology Bulletin, 2007, 3 (5): 663 –676.

[99] Christian Helmers, Mark Rogers. The Impact of University Research on Corporate Patenting: Evidence from UK Universities [J]. Journal of Technology Transfer, 2015, 40 (1): 1 –24.

[100] Christoph Grimpe & Heide Fier. Informal university technology trans-

fer: a comparison between the United States and Germany [J]. The Journal of Technology Transfer, 2010 (35): 637 – 650.

[101] Cohen I. Statistical power analysis for the behavioral science [J]. Journal of the American Statistical Association, 1977 (84): 19 – 74.

[102] Comstock G, Chaffee S, Katzman N, McCombs M, & Roberts D. Television and human behavior [M]. New York: Columbia University Press, 1978.

[103] Conceical Vedovello. Science Parks and University-industry Interaction: Geographical Proximity Between the Agents as a Driving Force [J]. Technovation, 1997, 17 (9): 491 – 531.

[104] Conner M, Sandberg T, McMillan B & Higgins, A. Role of anticipated regret, intentions and intention stability in adolescent smoking initiation [J]. British Journal of Health Psychology, 2006, 11 (1): 85 – 101.

[105] Conner M, & Godin G. Temporal stability of behavioral intention as a moderator of intention-health behaviour relationships [J]. Psychology & Health, 2007, 22 (8): 875 – 897.

[106] Conner M, Rodgers W & Murray T. Conscientiousness and the intention-behavior relationship: Predicting exercise behavior [J]. Journal of Sport and Exercise Psychology, 2007, 29 (4): 518.

[107] Conner M, McEachan R, Lawton R, Gardner P. Basis of intentions as a moderator of the intention-health behavior relationship [J]. Health Psychology, 2016, 35 (3): 219 – 227.

[108] Cooke R & Sheeran P. Moderation of cognition-intention and cognition-behaviour relations: A meta-analysis of properties of variables from the theory of planned behaviour [J]. British Journal of Social Psychology, 2004 (43): 159 – 186.

[109] Cooke R & Sheeran P. Properties of intention: Component structure and consequences for behavior, information processing, and resistance [J]. Journal of Applied Social Psychology, 2013, 43 (4): 749 – 760.

[110] D Crane. Invisible Colleges: Diffusion of Knowledge in Scientific Communities [M]. Chicago: University of Chicago Press, 1972.

[111] Dholakia U M & Bagozzi R. As time goes by: How goal and imple-

mentation intentions influence enactment of short-fuse behaviors [J]. Journal of Applied Social Psychology, 2006 (33): 889 – 922.

[112] Doll J & Ajzen I. Accessibility and stability of predictors in the theory of planned behavior [J]. Journal of Personality and Social Psychology, 1992, 63 (5): 754 – 765.

[113] Donal S Siegel, David Waldman, Albert Link. Assessing the impact of organizational practices on the relative productivity of university technology transfer offices: An exploratory study [J]. Research Policy, 2003, 32 (1): 27 – 48.

[114] Donal S Siegel, David A Waldman, Leanne E Atwater et al. Toward a model of the effective transfer of scientific knowledge from academicians to practitioners: Qualitative evidence from the commercialization of university technologies [J]. Journal of Engineering and Technology Management, 2004, 21 (1 – 2): 115 – 142.

[115] Dweck C S, Leggett E L. A social-cognitive approach to motivation and personality [M]. New York, NY, US: Psychology Press, 1998: 394 – 415.

[116] Edwin Mansfield. Academic research underlying Industrial Innovations: Sources, Characteristics, and Financing [J]. The Review of Economics and Statistics, 1995, 77 (1): 55 – 65.

[117] Edwin Mansfield, Jeong-Yeon Lee. The modern university: contributor to industrial innovation and recipient of industrial R&D support [J]. Research Policy, 1996, 25 (7): 1047 – 1058.

[118] Elisa Giuliani, Andrea Morrison, Carlo Pietrobeli et al., R. Who are the researchers that are collaborating with industry? An analysis of the wine sectors in Chile, South Africa and Italy [J]. Research Policy, 2010, 39 (6): 748 – 761.

[119] Elliot A J & Church M A. A hierarchical model of approach and avoidance achievement motivation [J]. Journal of Personality and Social Psychology, 1997 (72): 218 – 232.

[120] Fabian Echegaray, Francesca Valeria Hansstein. Assessing the intention-behavior gap in electronic waste recycling: the case of Brazil [J]. Journal of Cleaner Production, 2017 (142): 180 – 190.

［121］Fair Weather, James S. Managing industry-university research relationships ［J］. Journal for Higher Education Management, 1991 (11): 1 -7.

［122］Fenigstein A. Does aggression cause a preference for viewing media violence? ［J］. Journal of Personality and Social Psychology, 1979 (37): 2307 - 2317.

［123］Fishbein M, Ajzen I. Belief, attitude, intention, and behavior: An introduction to theory and research ［M］. Reading, MA: Addison-Wesley, 1975: 289 - 297.

［124］Fitzsimons G M & Shah J Y. Confusing one instrumental other for another: Goal effects on social categorization ［J］. Psychological Science, 2012, 20 (12): 1468 - 1472.

［125］French D P, Sutton S, Hennings S J, et al. The importance of affective beliefs and attitudes in the theory of planned behavior: predicting intention to increase physical activity ［J］. Journal of Applied Social Psychology, 2005, 35 (9): 1824 - 1848.

［126］Friedman J and J. Silberman. University Technology Transfer: Do Incentives, Management, and Location Matter? ［J］. Journal of Technology Transfer, 2003 (28): 81 - 85.

［127］Friese M, Hofmann W & Wänke M. When impulses take over: Moderated predictive validity of explicit and implicit attitude measures in predicting food choice and consumption behavior ［J］. British Journal of Social Psychology, 2008, 47 (3): 397 - 419.

［128］Galbraith C S. Transferring core manufacturing technologies in high technology firms ［J］. California Management Review, 1990, 32 (4): 56 - 70.

［129］Garud R, Kumaraswamy A. Vicious and virtuous circles in the management of knowledge: The case of infosys technologies ［J］. MIS Quarterly, 2005, 29 (1): 9 - 33.

［130］Girts Racko. Knowledge exchange in the UK CLAHRCs: The enabling role of academics and clinicians' social position ［J］. Journal of Health Organization and Management, 2018, 32 (2): 246 - 262.

［131］Godin G, Valois P & Lepage L. The pattern of influence of perceived behavioral control upon exercising behavior-an application of Ajzen's theory of planned behavior [J]. Journal of Behavioral Medicine, 1993 (16): 81 – 102.

[132] Godin G, Conner M, Sheeran P. Bridging the intention-behavior 'gap': The role of moral norm [J]. British Journal of Social Psychology, 2005, 44 (4): 497 – 512.

[133] Godin G, Germain M, Conner M et al. Promoting the return of lapsed blood donors: A seven-arm randomized controlled trial of the question-behavior effect [J]. Health Psychology, 2014, 33 (7): 646 – 655.

[134] Goktepe-Hulten D. University-industry technology transfer: who needs TTOs? [J]. International Journal of Technology Transfer & Commercialization, 2010 (9): 40 – 52.

[135] Gollwitzer P M. Action phases and mind-sets [M]. New York, NY: Guilford, 1990: 53 – 92.

[136] Gollwitzer P M. Goal achievement: The role of intentions [M]. Chichester, UK: John Wiley & Sons, 1993: 141 – 185.

[137] Gollwitzer P M & Moskowitz G B. Goal effects on action and cognition [M]. New York: Guilford Press, 1996: 361 – 399.

[138] Gollwitzer P M & Brandstatter V. Implementation intentions and effective goal pursuit [J]. Journal of Personality and Social Psychology, 1997 (73): 186 – 199.

[139] Gollwitzer P M & Sheeran P. Self-regulation of consumer decision making and behavior: The role of implementation intentions [J]. Journal of Consumer Psychology, 2009, 19 (4): 593 – 607.

[140] Gollwitzer P M, Sheeran P, Trötschel R & Webb T L. Self-regulation of priming effects on behavior [J]. Psychological Science, 2011, 22 (7): 901 – 907.

[141] Gomez-Gras J M, Lapera D R G, Solves I M, Jover A J V. and Azuar, J. S. An empirical approach to the organizational determinants of spin-off creation in European universities [J]. International Entrepreneurship and Management Journal, 2008, 4 (2): 187 – 198.

[142] Guerrero M, Urbano D. The development of an entrepreneurial uni-

versity [J]. The Journal of Technology Transfer, 2012, 37 (1): 43 – 74.

[143] Hagen R. Globalisation, university transformation and economic re-generation: A UK case study of public/private sector partnership [J]. International Journal of Public Sector Management, 2002 (15): 204 – 218.

[144] Hagger M S, Chatzisarantis N L D. First-and higher order models of attitudes, normative influence, and perceived behavioural control in the theory of planned behaviour [J]. British Journal of Social Psychology, 2005, 44 (4): 513 – 535.

[145] Hair J F, Anderson R E, Tatham R L, Black W C. Multivariate data analysis: with readings [M]. Englewood Cliffs, NJ: Prentice Hall, 1998.

[146] Hall P A, Fong G T, Epp L J & Elias L J. Executive function moderates the intention-behavior link for physical activity and dietary behavior [J]. Psychology and Health, 2008, 23 (3): 309 – 326.

[147] Harkin B, Webb T L, Chang B P, Prestwich A, Conner M, Kellar I & Sheeran P. Does monitoring goal progress promote goal attainment? A meta-analysis of the experimental evidence [J]. Psychological Bulletin, 2016, 142 (2): 198 – 229.

[148] Henderson M D, Gollwitzer P M & Oettingen G. Implementation intentions and disengagement from a failing course of action [J]. Journal of Behavioral Decision Making, 2007 (20): 81 – 102.

[149] Henson R K, Kogan L R, Vacha-Haase T. A reliability generalization study of the teacher efficacy scale and related instruments [J]. Educational and Psychological Measurement, 2001, 61 (3): 404 – 420.

[150] Higgins E T. Beyond pleasure and pain [J]. American Psychologist, 1997, 52 (12): 1280 – 1300.

[151] Hofmann W, Baumeister R F, Förster G & Vohs K D. Everyday temptations: An experience sampling study of desire, conflict, and self-control [J]. Journal of Personality and Social Psychology, 2012 (102): 1318 – 1335.

[152] Hofmann W, Rauch W & Gawronski B. And deplete us not into temptation: Automatic attitudes, dietary restraint, and self-regulatory resources as determinants of eating behavior [J]. Journal of Experimental Social Psychol-

ogy, 2007, 43 (3): 497 – 504.

[153] Huyghe A, Knockaert M, Piva E and Wright M. Are researchers deliberately bypassing the technology transfer office? An analysis of TTO awareness [J]. Small Business Economics, 2016, 47 (3): 589 – 607.

[154] Ikujiro Nonaka. A dynamic theory of organizational knowledge creation [J]. Organization Science, 1994, 5 (1): 14 – 35.

[155] Jan Francis-Smythe. Enhancing Academic Engagement in Knowledge Transfer Activity in the UK [J]. Perspective: Policy and Practice in Higher Education, 2008, 12 (3): 68 – 72.

[156] Janet Bercovitz, Maryann Feldman. Technology transfer and the academic department: who participates and why? [C]. //DRUID Summer Conference. 2003 (15): 12 – 14.

[157] Jeon S H, Kim Y G, Koh J. Individual, social, and organizational contexts for active knowledge sharing in communities of practice [J]. Expert Systems with Applications, 2011, 38 (10): 12423 – 12431.

[158] Jensen R A, Thursby M C. Proofs and prototypes forsale: the licensing of university inventions [J]. American Economic Review, 2001, 91 (1): 240 – 259.

[159] Jeremy Howells, Ronnie Ramlogan, Cheng, S. Universities in an Open Innovation System: A UK Perspective [J]. International Journal of Entrepreneurial Behavior & Research, 2012, 18 (4): 440 – 456.

[160] Jerry G. Thursby, Richard Jensen & Marie C. Thursby. Objectives, characteristics and outcomes of university licensing: a survey of major US universities [J]. Journal of Technology Transfer, 2001 (26): 59 – 72.

[161] Markman G, Siegel D, Wright M. Research and technology commercialization [J]. Journal of Management Studies, 2008 (45): 1401 – 1423.

[162] Jian Cheng Guan, Richard C. M. Yam & Chiu Kam Mok. Collaboration between Industry and Research Institutes/Universities on Industrial Innovation in Beijing [J]. Technology Analysis & Strategic Management, 2005, 17 (3): 339 – 353.

[163] Joaquin M. Azagra-Caro, Fragiskos Archontakis, Antonio Gutiérrez-

Gracia et al. Faculty support for the objectives of university-industry versus degree of R&D cooperation: The importance of regional absorptive capacity [J]. Research Policy, 2006, 35 (1): 37 –55.

[164] Johan Bruneel, Pablo D'esteb, Ammon Salter. Investigating the factors that diminish the barriers to university—industry collaboration [J]. Research Policy, 2010, 39 (7): 858 –868.

[165] Kaiser H F. An index of factorial simplicity [J]. Psychometrika, 1974, 39 (1): 31 –36.

[166] Karen Seashore Louis, Lisa M. Jones, Melissa S. Anderson et al. Entrepreneurship, secrecy, and productivity: A comparison of clinical and non-clinical life sciences faculty [J]. The Journal of Technology Transfer, 2001, 26 (3): 233 –245.

[167] Kashima Y, Gallois C & McCamish M. The theory of reasoned action and cooperative behaviour: It takes two to use a condom [J]. British Journal of Social Psychology, 1993, 32 (3): 227 –239.

[168] Keer M, Conner M, Putte B & Neijens P. The temporal stability and predictive validity of affect based and cognition based intentions [J]. British Journal of Social Psychology, 2014, 53 (2): 315 –327.

[169] Keld Laursen, Toke Reichstein, Ammon Salter. Exploring the Effect of Geographical Proximity and University Quality on University-industry Collaboration in the United Kingdom [J]. Regional Studies, 2011, 45 (4): 507 –523.

[170] Kristi M. Tornquist, Lioncoln Kallsen. Out of the ivory tower: characteristics of institutions meeting the research needs of industry [J]. Journal of Higher Education, 1994, 65 (5): 523 –539.

[171] Kuo Feng-Yang, Young Mei-Lien. A study of the intention-action gap in knowledge sharing practices [J]. Journal of the American Society for Information Science & Technology, 2008, 59 (8): 1224 –1237.

[172] Lambert R. Review of Business-university Collaboration: Final Report, University of Illinois at Urbana-Champaign's Academy for Entrepreneurial Leadership Historical Research Reference in Entrepreneurship [R]. Illinois: University of Illinois at Urbana-Champaign's Academy, 2003.

[173] L. Bach, P. Cohendet, E. Schenk. Technological transfers from the European Space Programs: A dynamic view and comparison with other R&D projects [J]. Journal of Technology Transfer, 2002, 27 (4): 321 – 338.

[174] Lewin K, Dembo T, Festinger L, Sears P S. Level of aspiration. In J. McV. Hunt (Ed.), Personality and the behavior disorders [M]. New York: Ronald Press, 1944.

[175] Livio Cricelli, Michele Grimaldi. Knowledge-based inter-organizational collaborations [J]. Journal of Knowledge Management, 2010, 14 (3): 348 – 358.

[176] Li X, Beretvas S N. Sample size limits for estimating upper level mediation models using multilevel SEM [J]. Structural Equation Modeling, 2013 (20): 241 – 264.

[177] Locke A E & Latham G. (Eds.). New developments in goal setting and task performance [M]. New York, NY: Routledge, 2013: 523 – 548.

[178] Louro M J, Pieters R & Zeelenberg, M. Dynamics of multiple-goal pursuit [J]. Journal of Personality and Social Psychology, 2007 (93): 174 – 193.

[179] Magnus Klofsten, Dylan Jones-Evans. Comparing academic entrepreneurship in Europe-the case of Sweden and Ireland [J]. Small Business Economics, 2000 (14): 299.

[180] Magnus Gulbrandsen, Jens-christian Smeby. Industry funding and university professors' research performance [J]. Research Policy, 2005, 34 (6): 932 – 950.

[181] Manstead A S R & van Eekelen, S. A. M. Distinguishing between perceived behavioral control and self-efficacy in the domain of academic achievement intentions and behaviors [J]. Journal of Applied Social Psychology, 1998 (28): 1375 – 1392.

[182] Maria Abreu, Vadim Grinevich, Alan Hughes and Michael Kitson. Knowledge Exchange between Academics and the Business, Public and Third Sectors [R]. London: the Centre for Business Research and at the University of Cambridge, 2009: 11 – 30.

［183］Mark Conne, Christopher J, Armitag. Extending the Theory of Planned Behavior: A Review and Avenues for Further Research ［J］. Journal of Applied Social Psychology, 1998, 28 (15): 1429 – 1464.

［184］Markman G D, P. H. Phan, D. B. Balkin and P. T. Gianiodis. Entrepreneurship and university-based technology transfer ［J］. Journal of Business Venturing, 2005 (20): 241 – 263.

［185］Markus Perkmann & Kathryn Walsh. University-industry relationships and open innovation: Towards a research agenda ［J］. International Journal of Management Reviews, 2007, 9 (4): 259 – 280.

［186］Markus Perkmann & Kathryn Walsh. Engaging the scholar: Three types of academic consulting and their impact on universities and industry ［J］. Research Policy, 2008, 37 (10): 84 – 91.

［187］Markus Perkmann, Valentina Tartrai, Maureen Mckelvey et al. , Academic engagement and commercialization: A review of the literature on university-industry relations ［J］. Research Policy, 2013, 42 (2): 423 – 442.

［188］Markus Perkmann, Zella King, Stephen Pavelin. Engaging excellence? Effects of faculty quality on university engagement with industry ［J］. Research Policy, 2011, 40 (4): 539 – 552.

［189］Maureen Mckelvey, Daniel Ljungberg. How public policy can stimulate the capabilities of firms to innovate in a traditional industry through academic engagement: the case of the Swedish food industry ［J］. R&D Management, 2017, 47 (4): 534 – 544.

［190］Meyer-Krahmer F, Schmoch U. Science-based technologies: university-industry interactions in four fields ［J］. Research Policy, 1998 (27): 835 – 851.

［191］Mowery D C, Sampat B N. The Bayh-Dole Act of 1980 and university-industry technology transfer: a model for other OECD governments? ［J］. Journal of Technology Transfer, 2005 (30): 115 – 127.

［192］Mullen P D, Hersey J C & Iverson D C. Health behavior models compared ［J］. Social Science and Medicine, 1987 (24): 973 – 983.

［193］Newsted P R, Huff S L, Munro M C. Survey instruments in information systems [J]. MIS Quarterly, 1998, 22 (4): 553 – 554.

[194] O'Carroll R E, Chambers J A, Dennis M, Sudlow C, & Johnston M. Improving medication adherence in stroke survivors: Mediators and moderators of treatment effects [J]. Health Psychology, 2014, 33 (10): 1241 – 1250.

[195] Orbell S, Hodgkins S & Sheeran P. Implementation intentions and he theory of planned behavior [J]. Personality and Social Psychology Bulletin, 1997 (23): 953 – 962.

[196] Orbell S & Hagger M. "When no means no": Can reactance augment the theory of planned behavior? [J]. Health psychology, 2006, 25 (5): 586 – 594.

[197] O' Shea R, Chugh H, Allen T. Determinants and consequences of university spin off activity: A conceptual framework [J]. Journal of Technology Transfer, 2008 (33): 653 – 666.

[198] Ouellette J A & Wood W. Habit and intention in everyday life: The multiple processes by which past behavior predicts future behavior [J]. Psychological Bulletin, 1998, 124 (1): 54 – 74.

[199] Owen-Smith J. From separate systems to a hybrid order: accumulative advantage across public and private science at Research One universities [J]. Research Policy, 2003, 32 (6), 1081 – 1104.

[200] Pableo D' Este, Markus Perkmann. Why do academics engage with industry? The entrepreneurial university and individual motivations [J]. The Journal of Technology Transfer, 2011, 36 (3): 316 – 339.

[201] Paschal Sheeran, Thomas L, Webb. Intention-Behavior Gap [J]. Social and Personality Psychology Compass, 2016, 10 (9): 503 – 518.

[202] Parks-Stamm E J, Gollwitzer P M & Oettingen G. Implementation intentions and test anxiety: Shielding academic performance from distraction [J]. Learning and Individual Differences, 2010, 20 (1): 30 – 33.

[203] Paul H. Jensen, Alfons Palangkaraya, Webster E A. Guide to Metrics on Knowledge Transfer from Universities to Businesses and Industry in Australia [R]. Victoria: Intellectual Property Research Institute of Australia, 2009: 5 – 22.

[204] P. Craig Boardman. Beyond the stars: The impact of affiliation with

university biotechnology centers on the industrial involvement of university scientists [J]. Technovation, 2008, 28 (5): 291 – 297.

[205] P. Craig Boardman, Branco L. Ponomariov. University researchers working with private companies [J]. Technovation, 2009, 29 (2): 142 – 153.

[206] P. D' Este, P. Patel. University-industry linkages in the UK: What are the factors underlying the variety of interactions with industry? [J]. Research Policy, 2007, 36 (9): 1295 – 313.

[207] Phillip H. Phan, Donald S. Siegel. The effectiveness of university technology transfer: Lessons learned from quantitative and qualitative research in the US and the UK [J]. Rensselaer Working, 2006, 6 (9): 1 – 63.

[208] Phillips D C & Orton R. The new causal principle of cognitive learning theory: Perspectives on Bandura's "reciprocal determinism" [J]. Psychological Review, 1983 (90): 158 – 165.

[209] Pinsonneault A & Kraemer K L. Survey research methodology in management information systems: Anassessment [J]. Journal of Management Information Systems, 1993 (10): 75 – 105.

[210] Powell W W, Dimaggio P J. The new institutionalism in organizational analysis [M]. Chicago: University of Chicago Press, 2012.

[211] Preacher K J, Zhang Z, Zyphur M J. Alternative methods for assessing mediation in multilevel data: The advantage of multilevel SEM [J]. Structural Equation Modeling, 2011 (18): 161 – 182.

[212] Richard M. Cyert, Paul S. Goodman. Creating effective university—industry alliances: An organizational learning perspective [J]. Organizational Dynamics, 1997, 25 (4): 45 – 57.

[213] Rodeiro D, Fernández S, Otero L and Rodríguez A. Factores determinantes de la creacion despin-offs universitarias [J]. Revista Europea De Direccion y Economía De La Empresa, 2010, 19 (1): 47 – 68.

[214] Roessner J D. What companies want from the federal labs [J]. Issues in Science and Technology, 1993, 10 (1): 37 – 42.

[215] Rothaermel F T, Agung S, Jiang L. University entrepreneurship: A taxonomy of the literature [J]. Industrial and Corporate Change, 2007 (16):

691 – 791.

[216] Rhodes R E, Dickau L. Experimental evidence for the intention-behavior relationship in the physical activity domain: A meta-analysis [J]. Health Psychology, 2012, 31 (6): 724 – 727.

[217] Rudi Bekkers, Isabel Maria Bodas Freitas. Analysing knowledge transfer channels between universities and industry: To what degree do sectors also matter? [J]. Research Policy, 2008, 37 (10): 1837 – 1853.

[218] R. Van Dierdonck, K. Debackere, B. Engelen. University-industry relationships: How does the Belgian academic community feel about it? [J]. Research Policy, 1990, 19 (6): 551 – 566.

[219] Ryan R M, Deci E L. Self-determination theory and the facilitation of intrinsic motivation, social development, and well-being [J]. American Psychologist, 2000, 55 (1): 68 – 78.

[220] Sampat B N, Mowery D C, Ziedonis A A. Changes in university patent quality after the Bayh-Dole act: A re-examination [J]. International Journal of Industrial Organization, 2003 (21): 1371.

[221] Samuel Ankrah, Omar Al-Tabbaa. Universities-Industry Collaboration: A Systematic Review [J]. Scandinavian Journal of Management, 2015 (31): 387 – 440.

[222] Satorra A & Bentler P M. Corrections to test statistics and standard errors in co-variance structure analysis [M]. Thousand Oaks, CA: Sage, 1994: 399 – 419.

[223] Satorra A and Muthén B. Complex sample data in structural equation model [J]. Sociological Methodology, 1995 (25): 267 – 316.

[224] Saul Lach and Mark Schankerman. Royalty Sharing and Technology Licensing in Universities [J]. Journal of the European Economic Association, 2004 (2): 252 – 264.

[225] Scott W R. The Adolescence of Institutional Theory [J]. Administrative Science Quarterly, 1987, 32 (4): 493 – 511.

[226] Secundo G, De Beer C and Passiante G. Measuring university technology transfer efficiency: A maturity level approach [J]. Measuring Business

Excellence, 2016, 20 (3): 42 – 54.

[227] Sheeran P, Abraham C & Orbell S. Psychosocial correlates of hetero-sexual condom use: A meta-analysis [J]. Psychological Bulletin, 1999, 125 (1): 90 – 132.

[228] Sheeran P & Orbell S. Self-schemas and the theory of planned behav-ior [J]. European Journal of Social Psychology, 2000, 30 (4): 533 – 550.

[229] Sheeran P, Trafimow D & Armitage C J. Predicting behavior from per-ceived behavioral control: Tests of the accuracy assumption of the Theory of Planned Behaviour [J]. British Journal of Social Psychology, 2003 (42): 393 – 410.

[230] Sheeran P & Abraham C. Mediator of moderators: Temporal stability of intention and the intention-behavior relationship [J]. Personality and Social Psychology Bulletin, 2003 (29): 205 – 215.

[231] Sheeran P, Aubrey R & Kellett S. Increasing attendance for psycho-therapy: Implementation intentions and the self-regulation of attendance-related negative affect [J]. Journal of Consulting and Clinical Psychology, 2007 (75): 853 – 863.

[232] Sheeran P & Webb T L. The intention-behavior gap [J]. Social and Personality Psychology Compass, 2016, 10 (9): 503 – 518.

[233] Sheeran P, Klein W M P & Rothman, A. J. Health behavior change: Moving from observation to intervention [J]. Annual Review of Psychol-ogy, 2017 (68): 573 – 600.

[234] Siebert H. Regional and Urban Economics [M]. London: Penguin Books, 1969.

[235] Shrout P E, Bolger N. Mediation in experimental and nonexperimen-tal studies: new procedures and recommendations [J]. Psychological Methods, 2002, 7 (4): 422.

[236] Stefan Krabel, Pamela Mueller. What drives scientists to start their own company? An empirical investigation of Max Planck Society scientists [J]. Research Policy, 2009, 38 (6): 947 – 956.

[237] Taylor C, Webb T L & Sheeran P. "I deserve a treat!": Justifica-

tions for indulgence undermine the translation of intentions into action [J]. British Journal of Social Psychology, 2014, 53 (3): 501 – 520.

[238] Terry D J & O'Leary J E. The theory of planned behavior: The effects of perceived behavioral control and self-efficacy [J]. British Journal of Social Psychology, 1995 (34): 199 – 220.

[239] Thompson R L, Higgins C A, Howell J M. Influence of experience on personal computer utilization: testing a conceptual model [J]. Journal of management information systems, 1994, 11 (1): 167 – 187.

[240] Towler G & Shepherd R. Modification of Fishbein and Ajzen's theory of reasoned action to predict chip consumption [J]. Food Quality and Preference, 1991 (3): 37 – 45.

[241] Triandis H C. Values, attitudes, and interpersonal behavior [J]. Nebraska Symposium on Motivation, 1980 (27): 195 – 259.

[242] Valentina Tartari, Markus Perkmann, Ammon Salter. In good company: The influence of peers on industry engagement by academic scientists [J]. Research Policy, 2014, 43 (7): 1189 – 1203.

[243] Van De, Ven A H, Johnson P E. Knowledge for theory and practice [J]. Academy of Management Review, 2006, 31 (4): 802 – 821.

[244] Verplanken B, Aarts H, van Knippenberg A & Moonen A. Habit versus planned behavior: A field experiment [J]. British Journal of Social Psychology, 1998 (37): 111 – 128.

[245] Verplanken B & Aarts H. Habit, attitude, and planned behaviour: is habit an empty construct or an interesting case of goal-directed automaticity? [J]. European Review of Social Psychology, 1999, 10 (1): 101 – 134.

[246] Warshaw P R, Sheppard B H & Hartwick J. A general theory of intention and behavioral self-prediction [M]. CT: JAI Press, 1985.

[247] Webb T L & Sheeran P. Does changing behavioral intentions engender behavior change? A meta-analysis of the experimental evidence [J]. Psychological Bulletin, 2006 (132): 249 – 268.

[248] Webb T L, Ononaiye M S P, Sheeran P, Reidy J G & Lavda A. Using implementation intentions to overcome the effects of social anxiety on attention

and appraisals of performance [J]. Personality and Social Psychology Bulletin, 2010 (36): 612 - 627.

[249] Webb T L, Sheeran P & Luszczynska A. Planning to break unwanted habits: Habit strength moderates implementation intention effects on behavior change [J]. British Journal of Social Psychology, 2009, 48 (3): 507 - 523.

[250] Webb T L, Chang B I & Benn Y. The ostrich problem: Motivated a-voidance or rejection of information about goal progress [J]. Social and Personality Psychology Compass, 2013, 7 (11): 794 - 807.

[251] Webb T L, Benn Y & Chang B P I. Antecedents and consequences of monitoring domestic electricity consumption [J]. Journal of Environmental Psychology, 2014 (40): 228 - 238.

[252] Weiping Wu, Yu Zhou. The third mission stalled? Universities in China's technological progress [J]. The Journal of Technology Transfer, 2012, 37 (6): 812 - 827.

[253] Weiping Wu. Managing and incentivizing research commercialization in Chinese Universities [J]. The Journal of Technology Transfer, 2010, 35 (2): 203 - 324.

[254] Wendy Chapple, Andy Lockett, Donald Siegel et al. Assessing the relative performance of U. K. university technology transfer offices: Parametric and non-parametric evidence [J]. Research Policy, 2005, 34 (3): 369 - 384.

[255] Wesley M. Cohen, Richard Florida, L Randazzese et al. Industry and the academy: Uneasy partners in the cause of technological advance [J]. Challenges to research universities, 1998, 171 (200): 59.

[256] Wesley M. Cohen, Richard R. Nelson, John P. Walsh. Links and Impacts: The Influence of Public Research on Industrial R&D [J]. Management Science, 2002, 48 (1): 1 - 23.

[257] West S G, Finch J F & Curran P J. Structural equation models with nonnormal variables: Problems and remedies. Structural equation modeling: Concepts, issues, and applications [M]. Los Angeles: Sage Publications, Inc. , 1995: 56 - 75.

[258] Wong C L & Mullan B A. Predicting breakfast consumption: An ap-

plication of the theory of planned behavior and the investigation of past behavior and executive function [J]. British Journal of Health Psychology, 2009, 14 (3): 489 – 504.

[259] Wood W & Neal D T. A new look at habits and the habit-goal interface [J]. Psychological Review, 2007, 114 (4): 843 – 863.

[260] Yuan K-H & Bentler P M. Robust mean and co variance structure analysis [J]. British Journal of Mathematical and Statistical Psychology, 1998 (51): 63 – 88.

[261] Yong S Lee. "Technology transfer" and the research university: A search for the boundaries of university-industry collaboration [J]. Research Policy, 1996, 25 (6): 843 – 863.

[262] Yong S. Lee. The sustainability of university-industry research collaboration: An empirical assessment [J]. The Journal of Technology Transfer, 2000, 25 (2): 111 – 133.

[263] Yong S. Lee. University-industry collaboration on technology transfer: Views from the Ivory Tower [J]. Policy Studies Journal, 1998, 26 (1): 69 – 84.

[264] Zimbardo P G, Ebbesen E B & Maslach C. Influencing attitudes and changing behavior [M]. Reading, MA: Addison-Wesley, 1997.

[265] Zogg J B, Woods S P, Sauceda J A, Wiebe J S & Simoni J M. The role of prospective memory in medication adherence: A review of an emerging literature [J]. Journal of Behavioral Medicine, 2012, 35 (1): 47 – 62.

后　记

白驹过隙，忽然而已，转眼已是毕业季。从 2012 年开始考博，时至今日历时八载。回忆往昔，所有过往历历在目，考博时的锲而不舍，入学时的快乐欣喜，学术研讨时的群情激昂，论文撰写过程中的殚精竭虑……

多少个不眠之夜，无数次南窗夜读，"灯前目力虽非昔，犹课蝇头二万言"。科研之路辛苦却快乐，虽然平添了些许白发，虽然睹物已不那么明晰，盘点满满的收获，心亦不惜、意得志满。博士论文完成之际，对于帮助过我的老师、同学、家人表达真挚的谢意。

首先要感谢我的导师张万红教授，感谢张老师将我领进师门，教会我前沿知识、最新研究方法。虽然老师身兼数职、业务繁忙，但仍然保持与学生充分互动，定期开办学术沙龙，给了我们充分交流学习的机会。读博期间，张老师组织大量的实践、参观活动，大大提升了我们对于社会问题的感知和分析能力。我的论文从选题到撰写开题报告、发放问卷、修改初稿、定稿，老师给予了大量指导和支持。科研的道路并不平坦，老师总是给予及时的帮助和鼓励。由于脱产读博，经济压力较大，老师多次伸出援手。张老师严谨的学术风范、热情助人的豁达心胸，深刻地感染了师门中的每一位弟子。"春播桃李三千圃，秋来硕果满神州"，张老师，无论学生身在何处，都会始终感恩和铭记您的教诲。

感谢段院长、史院长、王院长、丁书记、张教授在我读博期间给予的指导和支持，感谢刘建潇老师、王丹丹老师四年来的热情帮助，你们在学习、组织生活、开题、预答辩、答辩等方面给予我多次支持，你们辛苦了！

感谢师门的兄弟姐妹，有了你们的陪伴，倍感读博生涯的珍贵与温馨。感谢李文梅师姐，在您的《国际会议》课程中掌握了很多英文写作技巧，您对论文翻译的修改建议非常宝贵；感谢师弟陈振斌，你一遍又一遍不厌其烦地帮我较对论文，发现不少问题；感谢师妹王健、王蕾、何梦醒、小师姐钱春花、师兄褚福斌帮我论文查重、查找资料、提供建议等。

感谢我的家人，尤其是陈先生和一对双胞胎女儿，我每次回校学习都得益于陈先生在家坚守，两个宝贝乖巧可爱、善解人意，尽管妈妈工作和学习很忙，没能很好地照顾你们，但是你们学习都很自觉，非常体谅妈妈。我读博的四年，两个宝贝上了四年小饭桌，每每想起这些内心总是涌起无限内疚。感谢我的父亲和母亲，在你们支持和鼓励下我完成学业，虽然你们身体不好，但你们怕我分心总是选择默默忍受，虽然你们很想我回家看看，但总是说"一切很好，你忙你的，不用担心"。感谢四个姐姐，有你们在家照顾爸妈我才得以安心学习。

最后还要感谢自己，尽管周围一些人无法理解我读博的初衷，但是坚定的毅力、对知识的渴求一路支撑我笃定前行。

值此之际，再次感谢各位老师、同学和家人，是你们给了我信心。我将不负厚望，不忘初心，砥砺前行。

朱永虹

2023 年 2 月